KB041387

인식의 해석학 : 인식의 철학 I

이 책은 O. F. Bollnow의
Philosophie der Erkenntnis: Das Vorverständnis und die Erfahrung,
제2판(Stuttgart: Kohlhammer, 1981)을 완역한 것이다.

인식의 해석학: 인식의 철학 I

O. F. 볼노오 지음

백승균 옮김

펴낸이―김신혁

펴낸곳―서광사

출판등록일―1977. 6. 30.

출판등록번호―제 6-0017호

(130-820) 서울시 동대문구 용두 2동 119-46

대표전화 · 924-6161 팩시밀리 · 922-4993 E-Mail · phil6161@chol.com

http://www.seokwangsa.co.kr

ⓒ 백승균, 1993

옮긴이와의 합의하에 인지는 생략합니다.

제1판 제1쇄 펴낸날 · 1993년 10월 20일

제1판 제2쇄 펴낸날 · 2005년 9월 30일

ISBN 89-306-2152-X 93110

인식의 해석학 : 인식의 철학 I

O.F. 볼노오 지음/백승균 옮김

서광사

존경하는 나의 스승
오토 프리드리히 볼노오
(1903. 3. 14~1991. 2. 7)
교수님께 드립니다.

Meinem sehr verehrten Lehrer und Kollegen
Otto Friedrich Bollnow (14. 3. 1903~7. 2. 1991)
gewidmet.

옮긴이의 말

　우리는 오토 프리드리히 볼노오 교수의 《실존 철학이란 무엇인가》
(최동희 옮김, 서울: 양문문고, 1959), 《실존 철학과 교육학》(이규호 옮
김, 서울: 배영사, 1967), 《삶의 철학》(백승균 옮김, 서울: 경문사,
1979), 《교육학과 인간학》(하영석, 허재윤 옮김, 대구: 형설출판사,
1984), 《교육의 인간학》(오인탁, 정혜영 옮김, 서울: 문음사, 1988) 등
이 우리말로 번역됨으로써, 특히 1966년과 1984년에는 그가 직접 한
국을 방문하여 "새로운 철학의 관점", "독일의 철학, 교육학 그리고
문학"이라는 주제를 발표함으로써(《현대 철학의 전망》, 이규호 엮음)
직접-간접적으로 그를 접할 수 있게 되었다. 그 후 볼노오 교수에게
서 직접 철학 및 교육학을 전공한 학자들도 생겼고 또 볼노오 교수에
관한 학위 논문도 국내에서 발표되었다.[1] 이로써 그는 우리에게 친숙
한 현대 독일 철학 및 교육학자로서 등장하게 되었고, 그의 사상 역
시 더욱 자세하게 소개될 수 있었다. 특히 그의 사상을 쉽게 접할 수
있는 최근의 옮긴 책으로는 연세대학교 교육학과의 오인탁 교수와 그
의 문하생 정혜영이 공역한 《교육의 인간학》을 들 수 있을 것이다.

  무엇보다 볼노오의 인간학적·해석학적 관심은 전통적인 인식론을
거부하고 나섬으로써 그 자신의 해석학적 논리학을 구축할 수 있었
다. 즉 하나의 인식 체계를 보장할 수 있는 아르키메데스(Archi-
medes)의 기점이란 존재할 수 없으므로 필연적으로 해석학적 인식 이
론을 전개하지 않을 수 없다는 의미에서 그는 "인식의 철학"을 제 1
권에서 "선이해(先理解)와 새로운 것의 경험", 그리고 제 2 권에서 "진
리의 양면성"이라는 주제로 정리하여 발표하게 되었다. 이때 "인식의
철학"이란 삶의 이해와 세계의 이해를 바탕으로 하고 있는 일상적인
현실성에서 인식될 수 있는 "삶의 해석학"인 것이다.
  이의 내용을 위해 우리는 "인식의 철학" 제 1 권과 제 2 권을 번역한
후 독자의 이해를 돕기 위해 옮긴이 해제에 "볼노오 철학 사상의 형
성과 인식의 해석학"이라는 제목으로 좀더 상세하게 소개하였다. 이
과정에서 "번역"이라는 것이 흔히 말하듯이 "반역"임을 실감하면서도
옮긴이는 딜타이, 미쉬 그리고 립스의 연관성 속에서 해석학을 인식
이론으로 전개하고 있는 그의 새로운 인식의 해석학적 철학을 소개해

야겠다는 당위감에서 또한 "반역"을 행하지 않을 수가 없었다. 독자
들의 많은 질책이 있을 줄 알면서 이 책을 세상에 내놓는다. 볼노오
교수는 이 책의 한국어판 서문을 1990년 여름 옮긴이에게 전달한 후
1991년 2월 7일 88세의 일기로 독일 튀빙겐에서 세상을 떠났다.

또한 여기서 특별히 기억하지 않을 수 없는 것은 이 책의 번역을
위해 공간을 마련해 주고 격려도 아끼지 않은 볼노오 교수의 제자인
클라우스 나로브스키(C. Narowski) 교수와 부인 힐데 마리아 나로브
스키(H.M. Narowski), 그리고 슈바이츠(H.M. Schweizer) 교수, 특히
큐멜(F. Kümmel) 교수와 길(K. Giel) 교수의 철학함이다. 이들의 철
학함이 이 책 속에도 그대로 생동하고 있음을 우리는 알 수 있을 것
이다.

특히 제1권인 이 책의 제목을 《인식의 해석학》[2]으로, 뒤이어 출간
될 제2권의 제목을 《진리의 양면성》으로 제안해 준 계명대학교 철학
과 이진우 교수에게 감사한다. 그리고 부족한 원고를 읽느라고 고생
한 김용일 선생과 경제적인 여건이 어려운데도 불구하고 철학 전문

서적만을 출판하고 있는 서광사의 김신혁 사장님과 철저한 교정에 혼신을 다한 서광사 편집부에 감사함을 잊을 수가 없다.

1993년 7월 6일

옮긴이 백승균

□ 註 ～～～～～～～～～～～～～～～

1) 오인탁, "교육 인간학의 형성 조건: 볼노오 사상을 중심으로"(연세대 대학원 석사, 1965); 정혜영, "볼노오의 교육학: 철학적 접근을 위한 시도"(이화여대 대학원 석사, 1981).
2) 옮긴이는 이 책 "인식의 철학"(Philosophie der Erkenntnis)을 지은이의 동의에 따라, 특히 슈바이츠 교수의 제안에 따라 표제만을 "인식의 해석학"(Hermeneutik der Erkenntnis)으로 번역하였다.

한국어판 서문

근대 유럽 철학은 오늘날 획기적인 전향점을 맞이하게 되었다. 경험론적 측면에서나 합리론적 측면에서 볼 때 혹은 확고부동한 기반에다 인식의 철저한 체계를 구축하고자 한 모든 시도는 새로운 과학적 인식의 등장으로 인해 좌절된 것으로 보인다. 그러므로 그 유일한 가능성으로서 해석학적인 길만이 남게 되었다. 이미 오래 전부터 문헌학에서는 해석학이 원전 해석의 수행으로서 큰 성과를 이룬 것같이, 우리는 인간의 삶 또한 해석할 가치가 있는 일종의 원전으로서 고찰하지 않으면 안 된다. 이를 위해 우리는 종종 지나쳐 버리고마는 사실로부터, 즉 이미 인간의 삶과 함께 언제나 삶과 세계에 대한 이해가 주어져 있다는 사실에서 출발하지 않으면 안 된다. 이러한 삶의 이해로부터 우리는 출발해야 하고, 그러한 삶의 이해를 생생하게 그려내야 하며 또 발전시켜야 할 뿐만 아니라 그러한 삶의 이해를 과오에 빠지지 않도록 하여 바람직한 결과를 낳도록 해야 할 것이다. 이 때 문헌학에서 이루어진 수행 방식이 철학적 인식 이론을 위해서도 좋은 결과를 낳을 수가 있다. 이러한 의미에서 우리는 일종의 "삶의 해석학"으로서 철학에 관해 언급할 수 있는 것이다.

　일정한 순간에 현전하는 이해를 간략하게 말하면, 우리는 전개할 가치가 있는 선이해(先理解)라고 명명하고자 한다. 그러나 만일 그러한 선이해가 끊임없이 밖으로부터 생기는 장애로 인해서, 그리고 수반되어 있는 이해의 영역에는 적합하지 않은 새로운 경험으로 인해서 또한 그 때문에 대체로 고통스럽게 느끼는 새로운 경험으로서 사라지지 않고 그대로 문제가 된다면, 선이해 속에 마련되어 있는 것의 단순하면서도 유기적인 전개는 궁극적으로 비생산적일 것이다. 여기에서 논구 분석의 필요성이 생기게 된다. 이러한 새로운 것의 경험은 이미 수반되어 있는 이해에 접목되어야 하고, 그러기 위해서 이해는 다시금 새로운 경험에 따를 수 있도록 확장되지 않을 수가 없다.

　이러한 이중적인 과제 내에서, 다시 말하면 수반되어 있는 이해의 전개와 예견할 수 없는 새로운 것의 생산적인 내포라는 이중적인 과제 내에서 창조적이고 역사적인 과정으로서 삶의 전개가 실현되는 것이다. 그러므로 나는 이 책의 부제를 "선이해와 새로운 것의 경험"이라고 하였다.

이 책을 서술하면서 나는 현대 철학에서 등장한 발단 명제를 수집하여 가능한 한 하나의 전체상(全體像)을 구성하도록 시도하였다.

이미 나의 《삶의 철학》(*Die Lebensphilosophie*)을 번역한 바 있는 백승균 교수가 이 새 책을 번역하는 데 바친 많은 노고에 감사한다. 특히 이 책이 한국의 여러 독자들에게 기여하기를 바라마지 않는다.

1990년 여름 튀빙겐에서
오토 프리드리히 볼노오

차례 / 인식의 해석학 : 인식의 철학 Ⅰ

인식의 해석학 : 인식의 철학 I

서 론

인식론의 거부

수십 년 전만 하더라도 인식론은—대체적으로 논리학과의 한 연관성에서—특히 전체 철학에서 필수적인 기초 분야로서 그리고 그 밖의 모든 지엽적인 이론들이 등장하게 되는 뿌리로서 그 역할을 하였다. 그러므로 인식론은 대학의 강의 요목에서도 특수한 위치를 차지하였다. 이러한 인식론은 철학 연구의 필요한 입문으로서 나타났고, 참으로 모든 사람에게 철학 일반이 실제적으로 철저히 인식론에서 출발하는 것처럼 보이기도 하였다. 어떻든 인식론에서 철학의 가장 중요한 물음들이 결정되는 것처럼 보였던 것이다.

이러한 발단 명제도 아주 자연스럽게 보인다. 우리가 내용적인 것에서 철학의 구성 문제를 고찰하기 이전에 먼저 그러한 구성 문제 역시 담지적일 수 있는지, 다시 말하면 우리가 해당 영역에서 신뢰할 수 있는 인식에 도달할 수 있는지, 그렇다면 또한 어떻게 도달할 수 있는지를 비판적으로 음미하지 않으면 안 될 것이다. 여기에서 중요한 것은 문제가 되는 의심에 대하여 어떠한 경우에 있어서도 확실한 출발점을 찾는 일이다. 그래서 거기에서부터 한걸음씩 점차적으로 나

18

아가 그 구성에서 확실한 지식의 체계를 구축하여야 한다. 인식론이라고 하는 명칭은 비교적 오래되지는 않았다. 즉 그 명칭은 단순한 시문학으로서 다양하게 개념적으로 문제가 되었던, 그래서 회의적으로 되어 버린 철학의 학문적인 성격을 새로 정립하기 위하여 관념론적 철학 체계가 붕괴한 후 19세기에 와서 비로소 성립되었다. 하지만 인식론이라고 하는 사실 그 자체는 본질적으로 그보다 훨씬더 오래된 것이다. 근본적으로 데카르트(R. Descartes)와 영국 경험론자 이후 근대 철학의 모든 발전은 그러한 인식론적 근거를 목표로 하고 있었다.

그 이후 인식론은 그러한 확고한 지위를 상실하고 말았다. 대학의 강의 요목에서도 인식론은 완전히 사라져 갔다. 참으로 인식론은 넓은 의미에 있어서 한물 간 연구 분야로 간주되었고, 좁은 의미에 있어서는 특히 그러한 인식론 연구에 몰두한다는 것은 아무런 흥미도 없는 것으로 되어 버렸다. 그럼에도 불구하고 인식론의 연구를 시도하려는 사람은 현대 철학의 결정적인 결과, 즉 사람들이 말하는 "진보"를 완전한 사정 거리 내에서 파악하지 못했다는 의혹에 빠지고 말 것이다. 그러므로 우리가 그러한 방향에서 많은 노력을 해도 아무런 결과 없이 끝나고 마는 것이다.

물론 이러한 것은 분명한 한계점을 두고 하는 말이다. 즉 오늘날 학문론(Wissenschaftstheorie)이라는 이름으로 통용되고 있는 집중적인 노력은 많은 점에서 단지 인식론이라고 하는 진부한 개념을 대신해서 새로이 표현하고자 하는 것이다. 그러나 이러한 것도 다시금 제한된 의미에서만 그러하다. 왜냐하면 학문론은 이미 그 명칭이 표현하고 있듯이 미리 처음부터 학문적인 인식에 한정되어 있기 때문이고, 소위 말하는 자연적인, 그리고 삶 자체에서 직접적으로 나타나는 인식에 대해서는 관심을 갖지 않기 때문이다. 그렇기 때문에 학문론은 철학의 문제로서 거의 남아 있지 않으며, 개별 과학의 문제 특히 오늘날 사회 과학의 문제로 남게 되었다. 그리고 우리가 인정하는 바와 같이 사회 과학에 대하여 일반적으로 상당히 현실적인 영향력을 가지

고 진행되고 있다. 그래서 이러한 학문론은 지금까지 인식론이 이룩
하여 온 과제에서 일정한 부분만을 취급할 수 있으나 인식론 전체를
대신할 수는 없다.¹⁾ 그러나 우리에게 무엇보다도 중요한 것은 학문적
인 고착화의 형식에서 벗어나 있는 인식 자체이다. 그러므로 우리는
문제 해결에 필요한 전제가 이루어질 때까지 학문론의 관계에 대한
물음을 우선 되물어 보고, 그러고 나서 전통적인 형태에서 먼저 인식
론을 국한시킬 필요가 있을 것이다.

　인식론의 경우처럼 포괄적이고 상당히 긴장된 기대를 가지고 시작
한 노력이 완전히 실패할 수는 없다는 전제에서 우리가 출발한다면,
또한 혹시나 오인되어 부당한 길로 들어선다 하더라도 참다운 인식론
에서는 철학의 항구적이고 필연적인 과제가 파악되어 있어야 한다는
전제에서 출발한다면, 우리는 오늘날의 상황에서 일종의 공허감을 느
끼게 되고, 이렇게 해서 생기게 된 불만스러운 상황에 대하여 비로소
반성하게 될 것이다. 이때 어떤 이유들이 전통적인 인식론을 붕괴시
켰으며 또 과거의 물음을 수용하면서도 생산적으로 확대하여 가는 새
로운 가공 처리를 위해 어떠한 전진을 이룩할 수 있는가 하는 물음이
제기될 수 있다. 이와 같은 것이 다음에 전개되는 논지의 중요한 물
음이 될 것이다.

　그러므로 여기에서 탐구되어야 하는 것은 새로 작업을 해야 하는
체계 구성의 한 부분이 아니고, 확고한 체계 구성의 가능성과 그 난
점에 대한 예비적 반성이다. 이러한 것은 무엇보다 먼저 손쉽게 당장
처리할 수 있는 직접적인 연구일 수 없기 때문에 상당한 시간을 두고
상황을 밝혀 나가야 하며, 그 이후에 개별적으로 상세한 체계 구성의
계획에 대해서 최소한도의 테두리 내에서라도 윤곽을 그려내야 하는
것이다. 그러나 우리는 여기에서 개별적인 하나하나의 사실을 상세히
취급하지 않고, 많은 것을 단지 짧게 언급함으로써 먼저 전체 영역에
대한 일별을 꾀하고자 한다.

　우선 전통적 인식론이 붕괴하게 되었던 원인과 그러한 인식론적인
문제 제기에 대한 관심을 전반적으로 소홀하게 했던 원인에 대한 물

음이 가장 중요하다 하겠다. 한 측면에서 보면 그러한 원인은 분명히 다양한 극단성에서 자신을 상실하고 마는 공허한 방법론적 문제에서 비롯되었을 것이다. 이러한 것을 그 당시에 많이 유행하던 비유로 말하자면, 결국 칼을 다시 한번 쓰기 위해서 영원히 칼을 가는 데에만 힘을 모두 소모하여 버렸다고 할 수 있을 것이다. 이렇게 해서 초기의 현상학자 그룹에서는 "사상(事象) 자체에로!"라는 구호가 터져 나왔다. 이로써 철학의 내용적인 문제가 다시 전면적으로 나타나게 되었던 것이다.

또 다른 측면에서 보면 지금까지의 인식론적 명제를 가지고서는 벗어날 수 없는 막다른 골목에 다다른 인상이 점점더 확실해졌다는 사실이다. 그래서 체념이 불가피하게 되었고, 결국 수많은 비생산적인 연구로 인해 짐이 되어 버린 문제를 이제는 완전히 포기하여 버릴 단계가 되었다.

그러나 여기에서는 특별히 다음과 같은 통찰이 대두하게 되었다. 즉 인식 일반이 공허한 공간을 마냥 떠돌아다니는 것만은 아니라는 것이다. 그러므로 인식이란 그 자체에서 논증된 체계로서 전개될 수 있는 것이 아니라, 포괄적인 존재 연관성과 삶의 연관성에서 성립될 수 있으며 단지 그러한 연관성에서만 논증될 수 있다는 사실이다. 이를 위해서 하르트만(N. Hartmann)이 그러한 전개의 전향점에서 인식을 "존재 관계"로서 규정하고, 이에 일치시켜 인식론을 더욱 심오하게 "인식의 형이상학"[2]으로서 논거하고자 시도한 사실은 특기할 만한 일이다.

개별 학문의 영역에서도 최근 수십 년 동안 아주 다른 측면에서 여러 견해들이 전개되어 나왔다. 그러한 견해는 먼저 대체적으로 개별 과학의 내면적인 연관성과 개별 과학적인 발단 명제의 인식론적 결과를 의식하지 않고서도 성립되었지만, 지금까지 통용되었던 인식론의 발단 명제를 뒷받침해 준 토대를 뒤집어 놓고자 하는 경향성이라는 공통점을 가지고 있었다. 여기에서 우리는 그 중의 몇 가지만을 간단

히 회고하여 부분적이지만 앞으로의 논술에서 좀더 자세히 밝히고자
한다.

(1) 제 1 의 견해는 무엇보다도 생철학적인 발단 명제에서 나온 견
해로서 이론적인 태도란 그 자체 내에서 안정되어 있는 것이 아니고
행동하는 삶으로부터 나중에 비로소 생긴다는 것이다. 이론보다도 더
근원적인 것은 실천이다. 이미 베르그송 (H. Bergson)은 우리들 행동
의 주조 (鑄造) 형식에 우리들의 개념이 각인되어 있다고 하여 인간을
그러한 근거에서 제작하는 인간 (homo faber)이라고 규정하였다. 그
후 하이데거 (M. Heidegger)는 어떻게 사물이 먼저 "도구적 존재"로
서, 특히 친밀한 교섭의 질에서 주어져 있는가를, 그리고 오직 그러
한 바탕에서만 어떻게 단순한 현전성이, 즉 대상적 소여성이 하이데
거의 표현 방식인 사물과의 실천적 교섭에 있는 "탈락적 양상"
(defizienter Modus)으로서 뚜렷하게 되는가를 아주 인상 깊게 밝혀
내었다. 그러나 이로써 자기 자신 안에 깃들어 있는 인식을 논증할
수 있는 가능성이 사라지게 되었다.

(2) 이러한 연관성에서 미국의 실용주의 견해, 특히 그 대표자로서
듀이 (J. Dewey)를 들 수 있을 것이다. 그의 견해에 따르면 의식적 인
식 작용의 과제는 근원적으로 자명하게 작용하는 습관의 방해에서 비
로소 생긴다는 것이다. 이러한 습관의 측면으로부터 의식은 하나의
파생된 현상이 되고, 그러한 현상은 그 자체로서 이미 자명하게 전제
된 인식의 기반으로 쓰이기에는 적합하지 않으며, 그러한 인식의 기
반 그 이면으로 되돌아가 그 이상 물을 수가 없다는 것이다.

(3) 독일 철학의 측면에서, 딜타이적 이해의 이론은 벗어날 수 없
는 순환성에서 1차원적으로 전진하는 인식의 구성이 불가능하였던 배
경에서 나왔고, 또한 정신 과학의 좁은 영역에서 전개하였던 그러한
문제성을 하이데거가 원칙적으로 모든 인간 인식의 근원적인 규정에

로 확장시켰다는 데에서 기인한다. 딜타이(W. Dilthey)가 제시하고 있듯이 만일 인간이 생존해 있는 동안 이미 언제나 이해하고 있다면, 이로써 인식의 무전제적 구성의 과제는 그 토대를 상실하고 만다.

(4) 여기에서 지금까지 상술한 것과 밀접하게 연관되어 있는 것이 나타나게 된다. 즉 합리적인 인식은 의지 충동과 감정 그리고 기분의 토대에서 떨어질 수가 없다는 사실과, 또 그러한 의지 충동과 감정 그리고 기분은 객관적인 인식을 획득하기 위하여 우리가 그 가능성에 따라 배제하도록 시도하여야 하는 단순한 장애로서 고찰될 수 있는 것이 아니라, 그러한 것들은 불가분의 전제로서 인식 자체의 근거 속에 들어가 있다는 사실이다. 만일 하이데거가 그러한 것을 정식화하여 세계의 최초 발견이 "단순한 기분"에 맡겨져 있는 것이라고 한다면, 이로써 인식의 "무전제적" 구성을 불가능하게 하는 사태가 다시금 제기되는 것이다. [3]

(5) 이데올로기 비판, 다시 말하면 정신 세계와 고귀한 정신 세계를 생산하는 인간의 경제적 관계에다 소급시키는 사고 과정은 더욱더 심도 깊은 인식을 가능하게 한다. 만일 마르크스(K. Marx)가 "의식이 삶을 규정하는 것이 아니고, 삶이 의식을 규정하는 것"[4]이라고 주장한다면, 그것은 마르크스 자신의 측면으로부터 자신 속에 내재하는 의식과 함께 무전제적인 인식이 부인된다는 사실을 의미하는 것이다.

(6) 이와 밀접하게 연관되어 있는 것이 프로이트(S. Freud)에게로 환원되는 무의식적인 내면 생활의 발견이다. 만일 우리의 의식이 무의식적인 내면 충동의 광범위한 영역에서 나온 좁은 한 단면에 불과하다면, 그리고 무의식적인 내면 충동에 의해서 담지되고 또 그러한 내면 충동에 의하여 다양한 방식으로 제약된다면, 인식도 자기 자신 속에서 안정하는 자율적인 의식에서 더 이상 논증될 수가 없다.

(7) 이로써 그와 동시에 아이들에게서나 또한 소위 미개 민족에게서 이성 이전의 사고 형태와 이성 이외의 사고 형태가 일반적으로 마술적·신화적 사고 형태처럼 새로운 중요성을 획득하게 된다. 이러한 사고 형태들은 학문적으로 훈련된 현대적 사고가 유일하게 옳다고 하는 신앙을 타파하며, 그러한 것을 캇시러(E. Cassirer)가 처음으로 광범위한 경험 자료를 수집하여 획기적인 기획을 시도하였던 바와 같이 담지적인 인식 지체(認識肢體)로서 인식을 구성하는 데 성공할 수 있었던 것이다.

(8) 끝으로 언어와 사고의 불가분의 관계에 대한 고찰도 위와 같은 서술에 해당한다. 즉 사고란 그 자체의 방식에서 많은 다른 언어와 함께 하나의 특수 언어가 언제나 함께 작용하는 언어에 결합되어 있다고 하는 인식인 것이다.[5] 언어학과 언어 철학의 성과(신화의 성과도 같이)는 다 같이 인식론을 구성하는 데 있어서 기본적인 바탕으로 고려될 수 있다. 보르프(B.L. Whorf)가 본질적으로 거의 주목하지 않은 홈볼트(A. von Humboldt) 언어 철학의 입장을 "언어학적 상대성 원리"로서 명명한 것은[6] 인식론의 보편 타당성 주장에 대한 중요한 이의로서 제기한 것이다.

우리는 이렇게 쉽게 들 수 있는 예만을 나열하지 않고 개별적으로 그 중의 몇 가지 문제점을 되짚어 보고자 한다. 이러한 모든 예들은 자기 자신 안에서 안주하는 그리고 자기 자신 밖에서 논증할 수 있는 인식의 표상을 포기하도록 한다. 또한 이러한 예들은 불확실한 배경에서 가야 할 길을 잃게 되고 또 개념적인 인식으로서 확고한 입장을 획득하기가 불가능한 인간 삶의 포괄적인 전체 연관성에로 되돌아갈 것을 촉구한다. 그래서 전반적으로 인식론의 문제 제기가 정당하였는지 그리고 이러한 모든 지적 후에도 전반적으로 다시 인식론이 재구성될 수 있을 것인지가 회의적으로 나타날 수 있는 것이다.

그러나 철학자들의 주된 관심이 유용하게 보이는 다른 문제들에 쏠리어도 인식의 철학적 논증에 대한 과제는 해결되지 않은 채 그대로

남아 있었다. 그럼에도 불구하고 인식론의 과제는 전통적으로 내려오
는 의견과 현상적인 가상을 비판적으로 검토함으로써 확실한 지식의
기반을 획득해야 한다. 이러한 과제는 너무나 긴박하고 불가결하게
세계에 있는 인간의 상황과 밀접하게 관계되어 있으므로, 만일 모든
인간의 행위가 통제될 수 없는 그 이상의 영향에 선적으로 책임을 시
지 않으려고 한다면, 우리는 어떠한 경우에서도 인식론에 대해서 포
기할 수가 없다. 그러므로 우리는 어떠한 이의에도 불구하고 인식의
문제를 새로 제기하도록 시도하지 않으면 안 된다.

□ 註 ━━━━━━━━━━━━━━━━━━━━

1) J. Habermas, *Erkenntnis und Interesse* (Frankfurt a.M., 1968), 11면.
2) N. Hartmann, *Grundzüge einer Metaphysik der Erkenntnis* (제 1 판, Berlin, 1921/제 4 판, 1949).
3) O.F. Bollnow, *Das Wesen der Stimmungen* (제 1 판, Frankfurt a.M., 1941/제 4 판, 1968).
4) K. Marx, *Der historische Materialismus. Die Frühschriften*, hrsg. von S. Landshut, S.P. Mayer (Leipzig, 1932), 제 2 권, 13면.
5) O.F, Bollnow, *Sprache und Erziehung* (Stuttgart, 1966).
6) B.L. Whorf, *Sprache-Denken-Wirklichkeit, Beiträge zur Metalinguistik und Sprachphilosophie*, übers. und hrsg. von P. Krausser (Reinbek, 1963 (rde 174)).

제 1 장

인식에 있어서 아르키메데스 기점의 불가능성

오늘날의 인식론에 대하여 제기된 이의를 우리가 반격할 수 없을 경우 새로운 인식론의 구성에 대한 연구가, 만일 현재까지의 인식 구성에서 근본적인 과오를 찾아내는 데 성공하고 또 그러한 과오를 피하면서 완전히 처음부터 시작하는 데 성공하기만 한다면, 우리는 그러한 성과에 대한 전망을 가질 수가 있을 것이다. 사실 그러한 과오는 인식론의 근원적인 발단 명제에서 증명될 수 있는 것처럼 보이기도 한다. 간단히 말하면 현재까지의 고전적 인식론은 "아르키메데스의 기점"에 대한 물음을 통해서 특징지어지고, 그러한 아르키메데스의 기점으로부터 인식론은 모든 회의적인 것을 배제한 후에 점차적으로 발전하는 인식론적 구성에서 확실한 인식의 체계를 이룩할 수가 있을 것이라고 생각하였다. 이러한 점에서 근대 철학적 사유의 외관상 대립되었던 두 사조가 일치하는 것이다. 합리론으로서나 경험론으로서를 막론하고, 이 모두는 그러한 아르키메데스 기점을 찾아 나섰다. 다시 말하면 의견의 상대성을 벗어나서 결정적으로 확실한 지식을 구성하게끔 용납하는 궁극적이고 보장된 출발점을 찾아 나섰던 것이다. 이러한 의미에서 근대 철학이 데카르트(R. Descartes)의 근본적인 회의로서 시작된다는 것은 옳다. 왜냐하면 데카르트에서 처음으로 아르키메데스 기점의 그러한 원리가 명명백백하게 주장되었기 때문이다. 그러므로 우리는 먼저 다시 한번 데카르트로부터 시작하지 않으면 안 된다.

1. 합리론의 길

데카르트는 잘 알려져 있는 바와 같이 그의 《성찰》(*Meditationen*)에서 다음과 같이 서술하고 있다. "나는 청년 시절에 얼마나 많은 과오를 정당한 것인 양 받아들여 왔고, 또 그렇게 불완전한 원칙 위에 쌓아 올린 모든 것은 얼마나 의심스러운가. 따라서 내가 학문에서 어떤 확고부동한 것과 지속적인 것을 위해 확실한 지주를 마련하려고 한다면, 지금까지 생활 속에서 믿어 왔던 모든 것을 근본에서부터 부정하여 제1기반에서 새로 시작해야만 한다는 것을 이미 수년 전부터 깨달았다!"[1] 제2의 《성찰》에서 그는 또 다음과 같이 되풀이하고 있다. 즉 "나는 예견하지 못했던 순간에 깊은 소용돌이 속으로 빠져 들어간 것처럼 너무나 당황한 나머지 밑바닥에 확고하게 발을 둘 수도 없고 수면(水面)으로 헤엄쳐 나올 수도 없었다."[2] 이러한 회의로부터 그는 "벗어 나오고자 노력"하였다. 하지만 그러한 것은 어떻게 가능한가? 데카르트는 답하기를 "나는 최소한의 의심이라도 가능하게 하는 모든 것을 나로부터 멀리하고자 한다"고 하였다. 이것은 그 이면에 있는 어떤 무제약적인 확실성을 찾기 위해서이고, 그러한 확실성으로부터 그는 "학(學)에서 어떤 확고한 것과 지속적인 것"을 결정할 수 있었던 것이다. 그래서 그 자신은 분명하게 하나의 아르키메데스 기점에 관해 언급하게 된다. "전체 지구를 그 위치로부터 움직이기 위하여 아르키메데스는 확실하고 부동한 하나의 기점을 요구하였다. 그래서 나도 확실하고 부동한 최소한의 것만이라도 발견하게 된다면,

소원을 성취하는 것이리라. "³⁾

먼저 우리는 이렇게 "부동적으로 확실한 것"이 어떤 것인지를 묻지 않고, 또한 어떤 방식으로 데카르트가 그러한 것을 발견하는지를— 또는 발견한다고 생각하는지를—묻지도 않는다. 우리는 먼저 순수하게 형식적으로 그러한 발단 명제에 있는 방법적인 것을 고찰하고자 한다. 그러므로 데카르트에게서 중요한 것은 점진적인 인식 구성에서 그의 광범위한 체계가 이루어질 수 있는 부동적 확실성의 한 기점을 먼저 찾아내는 일이다. 이것은 데카르트의 발단 명제이지만, 또한 그 것을 넘어서서 근대 인식론 일반의 발단 명제이기도 하다. 즉 인식에서 더욱 분명한 확실성을 획득하기 위하여, 모든 인식된 것과 상념된 것으로부터 눈을 돌리기 위하여 그리고 근원으로부터 새로 시작하기 위하여 그러한 것은 필요한 것이다. 무엇보다도 먼저 확실한 기초를 마련한 후 그 위에다 점차적으로 인식을 구축하는 것이 필요하다.

그래서 한번 이렇게 시작되면 그러한 발단 명제 역시 너무나 자명하게 보이므로, 어떻게 달리 시작해야 할지를 전혀 알지 못하게 된다. 모르기는 하지만 그 결과가 확실한 인식이 인간 일반에게 불가능하다는 것을 말해 준다. 그러나 만일 그러한 결과가 가능하다면, 어떻든 이 길 이외의 다른 길이 있을 수 없는 것처럼 보인다.

이 자리에서 우리가 제기하여 묻고자 하는 것은 그러한 발단 명제가 실제로 그렇게 자명한가이다. 인식에서 그러한 하나의 아르키메데스 기점을 발견한다는 것이 실제로 가능한가? 또는 반대로 그러한 하나의 아르키메데스 기점을 찾아내는 데 성공하지 못한다면, 인식에서 실제로 모든 것이 불확실하고 회의적인가 하는 물음이다.

데카르트는 인식의 확실한 출발점을 알려진 바대로 의식의 자기 확실성에서, 즉 그 유명한 "나는 생각한다, 그러므로 나는 존재한다" (cogito ergo sum)에서 찾았다. 그는 다음과 같이 쓰고 있다. "'나는 생각한다, 그러므로 나는 존재한다'라는 진리가 대단히 확실하고 부동하다는 사실을 나는 인식하였고 또 회의론자들의 비상한 비난도 그러한 진리를 흔들어 놓을 수 없다는 사실을 인식하였다." 그래서 그는 계속해서 "이렇게 나는 내가 그러한 진리를 아무런 의심 없이 내가 찾고 있던 철학의 제1근본 원칙으로서 설정할 수 있을 것이라는 사실을 결단하였다"[4]라고 썼던 것이다. 그러므로 이러한 명제가 데카르트에게는 자기가 찾고 있던 아르키메데스의 기점인 것이다.

여기서 우리는 그러한 명제의 자명성에 대한 물음은 제쳐두고자 한다. 우리가 그러한 명제에다 너-확실성(Du-Gewißheit)의 우위를 대립시켰던 사실은 이미 증명되었고(그러한 이의의 정당성에 대한 물음과는 완전히 독립하여), 또 자명성이 전혀 문제없는 것은 아니라는 사실도 증명되었다. 만일 우리가 이러한 단순한 문제로부터 인식의 체계를 이룩하려고 한다면, 어려운 문제들은 한둘이 아닐 것이다. 데카르트에서는 이미 알려진 바대로 신의 존재 증명 방법에서만 외부세계의 실재에 관한 지식을 확실히 하는 데 성공하였다. 그러나 이러한 증명 자체는 확고한 전제에 대해 전혀 자명하지 않을 뿐만 아니라 오히려 풀 수 없는 중세적인 사고의 특수한 전제와 관계되어 있는 실재 개념의 전제에 의존해 있는 것이어서, 우리는 회의할 수 없는 확실성에 관해서 말할 수 없고 또 그 후의 철학도 그러한 증명 과정을 통하도록 억지로 강요될 수는 없었다. 데카르트의 신 증명은 고립된 의식을 초월하여 세계에로 진입하도록 하는 과제에 따라 그가 이룩해야 하는 바를 이룩하지는 못했다. 이미 딜타이(W. Dilthey)는 "데카르트 이후 우리는 가교(架橋)에 처해 있을 뿐"[5]이라고 조롱하였다.

그러나 이 자리에서는 데카르트 해석이 중요한 것이 아니고, 인식을 위한 확실한 출발점을 제공하여 줄 수 있는 원리 자체가 중요한 것이다. 데카르트는 이러한 자신의 궁극적인 전제를 다음과 같은 명제로 정식화하고 있다. 즉 "우리가 아주 명석하고 판명하게 파악하는 사물은 모두가 참이다."[6] 다시 말하면 진리의 궁극적인 척도는 명증성(Evidenz)에 있고, 그리고 그러한 명증성에서 구성되는 모든 인식을 위한 전제는 출발점의 명증성에 있다는 사실을 의미한다. 만일 우리가 데카르트 철학의 모든 특수성을 도외시한다면, 다음과 같은 물음

이 첨예화된다. 즉 하나의 명증성이 존재하는가? 그리고 그러한 명
증성 내에서 철학의 구성을 위해 신뢰할 만한 근거를 획득할 수가 있
는가?

  명증성이라고 하는 말은 잘 알고 있듯이 자체적으로 명백한 것 또
는 직접적으로 통찰할 수 있는 것을 의미하고, 언제나 분명하게 밝혀
지지 않는 근세 철학에서는 무엇보다도 판단에 해당되는 말이었다.
명증적 판단은 직접적으로 명명백백한 판단이고 그래서 그 이상 논증
을 필요로 하지 않는 판단이다. 만일 우리가 감성적 명증성, 다시 말
하면 명백한 감성적 지각의 가능성을 먼저 제쳐둔다면, 이성적 명증
성이 존재하게 된다. 즉 사고 속에서 발생하는 확실한 궁극적 명제에
대한 직접적인 통찰이 존재하는 것이다. 그러한 궁극적인 명제로부터
하나의 구속력 있는 인식을 획득할 수 있다는 확신은 근대 철학에서
이른바 합리주의의 특징이다. 현대 철학에 들어와서 특히 브렌타노
(F. Brentano)가 인식을 그러한 명증적인 판단에 근거지우고자 시도하
였다. 그래서 그의 제자 크라우스(K. Kraus)는 브렌타노의 유고를 편
집하여 출판한 《진리와 명증성》(*Wahrheit und Evidenz*)이라고 하는 표
제의 책 서론에 다음과 같이 썼다. "통찰하여 판단하는 자, 즉 인식
하는 자는 모든 사물의 척도이다. … 이것이 아르키메데스의 기점이
다. … 이것은 논리적이고 인식론적인 '나에게 임의적인 기점을 수여
함'($\delta\delta\varsigma$ $\mu o\iota$ $\pi o\tilde{\upsilon}$ $o\tau\tilde{\omega}$)이다."[7] 내가 이 문장을 인용하는 것은 여기
에서도 분명하게 인식에 있어서 아르키메데스 기점의 사상이 관련되
기 때문이다. 이때 브렌타노는 개별적으로 다음과 같이 설명한다. 모
든 증명이 그 전제의 진리에 의존하고 있기 때문에, "일반적으로 하
나의 명명백백한 진리가 있다면, 아무런 증명 없이 직접적으로 명명
백백한 진리가 존재하지 않으면 안 된다." 그래서 그는 "그러한 진리
가 명명백백한 것으로서 소위 말하는 모든 맹목적인 판단들과 구별되
는 것은 무엇인가?"라고 묻는다. 그것이 바로 명증성이다. "판단의
진리에 대한 참된 보장은 판단을 직접적으로 소유하거나 또는 직접적
으로 명증적인 다른 판단들과 결합을 통한 증명에 의하여 달성되는

명증성에 있다. "8)

　이미 말한 것처럼 우리는 우리가 고찰을 진행하는 동안 명증적인 지각을 먼저 제쳐두고, 오성의 확실한 판단에 있는 명증성에 대해 물음을 제기하고자 한다. 이러한 것이 그 이상 소급될 수 없는 그리고 그 이상 논증될 수도 없는, 그래서 만인에게 직접적으로 명명백백한 명제들인 것이다. 그러나 이것이 철학 내부에서는 어려움을 낳게 한다. 왜냐하면 명증성에 대하여 어떠한 척도도 존재할 수가 없다면, 소위 말하는 명증성의 감정에로 인증(引證)하기를 거부한다면, 그 안에서 기만에 빠지지 않고 우리에게 명증적으로 나타내 보이는 것을 우리가 확신하는 곳은 어디인가 하고 물을 수 있기 때문이다.

　이러한 상황에서 우리는 궁극적인 전제로부터 나온 엄밀한 구성이 가장 정연하게 수행된 학문에 주의를 기울이지 않으면 안 된다. 이것이 수학이다. 이러한 궁극의 전제를 우리는 여기서 공리(Axiome)라고 부른다. 그리고 유클리드는 이미 공리로부터 출발하는 무모순의 기하학의 구성을 제공하였다. 이러한 공리는 수학에서 오랫동안 명증성을 통하여 입증된 것으로서 통용되어 왔다. 그러나 이와 함께 근대 과학의 발전에 따라 그 문제점도 생겨나게 되었다. 만일 우리가 소위 말하는 비유클리드 기하학에서 평행선의 공리를 다른 공리로 대치할 수 있다면, 많은 공리들이 선택적 방식으로 병존할 가능성이 있다면, 공리들은 그 논증 가능성을 명증성에서 상실하고 말 것이다. 그러므로 현대 수학은 그러한 명증성을 포기하고 공리를—확실한 한계 내에서—임의적인 조정으로서 파악하였고, 그러한 공리의 사용 가능성은 공리로부터 나온 결과에 따라 결정될 수 있다는 것이다.

　그러나 이로써 명증성을 수학의 본보기로 삼을 수 있다는 가능성은 사라지게 된다. 만일 수학에서 이미 명증적 명제에 대한 논증이 불가능하다면, 그러한 불가능성은 비로소 모든 다른 인식에도 참으로 타당할 것이다. 왜냐하면 수학은 논리적 구성이 가장 명백하게 나타나는 학문이기 때문이다. 수학에 적용되는 것은 비로소 다른 학문에도 옳게 적용된다. 그러나 이러한 것은 다음과 같은 사실을 의미한다. 즉 만일 인식의 확실성이 절대적으로 명백하고 확고부동한 아르키메데스의 기점을 찾는다는 사실에 근거해 있다면 그 아르키메데스의 기점은 근거의 이성적 명증성에서 찾을 수 없는 것이다.

  이로써 명증성의 문제 역시 결코 해결되지 않았다. 그러나 명증성의 개념은 수학적인 기초 문제로 인해서 아주 미묘하기 때문에, 좀더 일반적이고 거의 요구를 하지 않는 명명백백한 것의 개념에다 한정시키는 것이 합목적적일 것이다. 많은 것이 우리에게는 아주 명백하게 보여 너무나 자명하므로 우리에게 그 반대는 불가능한 것처럼 보인다. 그러나 우리가 언제나 다시 경험하는 것은 우리에게 아주 자명하게 보이고, 우리에게 이론의 여지가 없이 통찰력있게 보였던 것 중의 많은 것이 그 이후에는 틀린 것이거나 또는 불확실한 것으로 밝혀졌다는 사실이다. 이보다 한걸음 더 나아가서 이론의 여지없이 명백하게 나타나는 것에서부터 단순하게 용인될 수 있는 것까지 그 명명백백한 것의 정도도 존재한다. 우리들의 전체 삶은 우리에게 많든 적든 명백하게 나타나는 그러한 판단으로 섞여 있으며, 많은 판단은 순수하게 그러한 판단이 진술되는 함축성으로 인해서 우리가 그것에 저항하기에는 너무나 어렵다는 확신을 가지게 되는 것이다.
  그러므로 우리는 신중을 기하지 않으면 안 된다. 이러한 명증적 명제는 수학에서도 마찬가지이다. 명증성은 부수적인 감정이지, 진리의 궁극적인 척도는 아니다. 진리에 선행하는 그러한 척도란 존재하지 않는다. 만일 우리가 그러한 척도의 담지 능력에 대해 이해하려고 한다면, 시험삼아 한번 명명백백한 명제에 따르는 길 외에 아무것도 없을 것이다. 그러한 명제에서 우리가 결과를 끌어냄으로써 명제가 어디에 이르게 되고, 또 명제가 결과로부터 어떤 조건하에서 조정된 명제의 정당성에 대해 역추리를 하게 되는가를 비로소 우리는 알게 된다.
  이와같이 인식은 필연적인 방식으로 이리저리 교차하는 과정을 겪게 된다. 즉 우리가 먼저 시험적으로 전제하는 것은 무엇이 일자에게 명백하게 현상하는가 하는 것이다. 그러나 우리는 결과로부터 전제의 정당성을 역추리함으로써, 그것을 검토하여, 그 전제를 수정하고 또 수정된 전제를 가지고 다시 그 밖의 광범위한 고찰을 하게 된다. 그러나 그렇게 왔다갔다하는 수행 방식은 근본적으로 결코 일방적으로만 진행되는 근원으로부터 결과에로 이르는 과정이 아니다. 궁극적인 전제는 그 전제가 비로소 궁극적으로 인식될 것이라고 우리가 스스로 확신할 수 있는 어떤 최종적인 것일 수가 없다. 그러므로 그러한 전제들은 가장 확실한 것이 아닌 심지어 인식에 대해서는 가장 불확실한 것이어서, 언제나 어떤 가설적인 것을 가지고 있는 것이다.

지금까지 얻어낸 결과를 요약한다면 다음과 같다. 즉 명증적 명제에서 인식을 구성하기 위한 아르키메데스의 기점을 찾아내려는 시도는 필연적으로 좌절될 수밖에 없다는 말이다. 오성의 통찰을 가지고서는 어떠한 결정적인 기틀도 마련할 수 없다. 그럼에도 불구하고 우리가 아르키메데스의 기점을 찾고자 한다면, 오직 제2의 길로서 지각의 확실성에다 기반을 깔고 있는 경험론 또는 감각론에서 찾아야 할 것이다.

2. 경험론의 길

경험론은 근대 영국 철학에서 이어져 온 위대한 전통이다. 경험론은 그 이름이 말해 주듯이 모든 인간의 인식을 경험에 환원시킨다. 그러나 경험은 다시 우리들이 아직 연구해야 하는 것으로서 아주 복잡하고 상이하게 해석될 수 있는, 그러므로 결코 미리 처음부터 명료한 개념은 아니다. 예를 들면 현대 실용주의도 아주 다른 의미이기는 하지만 경험을 바탕으로 하고 있다. 그러나 경험 속에서 하나의 확고한 기점을, 즉 확실한 단초를 발견하는 데 성공한다면, 우리는 먼저 그러한 경험의 개념을 적절한 방식으로 정의하지 않으면 안 된다. 그래서 영국 경험론은 근원적인 경험을 감성적 지각에서 구하고 있으므로 경험론일 수밖에 없다. 이러한 영국 경험론도 데카르트와 같이 현존하는 표상을 그 자신 속에 가지고 있는 의식의 소여성으로부터 출발함으로써, 그러한 표상들이 어떻게 의식 속으로 들어오는가를 묻는다. 예를 들면 흄(D. Hume)은 경험론자가 답하는 것을 다음과 같이 말하고 있다. 즉 "모든 우리들의 표상 또는 모호한 관념은 우리들 인상의 모사이거나 또는 생동적인 관념의 모사이다."⁹⁾ 그러므로 표상들은 감각을 통하여 수용된 인상(Eindrücke, impressions)으로 환원된다. 이러한 인상 이전에 있는 마음은 공허하며, 이것을 로크(J. Locke)는 "백지표"(tabula rasa)라고 하였다. 이에 대한 유명한 명제가 "감성 속에 존재하지 않는 것은 지성 속에도 존재하지 않는다"(Nihil est in intellectu, quod non fuerit in sensu)이다. 여기에서 표명된 인식론적 원리는 다음과 같다. 즉 어떤 인상(또는 어떤 인상들)에로 사고를 환원하는가 하고 내가 묻는다는 사실에 대해서 나는 사고의 타당성을 생각한다. 그러므로 감성적으로 주어진 인상에서 나는 신뢰할 수 있는 기반을 얻게 되는 것이다.

그러나 이러한 발단 명제가 궁극적이고 절대적으로 확실한 기점의 기능을 수용해야 한다면, 그러한 인상을 궁극적이고 단순한 요소로서, 말하자면 경험의 원자로서 획득할 수 있는 가능성이 있어야 한다. 그래서 경험론은 그러한 발단 명제의 구속력으로 인해 반드시 감각론으로 떨어지고 만다. 즉 이것의 근거는 세계 내에 있는 어떤 사물에 대한 복합적인 지각에 주어져 있는 것이 아니고, 지각이 구성되는 감각의 요소에 주어져 있는 것이다. 이러한 감성적 감각은 우선적으로 그리고 직접적으로 소여되어 있다. 그 밖의 모든 인식도 그러한 감성적 감각에서 구성되고, 그래서 감성적 감각에 대한 정당성을 인정해야 하는 것이다. 경험 내에서 아르키메데스의 기점을 구하는 경험론은 이러한 길을 가지 않으면 안 된다. 우리가 어떤 칸트적인 의미에서 우리들 정신의 선험적 형식을 함께 수용함으로써, 우리가 그러한 발단 명제를 어떻게 수정하더라도, 인식론이 그러한 궁극적이고 단순한 요소로, 즉 단순한 감각으로 환원된다는 사실은 학문성을 주장하는 모든 인식론의 필연적인 길인 것처럼 보인다. 우리는 먼저 이러한 요소를 분석하여 밝혀 내야 하고, 그 후에 그러한 요소들에다 인식을 구축해야 한다.

그러나 과학적 사고에 대해서는 너무나 냉백하게 나타남으로써 그러한 사고가 어떻게 다를 수 있을 것인가를 우리가 사전에 알지 못한다는 발단 명제는 경험적 학문, 특히 이 경우에는 심리학의 결과와 상치되어 좌절되고 말 것이다. 더욱이 현대 형태 심리학과 전체성의 심리학은 다음과 같은 사실을 말해 준다. 즉 그렇게 분리되고 고립되어 있는 단순한 감각들은 전혀 존재하지 않는다는 사실과 그러한 감각들은 적어도 지각 과정의 단초에는 존재하지 않는다는 사실, 그리고 오히려 단초에는 이미 언제나 형태들의 전체적인 지각이 있다는 사실 등이다. 그래서 형태 심리학은, 전체란 그 전체를 구성하고 있는 부분의 총체 그 이상이라고 주장한다. 그러므로 전체는 원자적인 구성 요소로부터 형성될 수 있는 것이 아니라 모든 부분 이전에 존재하는 것이다. 이로써 지각으로 가는 길은 전체로부터 부분에로 향하여 가는 것이다. 그러나 이러한 명제가 여기서는 철학적인 독단(Dogmen)으로 나타나는 것이 아니고, 조심스럽게 수행된 그리고 필연적으로 증명을 가능하도록 하는 연구의 결과로서 나타나는 것이다. [10)]

현대 심리학에서 밝혀진 성과를 여기서 되풀이하는 것은 우리들의 과제가 아니다. 우리들에게 관심이 있는 것은, 나에게는·충분하게 심사숙고되지 않은 그러한 성과로부터 인식론에 대하여 밝히려는 폭넓은 결과들이다. 어떻게 운명적으로 이 두 원리간의 소외가 작용하는가 하는 것이 그러한 예에서 특히 아주 잘 나타난다. 왜냐하면 개별 학문의 성과가 필연적으로 철학에 영향을 끼치기 때문이다. 다시 말하면 부분에 대한 확실한 파악이 단초에 존재하지 않고, 무엇보다 먼저 불분명하게 주어져 있는 전체가 단초에 존재한다면, 절대적으로 확실한 인식의 기점에 대한 모든 탐구는 허사일 것이고, 그 이전에 이미 논증에 대한 합리론적인 길이 거부됨에 따라 현재의 경험론적인 발단 명제도 좌절되고 말 것이다. 바꾸어 말하면 근본적으로 인식을 보장하기 위한 아르키메데스의 기점이란 존재하지 않으며, 그러한 아르키메데스의 기점에 대한 모든 정위(定位)는 인식론의 문제를 처음부터 빗나가게 하고 만다는 것이다. 그러나 이러한 것은 우리로 하여금 근본적으로 새로운 고찰을 하도록 강요한다.

　내용이 풍부한 형태 심리학과 전체성의 심리학적 연구 성과에서 두 가지의 암시가 제시되었다. 왜냐하면 이러한 성과는 동시에 인식론적인 문제를 더욱 진전시킬 수 있기 때문이다. 즉 "불완전한 원"(대충 원의 형태를 띠고 있는 선 또는 어떤 곳이 단절되어 있는 원)을 고찰하기 위해서는 먼저 완전한 원을 파악해야만 비로소 그것을 파악할 수 있다. 또는 만일 내가 "여러 가지의 넓은" 장방형(여러 가지 비례하는 변의 관계를 가지고 있는 장방형)을 지각한다면, 나는 아주 특정한 변의 관계, 아주 특정하고 준수한 장방형의 유형들(정방형과 "황금 분할"의 관계에서 변을 가진 장방형 그리고 폭이 넓은 "각재" (Balken) 등)을 먼저 실제로 끊임없이 변하는 형상 속에서 다시 발견한다고 믿는 것이다. 어디에서나 우리는 그와 같은 현상을 접하게 된다. 즉 그러한 것이 안면의 지각을 주도하는 특정의 "준수한 형태"들이다. 그러한 형태들이 파악의 선험성과 같이 작용한다. (그러한 것은 무시간적으로 미리 소여되어 있는 것이 아니고, 생활의 경험이 진행되는 가운데 형성되고 또 언제나 지속적으로 분화하는 것의 하나이더라도 그러하다.) 완전한 것을 기대하는 곳에서 불완전한 것의 지각도 정위되는 것이다.
　이미 자명하게 되어 버린 심리학의 성과를 되풀이한다는 것은 무의미한 일이나 피할 수 없는 인식론적 결과를 심리학으로부터 끌어내는 일은 중요하다 할 수 있다. 그러나 그 전에 우리가 시작한 사고 과정을 좀더 전개하여 나가지 않으면 안 된다. 다시 말하면 실제적으로는 여전히 전체의 형태 심리학에 실험실의 입김이 아직 들어 있는 것이다. 이와같이 그러한 연구가 획기적인데도 불구하고 우리는 그 주변에서 단순한 기하학적인 형태를 지각하기 위하여 얼마나 인위적이고 또 삶의 소원한 관계 속으로 인간을 빠뜨려 버리는가를 분명하게 밝히지 않으면 안 된다. 현실적인 삶 속에서 우리는 추상적인 모습을 지각하는 것이 아니고, 우리들이 관여하고 우리들의 삶 속에서 의미를 가지고 있는 현실의 실물을 지각하는 것이다. 그러나 여기서는 구체적이고 현실적인, 우리가 그 전에 "준수한 형태"라는 모델에서 추상적으로 전개하였던 것이 다시 나타난다. 여기에서도 지각은 미리 처음부터 상대적인 선험성에 의해 주도된다. 그러나 그러한 상대적인 선험성은 의미에서 벗어나 있는 형태를 대신하여 우리들의 지각을 도출해 내는 사물이나 또한 거기에서 우리가 접하게 되는 책상이나 의자와 같이 잘 알려져 있는 사물(우리가 말하려고 한다면 사물의 형, "구조"라고 할 수 있을 것임)에 대한 이해이다. 알려져 있지 않은 어떤 것이 우리에게 나타난다고 하더라도, 우리는 그러한 것을 오직 알고 있는 사실로부터만 어떤 생소한 종류의 것으로서 받아들이고 우리로 하여금 내면에 가지고 있는 기대로부터 구상하도록 하고 또 그렇게 수정하도록 하는 하나의 변칙으로서 보게 된다. 그러나 이러한 것은 언제나 근원적인 지각 과정으로 되돌아오는 어떤 부가적인 것 또는 어떤 이차적인 것이다. 근원적으로 보고 듣는 모든 인간의 지각은 이미 언제나 세계에 대한 이해로부터 유도되어 나왔고, 그러한 세계 내에서 만나게 된 사물에 대한 이해로부터 유도되어 나왔다.

여기서 이것으로 마무리하기 전에 우리는 그 밖의 사상도 고찰하고자 한다. 만일 이러한 방식으로 우리가 지각하는 모든 것을 그 이전부터 표현되고 있는 이해의 수단으로 책상이나 또는 의자와 같이 언제나 이미 "어떤 것으로서" 지각한다면, 이러한 것은 내가 상면(相面)한 것을 "어떤 것으로서" 내가 지각하는 것이되 추상적인 개념에서가 아니고 나의 언어가 처리할 수 있는 단어들의 예비 어휘에 의해서 가능한 것이다. 그래서 모든 지각은 이미 언제나 언어를 통해서 주도된다. 우리가 한 대상에 대해 한 단어를 가진다는 사실을 우리는 이 세계에서도 이미 알고 있는 것이다. 이것은 원칙적으로 훔볼트(A. von Humboldt)의 명제이기도 하다. 즉 인간은 언어를 자기 자신으로부터 나오게 한 후에 그와 동시에 자기 자신을 그러한 언어 속으로 들어가게 하되, 언어 이외의 것을 통해 인간을 현실로 들어가게 하는 방도는 없다[11]는 것이다. 언어 철학에서 종종 인용되는 이러한 명제 역시 아주 중요한 것으로 인식론에 수용되지 않으면 안 된다. 그래서 이미 형태 심리학에서 이룩한 성과는 다음과 같은 것을 의미한다. 즉 단지 무조건적으로 이러한 이론을 감각 위에 구축하기 위하여 아직 형성되지 않은 순수한 지각의 원재료로 그리고 순수하게 피동적으로 수용된 감각에로 밀고 나간다는 것은 근본적으로 불가능하다. 그러므로 지각 위에 시간적이거나 또는 실제적인 사고의 구성 관계를 확정한다는 것은 근본적으로 가능한 것이 아니다. 오히려 모든 지각이란 언제나 이미 거기에 선행하는 이해에 의하여 추월당하고 있는 것이다. 지각하기 위하여 우리는 언제나 이미 먼저 이해하고 있지 않으면 안 된다. 사고와 지각은 미리 처음부터 하나의 불가분의 과정 속에 혼융되어 있는 것이다.

그 밖에도 이러한 것은, 만일 우리가 현대 학문론의 의미에서 요소적 감각으로부터 출발하는 것이 아니고, 우리들이 지각의 성과를 정식화하는 단순한 진술로부터, 다시 말하면 소위 말하는 기록 명제(Protokollsätze)나 또는 기초 명제(Basissätze)로부터 출발한다면(노이라트, 포퍼) 모두 타당할 것이다.[12] 우리가 여기서 한 컵의 물이 있다고 하는 사실과 같이 아주 단순한 확인만을 표명할 수도 있는 것은 파악을 미리 처음부터 주도하는 보편적인 세계 이해로부터 다시금 이끌어 낸 보편 개념을 사용하는 데 우리가 기여할 수 있기 때문이다.

3. 절대적 단초의 불가능성

그러나 이러한 것은 우리가 단초의 문제로 되돌아간다면 다음과 같은 사실을 의미하게 된다. 즉 인식을 아무런 전제 없이 그리고 확실하게 구성할 수 있다고 하는 아르키메데스의 기점에 도달하기를 희망할 수 있는 어떠한 방법도 차단되어 있다는 사실이다. 인식을 위한 제1의 단초도 존재하지 않고, 절대적인 "무(無)의 자리 매김"(Null-punkt)도 존재하지 않는다. 오히려 우리는 미리 처음부터 선행하는 이해의 "이미 언제나"라고 하는 것에 투입되어 있는 것이다. 이러한 무단초성은 모든 인간 인식의 불가피한 조건에 해당한다.

이러한 것을 파악하기란 그렇게 쉬운 일이 아니다. 이러한 것이 습관되어 있지 않기 때문만이 아니고, 사실상의 어려움도 실제로 존재하기 때문이다. 이렇게 이해된 것을 우리가 오늘 간단한 방식으로 지각하는 것에 대해서 이의를 제기할 수는 있을 것이다. 그러나 이러한 이해는 그 자체로 획득되어야 한다. 그러므로 이러한 것은 거기에서 영향력을 행사하는 그 이전의 지각에서 획득된 경험인 것이다. 이와 같이 우리는 오늘날의 이해를 그 과정으로부터 파악할 수 있고, 그러한 과정에서 우리는 이전에 현존하고 있는, 그러면서도 의미에서 벗어나 있는 지각으로부터 출발하지 않으면 안 된다. 그래서 만일 우리가 올라갈 수 있는 곳까지 거슬러 올라가야 한다면, 언젠가 우리는 제1이라고 하는 단초의 기점에 다다라야 하고, 그래서 언젠가는 가장 단순한 이해도 생겨나야 하는 것이다. 그렇다면 그러한 이해가 사상적으로는 아직 형태를 갖추지 못한 단순한 지각의 자료 이외에 어디에서 생겨날 수 있겠는가?

여기에 대한 답은 다음과 같다. 단순한 지각을 궁극적이고도 아직 어떠한 해석을 내릴 수 없는 단초의 상태에로 회귀한다는 것은 어떠한 경험을 가지고도 검증할 수 없는 일종의 사상적인 추리로서 잘못된 구상으로 보아야 한다. 그러므로 그러한 것은 이미 원칙적으로 통제 불가능하고 순수하게 가설적인 것으로서 모든 진정한 경험론의 근본 명제에 대한 분명한 위반인 것이다. 그래서 우리는 인식의 무단초성을 원칙적으로 인정하지 않으면 안 되고, 그러한 무단초성은 의식적으로 난점이 있지만 성실히 밝혀 나가야 하는 인식론(Erkenntnislehre)의 제 1 발단 명제로 수용하지 않으면 안 된다.

인식한다는 것은 살아간다는 것을 말한다. 즉 우리는 언제나 이미 우리들의 삶 속에서 우리 자신을 미리 발견하게 되어, 우리들의 세계 속으로 "투입"되어 있다. 그래서 우리는 처음으로 되돌아가고자 해도 "이미 언제나"(schon immer)라고 하는 그러한 사실에서 벗어날 수 있는 가능성이란 전혀 없다. 이러한 것은 우리들의 개인적인 생활에서도 그대로 통용된다. 우리들이 태어난 날에 대한 지식도 다른 사람에 의해서 전달된 것이고, 우리들 자신이 직접 체험하면서 살아오는 가운데서도 우리는 그 어떠한 단초에 대해서 알아 낼 수 없다. 우리가 아무리 기억을 더듬어 되돌아간다고 하더라도, 우리의 시선은 결국 어린 시절의 암흑 속에 빠져 버리고 만다. 이와 한 연관성에서 이러한 것은 역사 전체에서도 그대로 통용된다. 신화적 세계상이 역사를 위해 특정한 단초의 날짜를 제시하여 준다고 하더라도, 역사의 단초는 좀더 깊숙하게 파고 들어가는 학문적 탐구 앞에서 그 이상 더 해명될 수 없는 암흑 속으로 빠지고 마는 것이다. 여기에서 우리는 토마스 만(Thomas Mann)의 소설 《요셉과 그의 형제》(*Joseph und seine Brüder*)에 나타나는 첫 장면을 회상하게 된다. 그는 "과거의 샘은 심연하다"라고 시작하여 "구덩이를 깊게 파면 팔수록 그리고 과거의 지하 세계 속으로 들어가서 만지면 만질수록 인간과 인간의 역사 그리고 인간의 풍습에 있는 단초 근거는 완전히 측정할 수 없는 것으로서 증명되며, 그리고 우리는 무한정한 시간 속에까지 실을 풀어 헤치는 추 앞에서는 언제나 다시 무(無) 속으로 빠져 들어가고 만다"[13]라고 강조한다.

이미 딜타이가 확언하였던 것처럼 "모든 단초란 임의적인 것이다."[14] 인류의 가능한 근원은 개인적인 생명의 생일을 기억함과 같이 역사적 탐구에 대해서도 해명 불가능하다. 그러므로 우리는 언제나 문화 등의 근원에 대해서는 물을 수가 없다. 왜냐하면 언제나 우리가 인간을 만나게 되는 거기에서 우리는 이미 언제나 언어나 문화 역시 만나게 되기 때문이다.

인식에 있어서도 사정은 마찬가지이다. 인간은 이미 언제나 이해된 세계에서 살고 있으며, 이러한 이해의 배후에서 인간이 자신의 인식을 근본적으로 새로 구성할 수도 있을 것이라는 단초의 상태를 다시 파악하고자 하는 것은 무의미한 것이다. 어린 아이에게서 이러한 이해는 성인에게서보다 더 적을 수도 있고 더 석세 분화될 수도 있지만, 그러나 그러한 것이 이미 이해로서 하나의 전체인 것이다. 이미 형태 심리학과 전체성의 심리학에서 나타난 것은 대단히 많은 것을 포괄하는 연관성에 이르게 된다. 그리고 개인적인 세계 이해의 단초는 어떠한 심리학적 연구도 그 이상 더 진전하여 나아갈 수 없는 유년 시절의 암흑 속으로 사라지게 되고, 거기에서 언제나 이미 전해 내려오는 집단적 이해가 주역할을 하게 된다. 그러한 이해는 어린 아이가 자기 스스로 설명을 해줄 수 있기 이전에, 자신의 환경으로부터 그러한 것을 수용하였고 또 인간의 공동 생활로부터 부단히 그 자신의 표상 형성을 이룩하였던 것이다. 모든 개개인이 세계를 이해하는 근원도 인간 혈통의 암흑 속으로 사라지고 만다. 그러므로 우리는 어떠한 단초에도 도달하지 못하는 것이다.

□ 註 ▬▬▬▬▬▬▬▬▬▬▬▬▬▬▬▬

1) R. Descartes, *Meditationen über die Grundlagen der Philosophie*, hrsg. von L. Gäbe (Hamburg, 1959), 31면.
2) 같은 책, 41면.
3) 같은 책, 43면.
4) R. Descartes, *Von der Methode des richtigen Vernunftgebrauchs*, übers. und, hrsg. von L. Gäbe (Hamburg, 1960), 53면.
5) W. Dilthey, *Briefwechsel mit dem Grafen P. Yorck von Wartenburg* (Halle a.d. Saale, 1923), 55면.

6) Descartes, *Von der Methode des richtigen Vernunftgebrauchs*, 55면.

7) F. Brentano, *Wahrheit und Evidenz*, hrsg. von O. Kraus(Leipzig, 1930), XV 면.

8) 같은 책, 137, 140 면.

9) D. Hume, *Eine Untersuchung über den menschlichen Verstand*, hrsg. von R. Richter (Leipzig, 1928), 19면.

10) F. Sander, *Experimentelle Ergebnisse der Gestaltpsychologie*(Leipzig, 1928); W. Metzger, *Psychologie*, 제 2 판(Darmstadt, 1954).

11) W. von Humboldt, *Gesammelte Schriften*, hrsg. von d. Königlich Preußischen Akademie der Wissenschaften, 1. Abteilung: Werke, 제 7 권, 60면.

12) W. Stegmüller, *Hauptströmungen der Gegenwartsphilosophie*(제 1 판, Stuttgart, 1960/제 4 판, 1969) 참조.

13) Th. Mann, *Joseph und seine Brüder*, *Werke*(Frankfurt a.M./Hamburg, 1967), 제 1 권, 5면.

14) W. Dilthey, *Gesammelte Schriften*(Leipzig/Berlin, 1923 이후), 제 1 권, 419 면.

제 2 장

인식 철학의 새로운 발단 명제

1. 해석학적 발단 명제

그러나 이러한 것이 여기에서 제기된 인식론에 대해서는 무엇을 의미하는가? 간과될 수 없는 인식의 확실성을 절대적으로 확고한 기반 위에 환원시킴으로써 획득하고자 하는 모든 시도는 전망이 없는 것으로 증명되었다. 우리는 필연적으로 이미 언제나 우리들의 세계 이해 전체에 조정되어 있기 때문에 그러한 전체 밖에서 하나의 기점을 획득하려고 하는 것은 마치 물리학적인 사고 영역에 있어서 세계 체계 밖에서 하나의 확고한 기점을 획득하려고 하는 것과 같이 전망이 없는 것이다. 우리는 이하에서 다시금 우리들의 안목에서 벗어날 수 없는 그러한 결과를 인식에 있어서 아르키메데스 기점의 불가능성에 대한 원리로서 정리하고자 한다.

그러나 이러한 것이 우리가 인식에 있어서의 모든 확실성을 포기하여야 하고 또 주관적으로 논증된 의견들만이 주된 역할을 하게 되어 있다는 그런 사실을 의미하는가? 그것은 아니다. 이러한 것은 우리

가 의식적으로 우리 자신을 전통적인 세계 이해와 삶의 이해 전체에
서 조정하여야 한다는 사실을 의미하고 또 우리가 우리 자신을 그러
한 이해의 전체에서 설정하여야 한다는 사실을 의미한다. 그러나 그
것은 일회적인 새로운 단초에서가 아니라, 언제나 새롭게 한걸음 한
걸음씩 해명하는 가운데서 그리고 언제나 비판적으로 검토하는 가운
데서 모든 개별적인 지식을 한층더 확실하게 논증해야 한다는 사실을
의미한다. 훔볼트(W. von Humboldt)가 역사가의 임무에 관해 말한
바와 같이, 역사가가 이해하기 위해서는 언제나 이미 이해하고 있어
야 한다는 사실은 인식 일반에 대해서도 그대로 타당한 것이다. 우리
가 인식하고자 하는 모든 것은 분명한 방식으로 이미 인식되어 있는
것이다.[1] 그러므로 인식은 원칙적으로 선험적 체계로부터 구성되는
것이 아니며, 지금까지 불충분하게 인식된 것을 수정하고 더욱 면밀
히 정리하여 나아가는 것이다. 인식은 미리 처음부터 이러한 수정의
구조에서 고찰되어야 하는 것이다.

　그러므로 인식은 구성적이고 1차원적으로 전진적이나, 확실한 수
행 과정에서 전체를 부분으로부터 구성할 수 있는 것이 아니고, 전체
속에서 부분을 더욱 크게 규정하기 위하여 먼저 아직 불분명하게 주
어져 있는 전체로부터 출발하지 않으면 안 된다. 그래서 이러한 것은
필연적·순환적으로 수행되는 것이다. 이 점에서 전통적인 전체 인식
론의 시도는 이미 좌절되고 만다. 그러므로 그러한 인식론의 개별적
인 문제를 모두 다룬다는 것은 별 의미가 없으며, 그러한 근본 문제
를 한번 인식한다는 것으로 충분하다. 그러나 이에 대해서도 이러한
순환의 문제가 오래 전부터 연구되어 온 하나의 다른 영역이 존재한
다. 이것이 현존하는 언어 원전의 해석에서 가능한 문헌학적 학문이
고 또는 일반적으로는 정신 과학인 것이다. 그러므로 지금까지 좀더
특수하고 또 엄밀성의 주장에서 문제가 되는 학문의 전문적인 요건으
로서 나타나는 방법, 특히 정신 과학에서 행하는 그러한 방법을 편협
성으로부터 벗어나 인식의 전체성으로 발전시켜야 한다는 과제가 생
긴다. 그러한 방법을 협의의 부분 영역에서 완성된 모델을 밝히고,

그러한 모델의 상(像)에 따라 오늘날 학문의 요구에 만족하는 인식론
이 전개되지 않으면 안 된다. 지금까지는 부분의 문제로서만 나타났
던 것이 현재에는 모든 인식의 근본 문제로 되는 것이다.

　정신 과학에서 이루어졌던 수행 방식을 우리는 "해석학"이라 부른
다. 이는 옛날의 개념이지만 오늘날에 와서도 여러 층에서 그대로 통
용된다. 그래서 우리는 오늘날 해석학이 인식의 근본 원리로 되고 있
는 상황을 맞이하고 있는 것이다. 이러한 의미에서 이미 딜타이(W.
Dilthey)는 무엇보다도 먼저 기초가 되고 있는 정신 과학의 영역을 훨
씬 초월하여 인간의 삶을 전체로서 포괄하는 총체적인 이해론을 정립
하였다. 그리고 딜타이가 아직 확실하게 정리하지 못하고 남겨둔 것
을 하이데거(M. Heidegger)가 인간 현존재의 해석학으로서 특정한 대
상 영역의 속박에서부터 의식적으로 벗어나게 하여 인간 삶의 전체성
에 넘기게 되었다. 그는 무엇보다도 먼저 정신 과학에 있어서 단순히
장애물이었던 순환론이 인간 자신의 본질을 파악하는 데 있어서 필연
적으로 논증된다는 사실을 지적하고 있다.[2] 그리고 가다머(H.-G.
Gadamer)가 《진리와 방법》(*Wahrheit und Methode*)이라고 하는 방대한
자기 책의 부제를 "철학적 해석학의 개요"라고 명명한 것[3]은, 그가
다른 철학적 원리와 병행하는 특수한 철학적 원리(학파)를 생각한 것
이 아니고, 해석학이라는 이름을 철학 전체에 대한 표기로서 또는 적
어도 인식에 설정된 분파에 대한 표기로서 말하였던 것이다. 그러한
경우에 인간의 모든 인식은 그 본질상 해석학적일 수 있는 것이다.
우리가 이러한 사실을 원칙으로서 확신하고 있으므로, 우리는 해석학
적 인식론에 관해서 논하고자 하는 것이다.

2. 인간학적 발단 명제

　현재까지 인식에 대한 해석학적 논거는 없었다. 이로 인해서 우리
는 상당히 확산되고 있는 인식론에 대한 불만을 이해할 수도 있다.

우리가 해석학적인 인식의 논거를 전통적인 아르키메데스적 논거의 시도와 동일시하기 때문에, 그러한 해석학적인 인식의 논거는 지속적일 수가 없었고 또 이미 발단 명제에 없던 시도로서 필연적으로 나타나지 않을 수 없었으나, 그러한 시도에 관계하는 것은 더 이상 보람없는 일로 되었던 것이다. 이제 새로운 길로서의 해석학적인 방법을 따르기 위하여 다른 방식으로 서론에서 언급한 바 있는 이의와 난점에 그 실마리를 두지 않을 수가 없다. 이러한 모든 것은 인식이 자율적이고 순수한 사고의 영역에서 논거될 수 있다는 것이 아니고, 그 이전에 인간 삶의 포괄적인 연관성에서 논거될 수 있다는 것이며 또 그러한 연관성에서 이해될 수 있다는 사실로부터 출발한다. 그러므로 실제로 담지적인 인식론은 그러한 보편적인 연관성에서 이루어져야 하고, 그러한 바탕에서 인식을 새로 논거하도록 시도해야만 한다.

이러한 것은 아직 미분화의 형태로 이미 인간 삶의 전체성에서 인식 작용의 기능에 대해 물음을 제기하였던 과거의 생철학적인 발단 명제였다. 그러나 만일 우리가 불분명한 비합리주의의 혐의를 받고 있는 생철학의 개념을 여기서 배제한다면, 그렇다면 이러한 것은 좀 더 면밀한 형식으로는 현대 인간학적인 발단 명제가 되는 것이다. [4] 이것은 인식의 본질과 가능성을 인식의 인간학적인 전제로부터 파악하고자 하는 것이다. 그러므로 심리학과 정신 병리학, 민속학과 사회학 그리고 일반적으로 여러 가지 다른 인간학적인 개별 학문과 함께 역사도 그러한 역사의 여러 가지 분화에서 제공되었던 인간에 관한 모든 지식을 함께 수용해야만 하며 새로운 철학의 발전으로 인한 통찰을 인간의 인식 발전에 대한 의미에서 탐구하지 않으면 안 된다. 이렇게 면밀히 추적하여 나아가는 길은 멀고 험난하다. 이러한 길은 결코 지속적으로 그냥 유도되어 가는 것이 아니고, 직접적인 삶의 구속성으로부터 나와서 다양하게 그리고 더욱 정확하게 탐구해야 하는 새로운 단초를 통하여 결국 현대의 학문적인 인식의 분화 형태로 되는 것이다.

이러한 발단 명제를 확정하기 위하여 이제 인식론의 인간학적 논거

에 관해서, 혹은 간단히 말하면 인간학적 인식론에 관해서 언급하여
야 한다. 그러므로 이것은 인식을 인간 현존재의 전체로 받아들이고
또 여러 가지 인간학적인 개별 학문이 담지하고 있는 전부를 인식의
이해로 수용하고자 하는 인식론으로 될 것이다.

이와 같이 폭넓게 전개되는 프로그램을 우리가 수행하는 가운데에
서 다시 한번 두 가지의 상이한 과제가 구별될 수 있다. 이미 언급한
그 하나의 과제는 철학이 인식 과정의 이해에 관하여 인간학적인 개
별 학문의 성과에서 체계적으로 묻고 있다는 사실이다. 그러나 철학
이 이와 같은 큰 과제를 가지고 시작할 수 있기 이전에, 철학 자체
내에서 인간학적인 전향을 수행함으로써, 더욱이 인간학적으로 물음
으로써, 더 나아가서는 현재까지의 인식론에 있어서 자명한 것으로서
수용되었던 주도적인 개념을 철학은 좀더 심오한 인간 삶의 기능에서
파악하고자 시도함으로써 먼저 문제 제기를 해명하지 않으면 안 된
다. 그래서 무엇보다 먼저 철학은 지각과 직관 그리고 경험의 본래적
의미와 또한 그러한 것이 인간의 삶과 어떻게 연관되어 성립하는가를
물어야 한다. 그리고 어떠한 과제를 그러한 연관성에서 실현시켜야
하는가를 물어야 하는 것이다. 우리는 이러한 보편적인 고찰로부터
먼저 시작해 보지 않을 수가 없다. 캇시러(E. Cassirer)는 포괄적인 방
식으로 인간에 관한 여러 가지 개별 학문의 성과를 인식론에 적용시
키려고 하는 놀라운 시도를 함으로써, 그와 연관된 성과의 범위 내에
서 하나의 모델 상(像)을 남기게 되었다. 그러나 캇시러는 앞에서 제
기된 선결 문제를 제기하지 않음으로써 그리고 근대 자연 과학의 전
통적인 개념성에 집착하여 있었기 때문에, 결국 현실적으로 폭넓은
자유의 세계에 이르지 못하였던 것이다.

3. 인식 철학의 과제

이러한 발단 명제에 대하여 다음과 같은 이의가 제기될 수는 있다.

48

즉 위와 같은 번거로운 고찰로서 무엇을 획득할 수 있다는 말인가? 도대체 인식의 문제에 대한 철학적인 또는 해석학적인 고찰의 의미는 무엇인가? 전통적인 인식론에 있어서는 이러한 물음이 어떠한 심각한 문제도 아니었다. 즉 지금까지는 우리가 인식을, 특히 학적(學的) 인식의 믿을 수 있는 방법을 훨씬더 부정적인 측면으로부터 전개하여 왔으므로, 그리고 우리가 인식의 오류 원천을 찾아내어 비판으로서 —이미 칸트(I. Kant)가 자신의 철학을 명명하였던 것과 같이—인식의 확실성을 보장하려고 시도하여 왔으므로 올바른 인식을 확실하게 하는 일이 가장 중요한 것이었다. 그러나 이런 관점에서 만일 우리가 인식의 확실성에 대한 문제에 접근한다면, 이로써 우리가 얻은 것이란 거의 없고 반대로 대단히 많은 것을 잃어 버렸다는 사실을 알게 될 것이다. 확고부동한 기반에 인식을 구축하고자 하는 희망은 실현 불가능한 것임이 명백하다. 우리가 확고부동한 기반을 찾고자 할수록 한층더 심오한 심연이 나타나, 우리는 결국 전진할 수 없는 심연이 훨씬더 깊어지게 된다는 사실을 알게 된다. 만일 학문이 인식의 이러한 관찰로부터 신뢰할 수 있는 기반을 기대한다면, 그러한 학문은 좌절되고 말 것이다. 성실하고 결정적인 해답은 다음과 같아야 한다. 즉 학문적인 인식의 보장에 관해서는 그러한 고찰이 어떠한 기여도 할 수 없다는 사실이다. 아직 어느 누구도 인식의 문제를 철학적으로 연구함으로써 더 잘 인식하게 되었다고 말할 수 없다면, 적어도 칸트의 인식론에 있어서 올바른 선행 작업에 대한 철학의 지시로부터 그러한 것을 획득했을 것이라는 직접적인 수행 방식에서도 우리가 더 잘 인식하게 되었다고는 말할 수 없다면, 그렇게 과장된 주장은 아닐 것이다.

그러므로 우리는 다음과 같은 결론에 다다르게 된다. 즉 인식론의 과제가 어느 정도 학문의 전제 단계를 부여해 주며 또 학적 인식을 보장하는 데 있다면, 우리는 인식론이 그러한 과제를 수행하지 못한다는 사실을 인정하지 않으면 안 된다. 오늘날 널리 확산되어 있듯이 우리가 인식론을 대학의 교과 과정에서 제외시키는 것은 당연한 결과이다. 기껏해야 학문의 방법론 문제가 남을 뿐이다. 그래서 이러한 방법론도 대표적인 철학자들이 전문 영역의 구체적인 문제를 거의 신뢰하지 않는 철학에 의해서라기보다는 학문 자체에 의해서 더욱 용이하게 수용되고 있는 형편이다.

그러나 이러한 사실을 밝히는 것이 지금 진행하고 있는 우리의 연구 목적은 아니다. 여기서 탐구되어야 하는 것과 같은 인식에 대한 철학적인 설명은 인식 이론(Erkenntnistheorie)이나 또는 학문 이론과는 다른 어떤 것이다. 우리는 문제 설정에서 새로운 역행이, 다시 말하면 전통적인 의미에 있어서의 인식론과는 구별하여 "인식의 철학"이라고 명명한 새로운 역행이 이루어질 수 있다고 주장한다. 이러한 인식 철학의 과제는 인식을 보장하고 개선하는 데 있는 것이 아니다. 이러한 의미에서 인식의 철학은 기술적(技術的)인 학문의 원리가 아니고, 인식의 본질과 기능을 인간 삶의 전체 연관성에서 파악하자는 것이다. 그러므로 발생의 인식을 주도하는 것이 아니고, 형성의 인식이라는 사실로부터 인간 자신을 더욱 깊이 이해하는 것이다. 이것은 사실상 전통적인 통념에 대한 근본적인 역행이지만, 우리가 생각하기에는 아직 아주 예리하게 표현된 것은 아니다.

이로써 우리는 좀더 광범위한 연관성에 주목하게 된다. 여기에서 인식론은 다른 학문의 원리에서 오래 전부터 이룩하여 온 발전을 만회하지 않으면 안 된다. 여기에서는 먼저 근대 미학의 발전을 회상할 수 있을 것이다. 르네상스 시대나 계몽주의 시대까지도 미학이란, 법칙에 일치하는 예술 작품을 제작하는 창조적 예술가에게 안내를 제공하여 주는 데 기여하는 것이라고 생각하였다. 예를 들어 시학은 결함이 없는 시(詩)의 창작을 안내하여 주는 것이다. 그러나 어떠한 예술가도 그러한 미학 이론을 통하여 예술적 창작을 배우지 않았다는 사실을 우리는 알게 된다. 그렇다고 미학이 쓸데없는 것으로 되었는가 하면 그렇지는 않다. 오히려 반대로 미학은 그로 인해서 더욱 현실적이고 철학적인 위상을 획득하였던 것이다. 미학은 예술의 철학으로 되었다. 다시 말하면 예술의 본질과 인간 삶 속에서 예술의 기능에 대한 철학적인 반성을 하게 되었다는 말이다. 물론 그 이후 예술가들도―또는 적어도 몇몇의 예술가들―미학으로부터 수익을 얻었던 것이 사실이다. 그러나 수익을 얻는다는 것은 직접적인 사용 안내라는 의미에서 이루어지는 것이 아니고, 예술가의 본래적 과제에 대한 반성으로서 즉 예술을 주도하는 인간 삶에 대한 반성으로서 이루어지는 것이다.

교육학에 있어서도 그와 유사하다. 이러한 교육학 역시 올바른 수업과 교육으로 지도해야 했던 도제(徒弟) 수업에서 생겨났다. 그러나 오늘날 거기에서부터 과학적 교육학 또는 교육 과학으로의 발전이 가능했던 것은 미학의 경우와 마찬가지로 그러한 학문이 직접적인 교육학과의 목적 연관성으로부터 벗어나 있으며 또한 이것은 교육의 전체 현상 영역에 대한 연구이기 때문에 그러한 연구는 실천하는 교육자에 대하여 작업을 좀더 심오하게 자각시킴으로써 비로소 이차적으로 큰 도움이 될 수 있었던 것이다.

미학에서와 같이 교육학에서도 이미 오래 전부터 관철되어 온 것과 유사한 역행이 최근에는 논리학에 있어서도 영향력을 발휘하기 시작하였고, 그로써 직접적으로 우리가 여기서 다루는 문제에도 관계하게 된다. 여기에서 우리는 인간이 논리학을 통하여 더 잘 사유하는 것을 배웠는가 하는 물음을 제기할 수 있다. 그러나 사고의 오류를 발견하여 내는 논리학의 업적 역시 상대적으로 별것 아닌 것으로 나타났다. 이렇게 보면 논리학도 상당히 불필요한 것일 수 있으며, 현실의 철학적 문제에 대해서도 적극적으로 필요하다고 할 수가 없는지도 모른다. 그러나 여기서는 고찰의 방식을 바꾸어 논리학의 과제를 사고하는 것(Denken)을 가르치는 것으로 보지 않고, 사고 일반(Denken überhaupt)이 무엇인가를 파악하는 것으로 볼 수 있도록 하는 것이 중요하다. 이러한 점에서 우리는 립스(H. Lipps)가 해석학적 논리학이라는 이름으로 제기하였던 역행을 이해하고도 남는다. [5] 논리적 연관성의 내적 구조를 밝혔던 형식 논리학과는 달리 해석학적 논리학은 전통적인 논리학의 체계 이면으로 되돌아가서 왜 개념, 판단, 추리

등과 같은 것이 전개되어 나왔는가 하는 상황에 대해 물음을 제기하고, 그러한 상황에서 실현되어야 하는 작업에 대해 물음을 제기한다. 간단히 요약하면 올바른 사유의 기술(技術)을 파악하는 것이 중요한 일이 아니고 인간의 개념 작용, 판단 작용, 증명 작용 등에서 인간의 자기 생성이 어떻게 수행되는가 하는 실존적인 귀결점에까지 들어가서 인간 자체를 인간의 사유에서 더욱더 깊이 파악하는 것이 중요한 일이라는 말이다. 그러므로 해석학적 논리학은 인간 현존재의 자기 해명을 시도하는 하나의 중요한 측면이고, 그러한 의미에서 진정한 철학의 한 측면인 것이다.

그래서 우리는 지금 인식 이론에서도 위에서와 같은 역행을 수행하지 않으면 안 된다. 여기에서도 올바른 인식의 기술이 중요한 것이 아니고, 인식으로부터 인간 현존재의 자기 해명이 중요한 것이다. 우리는 인간이 무엇을 자신의 인식에서 그리고 자신의 지각, 직관, 경험 등에서 행할 수 있는가를 알고자 하고, 이때 인간이 무엇을 획득하게 되며 그리고 인간이 어떻게 궁극적으로 오직 인식에서만 자기 자신으로 될 수 있는가를 알고자 한다. 특히 여기에서는 인식 작용의 작업이 중요하다. 보다더 정확하게 말하면 인간의 자기 실현을 위해 인식 작용에서 여러 가지가 함께 작용하는 기능의 작업이 중요하다는 말이다. 왜냐하면 어느 정도로 직접 부딪쳐 현존재의 본래성을 획득하고자 시도했던 실존주의자들과는 달리 우리가 분명하게 밝히려고 하는 것은 전적인 자기 존재에 이르는 길이 인식의 명백성을 통해서만 이루어진다는 사실이다. 이러한 역행이 먼저 아직 분명하게 밝혀지지는 않았다고 하더라도, 우리는 그러한 역행을 혼신을 다해서 확실하게 수행하지 않으면 안 된다. 이러한 역행을 어휘적으로도 확보하기 위하여 우리는 인식 이론(Erkenntnistheorie) 또는 전통적인 의미에서는 인식론(Erkenntnislehre)과는 다르게 인식의 철학에 관해서 논하는 것이다.

그렇다고 하더라도 전통적인 의미에서의 인식론이 결코 무가치하게 된 것은 아니다. 이것은 마치 형식 논리학이 또는 그러한 형식 논리

52

학에서 전개되어 나온 기호 논리학이 해석학적 논리학으로 인해서 한 물 가버린 것이 아님과 같다. 오직 과제들이 무엇인지가 분명히 구별 되어야 하는 것이다. 전통적인 의미에서 인식론은 특수하게 학적 인 식에 한정되어 현대의 학문론으로 계속 발전되었고, 그래서 그러한 이름 아래 최근에 와서는 대단한 공감대를 형성하게 되었다. 그러나 본래적인 인식의 철학은 다른 어떤 것이다. 인식의 철학은 학적으로 만 취급된 지평을 초월하여 완전히 다른 차원에로 진입하고자 시도한 것이다. 이러한 인식의 철학은 인간 삶의 전체 연관성에서 인식에 공 통적으로 작용하는 작업의 발생과 기능을 파악하고자 시도하는 철학 이다. 그러나 이러한 것은 여기서 선험 철학의 근원적 발단 명제를 앞에서 고찰한 방식으로 수용하여 좀더 광범위한 바탕에서 계속 전개 될 철학적 인간학의 특징적인 문제 제기로 삼고자 하는 것이다. 그러 므로 우리는 인식 철학의 문제 제기를 그와 동시에 인간학적인 인식 철학으로서 또는 좀더 심오하게 선험적인 인식 철학으로서 파악할 수 있는 것이다. 이러한 문제 제기는 다음에서 더욱 자세히 논의되어야 한다. 만일 그렇게 될 수 있다면, 이러한 문제 제기는 인간학적인 측 면에서부터 좀더 심오한 인식의 이해에 기여하게 될 뿐만 아니라, 인 식의 문제를 그렇게 논구하는 데에서 동시에 전체로서 인간 이해에 기여하게 될 것이다. 다시 말하면 철학적 인간학에 기여하게 될 전망 이 보인다는 말이다.

□ 註 ━━━━━━━━━━

1) W. von Humboldt, *Gesammelte Schriften,* hrsg. von d. Königlich Preußischen Akademie der Wissenschaften,1. Abteilung: Werke, 제4권, 48면.
2) M. Heidegger, *Sein und Zeit* (Halle a.d. Saale, 1927), 153면, 314면 이

하.

3) H.-G. Gadamer, *Wahrheit und Methode. Grundzüge einer philosophischen Hermeneutik* (Tübingen, 1960).

4) O.F. Bollnow, *Das Wesen der Stimmungen* (Frankfurt a.M., 1941), 1장, Begriff und Methode der philosophischen Anthropologie ; 같은 저자, *Die anthropologische Betrachtungsweise in der Pädagogik. Neue Pädagogische Bemühungen,* 제 23 호 (Essen, 1965) 참조.

5) H. Lipps, *Untersuchungen zu einer hermeneutischen Logik* (Frankfurt a.M., 1938).

제3장

이해된 세계로부터의 출발

우리는 예비적 고찰에서 인식이란 최초의 단초로부터 구상될 수 있는 것이 아님을 보았다. 오히려 우리는 이미 언제나 이해된 세계 속에서 생존하고 있으며 그리고 그러한 세계 속에서 더욱더 확실한 인식을 얻고자 노력하지 않으면 안 된다. 이러한 이해란 어떤 하나의 형식으로서나 또는 어떤 다른 형식으로서 언제나 이미 우리에게 소여되어 있는 것이다. 그러므로 우리는 인간이 아직 이해하지 못하는 상태로 되돌아갈 수 있는 것이 아니고, 우리들의 삶의 사실과 더불어 이해도 이미 필연적으로 언제나 함께 주어져 있는 것이다. 이러한 관계를 가장 예리하게 논구하였던 하이데거(M. Heidegger)는 바로 "이해로서의 현존재"에 관해 언급하고 있으며, 여기에서 현존재란 그에게는 언제나 인간의 현존재를 의미하는 것이다. 그래서 그는 다음과 같이 쓰고 있다. "정상성(情狀性, Befindlichkeit)은 여기라는 '현'(現)의 존재가 자리잡고 있는 실존론적 구조 중의 한 구조이다. 정상성과 동일 근원적으로 있는 그러한 존재는 이해를 구성한다."[1) 그리고 이러한 이해는 다시금 근원적인 작용 능력으로서 수용되며, 그러한 작용 능력에서 보면 인식론의 단초에 존립하는 직관과 사유의 작용 능력은 "이미 멀리 떨어져 나온 이해의 파생"[2]으로서 비로소 파악되어야 하는 것이다.

만일 우리가 하이데거 철학의 특수성을 먼저 그 가능성에 따라 살펴본다면, 정상성의 개념은 인간이 결코 세계가 없는 수관으로서 자유로운 공간에 떠돌아다니는 것이 아니고, 이미 언제나 세계 속에서 그리고 그러한 세계 속의 한 특수한 상황 내에서 특정한 심신 상태로, 즉 특정한 기분으로 존립하고 있는 방식을 표현한 것이다. 그래서 그러한 정상성은 이해라는 것이 정상성과 "동일 근원적"이라는 사실을 말해 준다. 세계 속에 먼저 어떤 방법으로 존재하고, 그리고 나서 점차적으로 그 세계를 이해하게 되는 그러한 인간의 삶이란 존재하지 않는다. 도리어 인간 삶이 세계 내에 존재하는 한 그러한 삶이 이미 언제나 자신의 세계를 이해하고 있으며, 그와 동시에 이러한 자신의 세계 내에서 자기 자신을 이해하는 것이다. 이제 우리는 자연적인 (또는 선학문적인) **세계 이해와 삶의 이해**에 관해 논하고자 한다. 이러한 이해에서 인식의 논거를 찾고자 하는 모든 노력이 설정되어야 하고, 그러한 이해를 바탕으로 하여 인식을 구축하지 않으면 안 된다. 여기에서 앞으로의 전개를 위한 두 가지 과제가 생긴다.

(1) 자연적 세계 이해와 그러한 세계 이해 속에서 이해된 세계를 밝혀내는 일.

(2) 이러한 바탕에서 아직 알려져 있지 않은 것에로의 전진과 의식적이고 비판적인 인식의 구성을 탐구하는 일.

아직 학문적 태도나 이론적 태도 이전에 주어져 있는 직접적인 세계 이해의 구성을 분명하게 하기 위하여 우리는 이러한 방향에 이미 존재하고 있는 몇 가지의 합당한 발단 명제들로부터 출발하는 것이 가장 바람직할 것이다. 그러한 발단 명제가 우리들의 문제를 해결하는 데 기여할 것이므로, 우리는 그러한 명제를 먼저 통찰하고자 시도하고 그 다음에 개별적인 기여가 어떻게 전체로 종합되는가를 탐구하고자 한다.

1. 자연적 세계 이해(딜타이)

우리는 이에 직접적으로 관계되는 딜타이(W. Dilthey)의 분석으로 부터 시작하고자 한다. 즉 딜타이는 철저하게 이해의 개념을 근원적 인 의미에서 철학적 대상으로 고찰하였던 사람이다. 그는 어디에선가 "삶의 토대"로서 모든 의식적인 사고와 의욕의 바탕에 존재하는 "내 적 평온 상태"에 관해 언급하고 있다. 그는 다음과 같이 말한다. 즉 "나는 내적 평온 상태에서 다른 사람과 사물을 나와 인과 관계가 있 는 그리고 상호간에 인과 관계가 있는 현실로서만 파악하는 것이 아 니다. 여러 가지 삶의 관계는 나로부터 나와 모든 면으로 향하게 되 고, 나는 사람과 사물에 관계하게 되며, 그러한 사람과 사물에 대하 여 또한 나는 위상을 설정하게 되고, 나에 대한 그러한 것들의 요구 를 실현시키며 그리고 그러한 것들로부터 어떤 것을 기대하기도 한 다. 어떤 것들은 나를 행복하게 하고 나의 생존을 확대시키며 나의 힘을 증진시킨다. 그리고 어떤 다른 것들은 나에게 압력을 가하여 보 기도 하고 나를 제한하기도 한다. 그래서 앞으로 전진하는 개별적인 방향의 규정성이 인간에게 여유를 주는 거기에서 인간은 그러한 관계 들을 주시하게 되고 느끼게 된다. 한 친구가 그 사람에게는 그 자신 의 생존을 고양시키는 힘이 되고, 또한 가족의 일원은 그의 삶 안에 서 특정한 위치를 차지하게 되며 그리고 그를 둘러싸고 있는 모든 것 은 그 속에서 객관화되는 삶과 정신으로 이해된다. 문 앞에 있는 걸 상, 그늘을 마련해 주는 나무, 집 그리고 정원은 정신의 객관 형태 속에 그 본질과 의미를 지니고 있다. 그래서 삶은 각 개인으로부터 자기 독자적인 세계를 창조하는 것이다."[3]

우리는 이와 밀접하게 연관되어 있는 제 2의 경우를 동시에 일별하 고자 한다. 즉 "분화된 작용 능력이 발생하게 되는 지속적인 토대에는 자아의 삶에 대한 관계를 내포하지 않은 것이란 아무것도 없다. …
나에 대해서 오직 대상으로서만 존재하는, 또한 억압이나 촉진, 노력
의 목표나 또는 의지의 속박, 중요성, 고려의 요구 그리고 내적 친밀
성이나 또는 저항, 일정한 거리의 생소함을 내포하지 않는 사람이나
사물은 결코 존재하지 않는다. 삶의 관계는 이러한 인간과 대상을 나
에 대한 행복의 담지자로 삼게 하고, 나의 생존을 확장시키며 나의
힘을 고양시키기도 한다. 또는 그러한 인간과 대상은 삶의 관계에서
나의 생존 활동을 제한하여 나에게 압력을 행사하고 나의 힘을 약화
시키기도 한다. …그러므로 이러한 삶의 토대에서 대상의 파악, 가
치 부여 그리고 목표 설정이 생활 태도의 유형으로서 나타나는 것이
다"[4]라고 그는 주장한다.

  이러한 두 인용문은 아주 상세히 소개되었다. 왜냐하면 위의 인용
문에서 나타난 내용은 앞으로의 이해에 기본이 되기 때문이다. 그러
므로 우리는 그러한 이유를 지금 개별적으로 상세히 해명하고자 한
다. 첫째로 딜타이는 "삶의 토대"와, 분화된 작용 능력이 발생하는
"항구적인 토대"에 관해서 말하고 있다. 그는 그래서 그러한 작용 능
력을, 구체적으로 표현하여 "대상적 파악, 가치 부여, 목적 설정을
생활 태도의 유형"이라고 명명한다. (이러한 것을 우리는 간단히 요
약해서 사고, 감정, 의욕(Denken, Fühlen, Wollen)이라고 할 수도 있
을 것이다.) 그러므로 딜타이는 여기서 모든 분화된 심적 작용 능력
의 공통적인 근원을 직시하였고, 그러한 근원을 우리는 앞으로 전진
하는 개별적인 방향의 어떤 확정성이 인간에게 여유를 주는 거기에서
알게 될 것이고, 긴장된 사고와 의욕이 인간 속에서 침묵하는 그 순
간에 스스로 알게 될 것이다. 만일 이러한 관계가 여기서 공통된 토
대와 분화된 작용 능력의 관계라고 본다면, 그로써 우리의 분석을 위
한 중요한 기점도 그와 동시에 주어지게 되는 것이다. 즉 우리는 분
화된 작용 능력을, 무엇보다도 현재 우리에게 관심 있는 인식 작용을
그러한 토대로부터 이해하지 않으면 안 되며, 또 어떻게 인식 작용이
그러한 토대로부터 발생하는가를 탐구하지 않으면 안 될 것이다.

그리고 이제 두번째로 딜타이는 인식이 어떻게 그러한 상태에 주어
져 있는가 하는 세계에 대한 관계를 현실의 소여성으로부터 밝혀낸
다. 그는 대상에 관해서도 언급하고 있다. 나는 이러한 안정 상태에
서 다른 사람과 사물을 "나와 함께 인과 관계에 있고 또 상호간에도
인과 관계에 있는 현실로서 파악한다." "뿐만 아니라 오직 나만을 위
한 대상으로서의 사람이나 사물은 물론이고 그와 같은 억압이나 촉진
같은 것도 존재하지 않는다고 본다." 이러한 의미에서 현실은 이론적
인 현실이고, 대상은 이론적인 관찰의 대상이다. 그러므로 여기서는
일반적으로 인식의 토대가 되는 세계에 대한 이론적인 관계에 아직
어떤 새로운 것이 첨가되어야 한다. 이러한 어떤 새로운 것을 우리는
즉시 밝히지 않으면 안 된다. 만일 우리가 더욱더 정확하게 심사숙고
한다면, "오직"이라고 하는 말 속에 내포되어 있는 첨가됨이라고 하
는 것은 이미 잘못된 해석인 것처럼 보인다. 오히려 내용은 그 정반
대이다. 즉 여기서 첨가된다고 하는 것은 사실상 이론적인 세계 이해
가 나중에 "분화된 작용 능력"으로서 비로소 밝혀지는 근원적인 소여
성인 것이다. 그러므로 우리는 지금 특히 그러한 다른 세계 이해에
대해서 주의하지 않으면 안 된다.

딜타이는 이러한 것을 이론적인 태도와는 구별하여 밝혀내고 있다.
그가 말하고 있는 것은 사물들이 나에게는 "억압이거나 또는 촉진"일
수 있고, 나의 생존을 확장시키거나 또는 한정시킬 수 있다는 사실이
고 또 나는 나 개인으로서 어떤 입장을 가지고 답할 수 있고, 그러한
것들에 대하여 "태도"를 취할 수 있다는 등등의 사실이다. 이론적인
태도에 대하여 실천적인 태도, 오성에 따라 일정한 거리를 유지함에
대하여 감정에 따라 거리를 두지 않고 가까이 하는 것, 이러한 모든
것은 불충분한 규정들일는지도 모른다. 왜냐하면 이러한 것들은 그러
한 관계를 그 자신의 근원적인 단순성에서 보지 못하고 또 이미 이론
적인 태도에 집착되어 있기 때문이다.

이로써 역으로 쓴 것을 긍정적으로 파악하기 위하여 딜타이는 삶의
관계에 관해서 언급한다. 즉 "삶의 관계는 나로부터 출발하여 모든

방향으로 향한다. ""삶의 관계는…이러한 인간과 대상을 나의 행복의 담지자로 삼는다"—또는 제한하는 방해이기도 하다. 그래서 딜타이는 문학에 관해서 다음과 같이 말한다. 즉 "문학의 대상은 인식하는 정신에 대하여 존재하는 현실이 아니고, 삶의 관계에서 등장하는 자기 자신과 사물의 상태이고", [5] 여기에서 삶의 관계는 분명히 인식하는 정신의 태도와는 대립된다. 그러므로 삶의 관계는 세계에 대한 인간의 직접적이고 감정적이며 그리고 이론 이전의 관계이고, 특히 여기에서 딜타이는 촉진과 저지의 관계를 행복과 억압으로부터 밝혀내었던 것이다.

이러한 삶의 관계는 지금 여기서 좀더 정확하게 밝혀져야 한다. 즉 "가족의 일원은 자신의 생활 속에서 일정한 장소를 점하고 있다." "나무가 심어져 있는 장소, 좌석이 정리되어 있는 거실은 어릴 때부터 우리들에게 이해되어 있는 것이다. 왜냐하면 인간이 목적을 설정하고 정리하며 가치를 결정하는 것은 모든 인간과 대상에게 하나의 공통적인 것으로서 방 안에 그 위치가 지정되어 있기 때문이다."[6] 여기에서 우리에게는 두 가지 말인 장소 또는 위치(Platz oder Stelle)라는 개념과 이해라는 개념이 등장한다. 삶의 관계를 통해서 우리와 결부되어 있는 사물과 인간은 정리된 세계를 형성하고, 그러한 세계 내에서 모든 것은 장소 또는 위치를 점하고 있으며, 그리고 그러한 장소 또는 그러한 위치에서 모든 것은 우리에게 이해될 수 있는 것이다. 장소란 여기에서는 우리를 둘러싸고 있는 질서 조직 내에 있는 지점(地點, Ort)을 의미하고, 그러한 지점에 사물이 속해 있는 것이며 또 그러한 지점에서 사물이 우리에게 포착될 수 있는 것이다. 이와 같이 사물과 인간도 원근에 따라서 그리고 달성 가능성의 난이도에 따라서 분류된다.

그러나 이러한 장소는 인간이 사물을 지정하고 있는 것이다. 내가 사물을 거기에다 처리(위치)하여 두었기 때문에 나는 사물을 거기에서 파악할 수 있는 것이다. 내가 사물 자체를 이러한 질서 속에다 정리하여 두었기 때문에, 나는—또는 다른 사람도—사물들이 존재하

는 질서를 이해할 수 있는 것이다. 왜냐하면 어떻든 질서란 인간의
욕구에 따라 구성되었기 때문이다. 나는 질서를 이해할 수 있다. 왜
냐하면 그러한 것이 의미 있기 때문이다. 그러나 아주 무질서한 것은
이해하지 못할 것이다. 마치 내가 아주 극단적인 의미에서 찾고 있는
것을 이미 무질서하게 되어 있는 그 속에서는 찾지 못하는 것과 같은
것이다.

그러나 장소와 위치란 공간적인 의미에서 생각되었을 뿐만 아니라,
전위된 의미에서도 생각될 수 있는 것이다. 이미 가족의 일원이 나의
삶 속에서 한 장소를 차지하고 있다는 사실은 바로 이 전위된 의미를
말하고 있는 것이다. "문 앞에 있는 걸상, 그늘이 많은 나무, 집과
정원은 (삶의) 그러한 객관 형태 속에 그 본질과 의미를 가지고 있
다." 이러한 보편적인 의미에서 장소에 대해 딜타이는 그러한 의미
를 말하고 있다. 내가 삶의 관계 속에 결합하여 있는 모든 것은 삶의
관계를 통하여 나에게 의미를 가지고 있는 것이다. 나는 그러한 관계
속에서 나에게 향하여 등장하는 것을 그러한 의미에서 이해한다. 모
든 삶의 관계는 언제나 이미 삶의 이해를 포함하고 있다.

그러므로 삶의 관계는 근원적인 것이지만, 언제나 이미 하나의 이
해를 내포하고 있는 것이다. 그래서 삶의 관계 속에 주어져 있는 이
러한 이해는 분명하고 순수 이론적인 인식도 가능하게 한다. 우리는
다음과 같이 말할 수 있다. 삶의 관계는 인식의 관계를 가능하게 하
고 논거한다. 이로써 우리는 이후에 나타나는 모든 인식론(Er-
kenntnislehre)에 대한 결정적인 기틀 중의 하나를 가지게 될는지도 모
른다. 이러한 기틀은 인식이 더욱더 포괄적인 하나의 근거에서 논거
되어 있듯이 여기서는 삶의 관계를 가지고 있는 삶으로서 나타난다.
이로써 우리는 먼저 순수하게 자체적으로 논거된 인식의 이론
(Theorie der Erkenntnis)으로부터 하나의 근원적인 근거인 "삶"에로
환원하게 되고, 그러한 삶 속에서 인식은 아주 특정한 기능을 비로소
실현시켜야 하는 것이다.

훗설(E. Husserl) 역시 객관적이고 학문적인 인식의 현상학적인 정

초와 연관해서 "자연적 태도의 이러한 세계" 구조를 더욱더 정확하게 분석하였다. 《이데엔》(*Ideen*)의 제 1 권에서 이미 그는 다음과 같이 쓰고 있다. 즉 "이러한 방식으로 나는 깨어 있는 의식에서 언제나, 그리고 내용적 존립을 변경시키지 못한 채 그 내용적인 존립에 따라 바뀌는 하나이면서 통일한 세계에 관계하는 나 자신을 발견한다. 이러한 세계는 언제나 나에 대하여 "현전하여" 존재하며, 나 자신은 그러한 세계의 일원이다. 이러한 경우에 이 세계는 나에 대하여 단순한 **사상**(事象)의 **세계**(Sachenwelt)로서 현존하는 것이 아니고, 그와 같은 직접성에서 **가치의 세계, 재물의 세계, 실천적 세계**로서 현존하는 것이다. 말할 것도 없이 나는 사상의 성질과 가치의 성격을 가지고 아름다움과 추함으로서, 마음에 듦과 마음에 들지 않음으로서, 반가움과 반갑지 않음 등으로서 내 앞에 나타난 사물들을 발견한다. 직접적으로 사물들은 사용 객체로서 바로 여기에 존재하는 것이다. 예를 들면 "책들"이 꽂혀 있는 "책상"과 "물을 마시는 잔" 그리고 "꽃병", "피아노" 등이다. 이러한 가치의 성격과 실천적 성격 역시 내가 그러한 객체나 객체 일반에 적용하거나 또는 하지 않거나 **구성적으로 "현전하는"** 객체 일반에 속하는 것이다. 물론 그와 동일한 것이 "단순한 사물"에도 적용되고 인간과 내 주위에 있는 동물에게도 적용된다. 이러한 것들은 나의 "친구"이거나 "적", 나의 "하인"이거나 "상전", "손님"이거나 "친척" 등인 것이다.[7] 우리는 또한 여기서 이에 상응하는 특징도 알 수 있다. 즉 내가 사물을 그 가치에서 그리고 그 사용 성격에서 파악하고 그러한 세계의 실천적 성격을, 또한 내가 공동 인간을 이해하는 직접성을 인식할 수가 있다는 말이다.

그 후의 연구에서 이러한 세계의 구조가 상세히 전개되었다. 훗설은 과학적 태도의 세계와 구별되는 "자명하게 타당한 삶의 환경",[8] 즉 "일상적 삶의 환경"[9] 또는 간단히 요약해서 "생활 세계"에 관해서 언급한다. 그는 "그러한 생활 세계가 어떻게 항구적인 토대로서 기능하고 있으며, 그리고 그러한 세계의 다양한 논리 이전의 타당성들이 어떻게 논리적인 진리 또는 이론적인 진리를 위하여 논증되고 있는

가"를 설명하고 있다. [10] 그러므로 훗설에게서도 중요한 것은 모든 이
론적 인식을 이러한 자연적인 삶의 토대에로 환원하는 일이다. 그는
분명하게 다음과 같이 강조하고 있다. 즉 "객관적이고 논리적인 모든
명증성이 … 그 은폐되어 있는 논거의 원천을 궁극적으로 작용하는 삶
속에서 어떻게 획득하였고 또 어떻게 새로 획득하는가"를 밝히고 있
으며, 특히 "그러한 삶 속에서 항구적으로 생활 세계의 명증적 소여
성이 그 학문 이전의 존재 의미를 가지고 있다"[11]는 사실을 밝히고
있다.

   이러한 생활 세계가 "모든 인간 삶에게 언제나 이미 자명한 것 또
는 가장 잘 알려져 있는 것"[12]이라고 하더라도, 그렇기 때문에 생활
세계는 그 자명성으로 인해서 오히려 그냥 지나치기 일쑤이다. 그래
서 특별한 그리고 이론적인 태도로부터 나오는 시각을 비로소 가질
필요가 있다. 그리하여 생활 세계를 분명하게 밝힐 수가 있는 것이
다. 이 밖의 진전은 물론 훗설에 있어서는 다른 방향으로 전개된다.
그에게서 중요한 것은 생활 세계에서 밝혀질 수 있는 명증성을 통하
여 이론적 인식을 궁극적으로 논증하는 데 있다. 그러므로 딜타이에
있어서 연관적인 삶의 관계가 말하고 있는 그러한 것이 선험적 판단
중지(epoché)를 통해서 분명히 무용하게 된다. 훗설은 인식을 논증하
면서 의식적이고 이론적인 태도 내에 머물고 있다. 그러므로 바로 그
러한 가능성이 우리에게는 의문으로 남게 되는 것이다.

2. 실천의 우위(베르그송)

   보다더 정확하게 고찰하여 보면 훗설에 있어서도 더 이상 지속될
수 없는 것으로서 증명되어 지금은 수정되지 않으면 안 되는 난감한
전통적인 전제가 남아 있다. 그것은 이론적인 태도와 순수한 고찰로
부터 출발한 것이다. 이론적으로 획득된 인식에 마침내 실천적인 태
도 또는 목적을 추구하는 행위가 있을 수 있다. 여기서 우리는 먼저

무엇이 존재하는가를 알아야 하고, 그 후에 우리가 무엇을 할 수 있는가를 심사숙고해야 하는 것이다.

그러나 이러한 발단 명제는 지속적일 수가 없다. 우리는 손으로 일해서 이룩한 세계 속에서 살아가고, 그러한 세계 속에서 목적에 따라 행동하며 사물을 바르게 사용하는 것을 배운다. 우리는 사물의 의미와 특성을 실천적인 교섭 속에서 먼저 경험하게 되고, 그러한 것을 이론적인 고찰에서 주시하는 가운데 비로소 사고하게 된다. 이것은 발생의 관계에서나 사실의 관계에서도 타당하다. 실천은 이론보다 더 근원적이다. 그래서 실천을 바탕으로 하여 비로소 이론은 일정한, 그러나 아직 탐구되어야 하는 조건하에서 발생될 수 있는 것이다.

이러한 것을 베르그송(H. Bergson)은 고찰하였다. 그래서 이러한 사상의 창시자로서 그를 일별하여 본다는 것은 바람직한 일이다. 이때 베르그송의 고유한 근본 문제라고 할 수 있는 것, 즉 오직 경직된 것만을 파악하는 오성에 대한 전향과 삶을 그 생동성에서 파악하는 비합리적인 생철학의 논거 등은 여기서 배제되지 않으면 안 된다. 여기서는 오직 지금 제기되어 있는 문제에 대한 직접적인 기여만이 우리들의 관심사이다.

베르그송에 따르면 만일 오성이 삶을 그 생동성에서 파악할 수 없다면, 이러한 것은 오성 일반이 이론적인 지평에서 현실을 순수하게 있는 그대로 파악하기엔 적합하지 않다는 사실을 말해 준다. 오히려 오성은 미리 처음부터 행동에 기여하는 데 있으며, 그러한 과제로부터 이해되지 않으면 안 된다. 그래서 베르그송은 그의 저서 《창조적 진화》(*Schöpferische Entwicklung*)의 첫 페이지를 "이해의 능력"이란 "행동의 능력으로부터 파생된 것"[13]이라는 문장으로 시작하고 있다. 또 다른 곳에서는 짧게 요식화하여 "근원적으로 행동하기 위해서만 우리는 사유한다"[14]고 쓰고 있다. 모든 사유란 근원적으로 유효하게 행동하기 위한 하나의 수단일 뿐이다. 이러한 것은 그 자체로 이미 일상적인 고찰의 완전한 역전인 것이다. 만일 우리가 통상 "이론과 실천"에 관해 말한다면, 이미 말의 순서에 따라 사상 자체의 순서를 암시하고 있는 것이다. 첫째가 이론이고, 그 다음이 실천이다. 모든 실천은 궁극적으로 응용된 이론인 것이다. 우리는 무엇보다 먼저 올바르게 인식하여야 한다. 그래야만 옳게 인식된 것의 도움으로 목적에 맞도록 행동할 수가 있다. 그러나 베르그송은 그 관계를 역전시켰다. 행동, 행동의 의욕, 행동의 의무가 제 1 이라는 것이다. 우리가 행동하는 경우에 등장하는 어려움을 어떻게 할 수 없는 곳에서 바로 인식은 필요하게 되는 것이다.

그러나 베르그송은 이로써 오성 능력의 등장을 특정한 외적 조건하에서 설명하려고 했던 것만은 아니다. 이때 그러한 조건으로부터 전개되어 나온 인식의 본질은 그러한 조건과는 독립하여 있던 것이다. 오히려 베르그송은 그러한 것을 훨씬 초월하고 있다. 그는 인식 자체의 본질 또는 인간 오성의 본질은 실천의 기능을 통하여 규정되어 있다고 주장한다. "행위의 도형 속에 우리의 지성이 모델화되어 있다."[15] 우리들 오성의 특수 형식들 또는 우리들의 전체 개념성은 실천적인 기능으로부터 규정되어 있다. 이것은 다음과 같은 사실을 의미한다. 실천의 세계, 세계와 도제적(徒弟的)으로 교섭하는 세계, 인간의 생활 환경을 도제적으로 형성하는 세계, 음식물을 공급하는 세계, 주거와 의류를 공급하는 세계 등은 수단이며, 그러한 수단에서 우리들의 사고가 전개되어 나오고 그 근원으로부터 적합하게 되는 것이다. 인간은 학자가 되기 이전에 오랫동안 손으로 작업하는 사람이었다. 바로 베르그송은 "우리는 손으로 일하는 사람이기 때문에 수학자가 될 수 있는 것이다"[16]라고 강조한다. 행동의 요청에 따라 우리들의 인식 형식이 형성되었던 것이다.

이로부터 베르그송은 자신의 비합리주의적 생철학의 특징에서 오성의 능력에 대해서 비판하기 시작하였다. 손으로 일하여 세계를 형성하는 것은 확고한 대상에 관계하는 것이기 때문에, 우리의 인식 작용역시 그러한 과제로 인해서 형성되지 않으면 안 된다. 이와같이 베르그송은 다음과 같은 결론에 도달하게 되었다. (그는 그러한 결론을 기본 명제로 하여 자신의 책 첫 페이지에 다음과 같이 쓰고 있다.)

"우리들의 행위가 그 보장의 기점을 그리고 우리들의 작업이 그 도구를 발견하는 거기에서 … 인간의 지성은 집에 있는 것처럼 안정감을 느낀다는 사실과 우리들의 개념들은 구체적인 물체의 형상에 따라 형성되어 있다는 사실 그리고 우리들의 논리는 특히 구체적인 물체의 논리이다"[17]라는 사실 등이다. 여기에서 우리들의 오성은 그 과제를 실현하여야 하고, 그러한 실천적 과제를 실현하기 위하여 오성은 조정되어 있어야 한다. (그러나 마음대로 할 수 있는 어떤 이론적 인식을 위해서는 아니다.) 이로써 베르그송은 "오성이야말로 그 자신의 발생 근거에 다시 몰입하여 자신을 주시하는 것"[18]이라고 강조한다. 바로 그러한 발생 근거에서 오성은 파악되어야 하는 것이다. 그러므로 오성은 경직되어 있는 것을 파악하기 위하여 정리되어 있는 것이지, 살아 있는 것을 파악하기 위하여 정리되어 있는 것이 아니다.

베르그송은 그러한 것을 다음과 같이 요약한다. 즉 "근원적 태도인 것처럼 보이는 것에서 보면 오성이란 인위적인 대상을, 특히 도구를 생산하는 도구를 완성시키는 능력이다."[19] 그래서 이러한 연관성 속에서 결과를 구호 식으로 요식화한 그의 유명한 정의는 인간이란 "아마도 사색인(思索人, homo sapiens)이라기보다는 공작인(工作人, homo faber)이다"[20]라는 것이다. 다시 말하면 인간이란 이성의 소유를 통해서가 아니라 실천적 능력을 통해서 도구를 사용할 수 있을 뿐아니라 모든 도구를 생산할 수 있는 실천인인 능력을 통해서 드디어 1차적으로 특징지을 수 있다는 것이다.

이 밖에도 오성의 작업 능력이 행위 연관성 내에 들어 있다는 인용은 중요하다. 그러므로 여기에서는 다음에서 좋은 결과로서 증명되는 제2의 사상이 첨가되기도 한다. 베르그송에 따르면 습관적이고 사심없이 이루어지는 행동은 무의식적으로 일어난다. "만일 우리가 기계적으로 습관적인 행동을 한다면, … 무의식은 완전할 수 있다." 그는 표상이란 "행동으로 인해서 정지되어 있음과 같고, 그래서 행동을 원만히 수행할 경우에는 전혀 나타나지 않을 것이라는 사실과 또한 계속해서 "행동이 방해로 인해서 중지되거나 또는 그와 같은 것으로 인

해 저해되는 경우 의식이 돌발할 수 있다"[21]는 사실에 관해 언급한
다. 의식이 "돌발"하기 위해서는 행동의 원만한 수행을 중단시키는
방해나 저해가 존재하지 않으면 안 된다. 이때 의식은 새로 발생하거
나 또는 베르그송이 그러한 것을 파악하고 있음과 같이 오직 해방되
어 있는지에 대해서는 아직 미해결로 남겨 두고 있다. 본질적인 것은
의식의 전통적인 발단에 대하여 여기서는 의식이 근원적으로 소여되
어 있는 것이 아니고, 발전의 특정한 단계에서 비로소 현상한다는 사
실이다.

베르그송 자신은 다음과 같이 발단 명제를 요약하고 있다. 즉 "인
식 이론과 삶의 이론은 분리할 수 없는 어떤 것이다."[22] 이것은 베르
그송의 연관성에서 보면 그가 삶의 이론에 대하여 아주 적합한 인식
이론적인 수단을 탐구한다는 사실을 의미한다. 그러나 우리들에게는
역전의 방향이 중요하다. "삶의 이론"(Lebenstheorie)으로부터, 다시
말하면 행동하는 인간의 이해로부터 인식의 문제로 진행시키는 것이
중요하다는 말이다. 인간은 인식하는 본질이기 이전에 행동하는 인간
이다. 그래서 행동의 이해로부터 인식의 이해가 전개되어 나오지 않
으면 안 된다. 다른 말로 바꾸면 이론으로부터 나와서 실천에로 회귀
해야 하고, 이러한 실천으로부터 이론은 이해되지 않으면 안 된다.
우리는 인식을 삶 속에 있는 하나의 기능으로서 파악하는 것을 보편
적으로 생철학적인 관점이라 할 수 있는 것이다.

이론에서 실천으로 회귀하는 가운데 베르그송에 있어서 결정적인
새로운 발단 명제가 들어 있다. 여기에서 우리가 물론 묻지 않으면
안 되는 것은 그가 인식을 회귀시키려고 하는 그러한 실천이 실제로
근원적인 의미에서 삶의 실천인가, 그리고 그러한 것이 이미 후기 지
성의 정신에 의해 변형되고 합리화된 실천인가 하는 물음이다. 여기
에서 우리는 서론에서 이미 언급된 종전의 의식 단계로 되돌아가야
하며 특히 현대 기술적 사고의 목적 합리적인 일면성에 사로잡혀 있
지 않는 소위 원시적 사고의 주술적인 형식에로 되돌아가지 않으면
안 된다. 이러한 의미에서 실천과 이론 사이에는 어떠한 일면적인 구

성 관계가 존재하는 것이 아니고, 양자가 서로서로 지시하는 가운데 둘 다 삶의 근원적인 토대에서 발생하게 되는 것이다. 원시적—어린 아이에게도 볼 수 있는 것과 같이—사고에 대한 탐구는 여기에 있어서도 인식의 철학에 대해서는 중요하게 되고, 모르기는 해도 베르그송의 발단 명제를 확장하는 데 기여할 수 있을 것이다.

3. 의식의 근원(듀이)

인간의 오성 능력은 행동의 습관적인 진행이 불가능한 곳에서 비로소 발생한다는 베르그송의 사상은, 완전히 다른 연관성에서 전개된 듀이(J. Dewey)의 견해와 아주 밀접하게 관계되어 있으므로, 우리는 이 자리에서 그의 견해를 목적에 따라 밝히고자 한다. 듀이 역시 분명한 의식의 모든 능력을 이론 이전의 태도에 설정하고 있다. 그에게 있어서 결정적인 기본 개념은 습관(habit)이다. 습관이란 눈에 띄지 않는 방식으로 인간의 태도를 규정하는 것이고, 인간의 사고 작용과 지각 작용을 언제나 미리 주도하는 것이다. 습관이라는 말을 듀이는 아주 넓은 의미로 사용한다. (따라서 습관(habit)이라는 말이 독일어로 습관(Gewohnheit)이라는 말로 충분히 재현될 수 있는지 또는 코렐(W. Correl)이 제안한 바와 같이[23] 태도 양식이라는 말로 번역하는 것이 더 좋지 않은지 하는 문제로 당황해 할 필요는 없다. 왜냐하면 듀이 역시 영어 사용에 있어서 일상적인 적용으로부터 어느 정도 벗어나서 쓰고 있기 때문이다.) 듀이가 이 말을 사용하는 것은 다음과 같은 종류의 "인간 활동을 표현하기 위해서이고, 이것이 이전의 활동성을 통하여 영향을 주며, 그러한 의미에서 행위의 종속적인 요소를 명백하게 질서화하고 도식화한다는 점에서 그러한 활동성을 이해하고 있다. 이러한 질서화 또는 도식화는 그 본질상 추진적이고 역동적이어서 언제나 그 자체로 밝혀질 수 있으며 현실적인 행동이 명백히 지배하지 않는 곳에서도 종속적인 형식으로 작용하고 있는 것이다."[24]

그러므로 듀이에 있어서 습관이란 우리가 딜타이에 있어서 자연적 세계 이해와 삶의 이해를 찾아내었던 그러한 곳에서 등장하고 있다. 이 양자는 삶의 전체 가운데에서 자명한 토대를 형성하며, 그래서 그러한 토대로부터 개개의 작용 능력이 전개되어 나온다. 이 두 개념은 상호간에 일치한다. 왜냐하면 습관 속에는 언제나 이해가 함께 내포되어 있기 때문에, 또한 그렇지 않고서는 결코 삶을 담지하는 습관일 수가 없을 것이다. 그러나 이해란 언제나 행위 속에서 표현된다. 그러므로 이 두 개념은 동일한 것을 목표로 하고 있다. 오직 전자(듀이)는 행동하는 태도로부터 보았고, 후자(딜타이)는 관찰하는 태도로부터 보았던 것이다.

이와같이 "습관을 가진 인간"이라는 것이 듀이의 철학적 출발점이다. 습관은 제일 먼저 소여되어 있는 것이다. 그래서 습관은 그 이상 환원될 수 없는 모든 인식의 기초가 된다. 우리들의 인식과 모든 능력의 발전은 언제나 이미 이러한 습관의 바탕에 근거하지 않으면 안된다. 그러나 이 경우에 그 즉시로 다음과 같은 이의가 제기될 수 있을 것이다. 습관이 어떻게 단초에 있을 수 있겠는가? 왜냐하면 습관이란 타고난 인간의 자연적 소질이 아니고, 사람이 살아가는 동안에 비로소 형성된 어떤 것이기 때문이다. 즉 "습관은 얻어진 것이다"[25]라는 말이다. 그러므로 우리는 단초에서부터 시작하지 않아야 하는가? 습관 이전에는 충동과 본능이 존재한다. 그렇다면 충동과 본능에서 시작하는 것이 더욱 옳을 것이며 또 그러한 충동과 본능으로부터 비로소 습관의 발생이 살아가는 가운데에 이루어진다는 것 또한 더욱 옳지 않겠는가? 이러한 이의에 대답함으로써 듀이의 위대함이 잘 나타난다. 그는 아르키메데스 기점으로부터 나온 논거를 미리 처음부터 그리고 근원적으로 포기하는 진지함을 자신의 철학으로 삼는다. 그는 이로써 우리가 인식의 원칙적인 무단초성으로서 표현하였던 것과 일치하는 것이다.

우리는 우리가 눈앞에서 발견하게 되는 것에서부터 출발하지 않으면 안 된다. 이것이 이미 형성된 습관을 가지고 오늘을 살아가는 인간이다. 아직 습관이 지배하지 않는 순수한 충동적 존재란 경험적 의미가 없는 하나의 순수한 가설적 구성일 뿐이다. 이러한 상태는 역사에서도 아직 한 번도 나타나지 않았다. 우리는 최고로 몇 시간 동안은 어린 아이도 하나의 순수한 충동적 존재라고 생각할 수 있을는지도 모른다. 왜냐하면 어린 아이는 곧장 성인들의 규칙적인 세세에로 들어와 성장하게 되며 또 환경의 질서를 통해 형성되는 가운데에서만 살아갈 수 있기 때문이다. "성인들의 조직인 숙련과 기술의 조력 없이는" 어린 아이의 충동이란 "소리침과 격분함"[26] 그 이외에 아무것도 아닐 수도 있다. 그래서 듀이는 오성적인 사고에 대하여 무엇보다 먼저 역설적으로 보이기는 하나 현실적으로는 근본적인 명제에 이르게 된다. 즉 "인간의 태도에 있어서 획득된 것(습관)이란 소박한 것이다. 충동은 시간에 따라서 보면 제일 먼저 나타나지만 실제적으로는 1차적인 것이 아니라 2차적인 것이고 종속적인 것이다.[27]

이러한 것은 다음과 같은 것을 의미한다. (이런 것을 듀이 자신이 명백히 말하지는 않았지만 그의 논술에는 근본적으로 깔려 있다.) 즉 습관은 직접적으로 소여되어 있으며, 그러한 것을 우리는 확정할 수 있다. 최초에 현존하는 충동이 하나의 구성일 것이며 나는 그러한 것은 확정할 수 없다. 그리고 둘째는 다음과 같은 것을 의미한다. (그러한 것을 듀이 자신이 명백히 말하고 있다.) 즉 충동이 구체적인 경험 속에서 우리를 대하게 될 때 충동은 2차적인 것이다. 다시 말하면 그러한 충동이 충동을 일으키고 불안정하게 하는 요소로서 습관을 깨뜨리려고 하고 습관을 변형시키려고 하며, 그렇게 갱신하는 한에서 2차적이라는 말이다. 이와같이 하여 습관의 보수적인 세력과 앞으로 전진하는 충동의 힘간에 상호 작용이 발생한다. 습관이 경직화되고 기계화되는 곳에서 상호 작용은 강압적으로 분출하고 만다. 그러므로 중요한 것은 관계의 이성적인 질서를 통하여 양자를 건전한 균형 상태에 이르도록 하는 일이다.

여기서 우리가 상세한 것을 다 밝힐 수는 없으나, 듀이에 있어서 전체의 발단 명제가 우리에게 근본적인 의미를 줄 수 있을 것이다.

듀이에 있어서도 우리가 삶 속에서만 삶을 이해할 수 있다는 해석학
적 원리가 명백하게 파악되었다. 그로써 삶의 단초란 존재하지 않는
다는 사실과 그러한 단초에 대한 어떠한 경우도 출구 없는 막다른 골
목에 이른다는 사실이 분명하게 드러났다. 이러한 것을 듀이는 우리
들 자신의 견해와 일치시켜 감각적 경험론과 마찬가지로 합리론에 대
해서도 단호하게 부정하게 되었다. 그래서 그는 한 면에서 다음과 같
이 강조하고 있다. 즉 "이념이나 목적의 사상을 위해서는 어떠한 자
연 발생도 존재하지 않으며…순수한 이성—이전의 습관으로부터 모
든 영향을 받는 이성—은 환상의 구성물이다."[28] 또 그는 "사상의
형성은 습관에 달려 있는 것"[29]이라고도 강조한다. 그러나 이와같은
것은 순수한 감각에도 타당하다. "습관과 독립하여 이념(관념)이 형
성될 수 있는 순수한 감각적 인상이라는 것도 어떤 환상의 산물이다.
사고와 계획의 자료이어야 하는 감각적 인상과 이념은 똑같이 습관으
로부터 영향을 받는다. 그러한 습관은 감각적 인상과 노력이 발생하
는 동작에서 알려지게 되는 것이다." 그는 계속해서 다음과 같이 말
한다. 즉 "확실히 다른 것과 구별되고 독립되어 있는 감각적 인상은
분명히 근원적인 요소가 아니다. 감각적 인상은 고도로 발달한 분석
능력의 산물인 것이다."[30] 예를 들어 그는 순수한 색채 감각을 관찰
하는 데 어느 정도로 예술적인 추상에 속해 있는가를 주의하였다.

그러나 아직도 우리가 듀이에 대한 논구를 이곳에서 전반적으로 더
소개해야 할 궁극적인 내용이 있다. 그 내용은 습관에 따라 이루어진
삶 속에 있는 사고의 위상—듀이의 표현으로는 정신 또는 지성의 위
치—문제이다. 이미 앞에서 언급하였듯이 습관은 경직화될 위험이
있다는 사실, 무엇보다도 집단적 생활의 경직화된 습관은 개개인의
생존을 억압하려고 한다는 사실, 그리고 이에 반하여 충동 에네르기
가 반항한다는 사실, 또 이성적인 조정이 이루어지지 않으면 폭력적
인 폭발로 된다는 사실 등이다. 이것은 우리가 여기서 미국적인 형태
로 재발견하게 되는 "질풍 노도"(Sturm und Drang)의 일반적인 발단
명제이다. 이곳에서 경직된 습관을 쇄신하고 폭력적인 폭발을 저지하

기 위하여 새로운 길을 찾아야 하는 기성의 과제가 제기된다. "전통의 과자 껍질을 파괴하는 충동은 해방이다. 그러나 그러한 충동을 이용하는 길을 발견하는 것은 지성의 작업이다."[31] 그러므로 이러한 어려움 가운데에서 비로소 본래적인 지성이 성립하게 된다. 이러한 지성은 그 이전에 단순히 존재하는 것이 아니고, 그러한 어려움을 장소적으로 극복함으로서 발생하는 것이다. 듀이는 분명하게 "지성의 발생"[32]에 관해서 말하고 있다. "사상은 습관을 저지하는 순간에 충동의 쌍둥이 자매로서 탄생한다."[33] 그러므로 충동과 사고는 동시에 발생하고, 더구나 삶이 삶의 습관에서 마찰 없이 진행될 때가 아니라 습관을 저지하는 순간에 비로소 발생한다. 그래서 의식의 근원은 습관의 저지이고 빈곤이지 과잉이 아니며, 결핍이지 순수하게 근심 없는 상태가 아니다. 사고란 비로소 등장하는 어려움과 방해에 대한 표현인 것이다. 건전하고 조화된 삶은 사유하지 않는다. 왜냐하면 그러한 삶이란 사유할 필요가 없기 때문이다.

그러므로 습관의 장애는 의식의 탄생을 의미한다. 이러한 과정을 "일종의 병으로" 고찰하는 비판가(칼라일(T. Carlyle)과 루소(J.J. Rousseau))들은 물론 그러한 장애가 삶의 본질에 속하고 매순간 장애받게 되고 또 장애를 새로운 작업에서 매순간 극복하는 것이 삶의 본질에 속한다는 사실을 물론 잊어버리고 있는 것이다. 삶이란 식물에서와 같은 성장이 아니고, 항구적으로 새로 등장하는 장애와 끊임없이 대결하는 것이다. 듀이의 말에 의하면 "진리란, 깨어 있는 순간마다 그 환경의 완전한 균형 상태가 깨어지고 또 그러면서도 끊임없이 재생산되는 것이다. … 삶은 일련의 중단이고 재생산이다"[34]라고 한다. 이러한 내적 역동성은 삶 자체에 내적인 의미를 준다. 이것이 우리에게는 하나의 본질적인 통찰인 것이다.

그러므로 의식 역시 순간마다 동일하게 존재하는, 특히 동일한 모양으로 흘러가는 물(流水)이 아니고, 어려움에 부딪쳐 불이 붙게 되고, 거기에서 번갯불이 치게 되나 다시 사그러지곤 하는 그런 것이다. 그래서 어려움은 극복되고 삶은 동일한 균형 상태에서 다시 등장하게 된다. "유기체와 환경의 불균형은 옛날 습관과 새로운 충동간의 화해 속에서 비로소 결론에 이르게 되는 일시적인 투쟁에서 반영된다."[35] 그러므로 의식은, 삶 속에서는 어떠한 지속성도 획득하지 못하고 만다.

이것은 필연적으로 전통적인 의식 개념에 대한 심각한 수정을 의미하는 것이다. 의식은 우리들의 삶과 언제나 이미 함께 소여되어 있는 것이 아니고, 삶 속에서 하나의 특수한 그리고 결정적으로 특징적인 현상인 것이다. [36]

4. 배려하는 교섭(하이데거)

개념적 인식으로부터 아직 개념 이전의 삶에 대한 이해와 그러한 삶의 이해에서 은폐된 방식으로 이해된 세계로 회귀하는 필요성이 명백하게 된 후에, 우리는 무엇보다 먼저 그렇게 믿을 만하고 이해된 세계를 더욱더 정확하게 분석하지 않으면 안 된다. 이때 우리는 인간 관계와 그러한 관계에서 성립된 제도의 영역을 떠나 무엇보다 먼저 딜타이의 예에 다시 한번 연결하기 위하여 "나의 집 문 앞의 걸상"과 "앉을 자리가 정리되어 있는 방"의 영역처럼 습관적이고 가시적인 사물의 영역을 문제 삼는다. 우리는 이러한 세계를 또는 세계의 그러한 영역을 그 구조에서 분명하게 밝히고자 한다.

기술적(技術的)으로 형성된 환경의 그러한 영역을 하이데거는 아주 인상적이고, 유명한 분석에서 밝혀내었다. 우리는 지금의 연관성을 위해서 중요한 것을 그의 주저의 큰 테두리에서 찾아내고자 한다. 하이데거는 일상적인 생활 태도로부터 출발한다. 그러한 생활 태도를 그는 "배려하는 교섭"(besorgender Umgang)으로 표현하고, 또 거기에서 어떤 것이 우리를 어떻게 만나게 되는가 하는 방식과 양식을 더욱더 상세히 규정한다. 이 경우에 "배려하다"(besorgen)라는 말(뒤에 있는 "근심"(Sorge)도 동일하다)은 슬픔의 존재 또는 걱정의 존재라

는 의미에서 배려된 존재와 어떤 관계가 있는 것이 아니고, 우리가
도시에서 "장보기"(Besorgung)를 하거나 또는 한 가게를 경영하는 것
과 같은 것으로 이해할 수 있다.

배려하는 교섭의 이러한 방식은 인간이 자기 세계 속에 이미 언제
나 존재하고 있는 형태이다. 하이데거는 우리가 이러한 상태 속으로
비로소 인위적으로 빠져들어갈 필요가 없다는 사실을 강조한다. 왜냐
하면 사람은 언제나 그러한 상태 속에 이미 존재하고 있기 때문이다.
"일상적인 현존재는 이미 언제나 그러한 방식 속에 있다. 예를 들면
문은 열리는 것이기 때문에 나는 손잡이를 사용한다."[37] 이것이 그와
동시에 여기서 생각한 것의 전체 영역을 밝히는 하이데거의 특징적인
예이다. 여기서 우리들이 교섭하는 "사물들"에 관하여 언급하는 것이
바람직할 것이다. 하이데거는 이미 전통적으로 잘못 사용되어 왔기
때문에 "사물"(Ding)이라는 말을 부정하고, 그 대신에 "도구"(Zeug)
에 관해서 언급한다. 그는 필기 도구, 작업 도구, 승차 도구 등에 관
해 말하는 언어 사용에 결합시켜, 거기에서 장비, 기구(Gerät) 그리
고 그와 같은 것(병기고(兵器庫))의 의미에서 언어사적으로도 잘 증명
되어 있는 보편화의 개념인 "도구"(Zeug)를 택하였다. 그는 "도구를
도구로 삼는 것에 대하여, 즉 도구의 "도구성"(Zeughaftigkeit)에 대
하여 묻고 답하기를 "도구는 본질적으로 …을 하기 위한 어떤 것이
다"라고 말한다. [38] 필기 도구는 쓰기 위한 것이고, 재봉 기구는 재봉
하기 위한 어떤 것이다. 언제나 개개의 사물은 단독으로 존재할 뿐만
아니라 공속되어 있으며 상호 지시하는 사물의 전체성으로 정리되어
있다. 필기 도구에 있어서는 대충 잉크, 종이, 펜, 받침 등이 있기
마련이고, 이 모두가 필기에 관계되어 있는 것이다. 개개의 도구 이
전에 "그때그때마다 이미 도구의 전체성이 발현되어 있다."[39]

지금 그 이상으로 물을 수 있는 것은 사물이 어떤 방식으로 도구와
의 교섭 속에 주어져 있는가 하는 것이다. 하이데거는 그것을 망치의
예를 들어 밝히고 있다. 즉 "도구가 그의 존재 속에서 유일하게 순수
히 자신을 나타낼 수 있는 거기에서, 예를 들면 망치를 가지고 망치

질을 하는 것, 다시 말하면 그때마다 도구에 적합한 교섭은 그러한
존재자(도구)를 눈앞에 현전하는 사물로서 주제적으로 파악하지도 못
하고 도구 구조 자체에 대한 어떤 사용도 알지 못한다. 망치질이란
유독 망치의 도구 성격에 대한 지식을 가지는 것이 아니고, 그러한
망치질이 적절하지 않는 정도에서 그러한 도구를 적절하게 하는 것이
다. 이렇게 도구를 사용하는 교섭에 있어서 배려는 그때그때의 도구
를 위하여 구성적인 (무엇을) 위하여(Um-Zu)에 종속되어 있다. 망
치라는 사물이 맥없이 그냥 있지 않고 손으로 잡고서 사용하면 할수
록, 그러한 사물에 대한 관계는 더욱더 근원적으로 될 것이고, 도구
로서 그것이 존재하는 바 그것으로서 사물은 더욱더 비은폐적으로 만
나게 된다. 망치질 자체는 독특한 망치의 '취급성'(Handlichkeit)을
발견한다. "40)

이러한 발단 명제는 인식론의 구성을 위한 기초가 된다. 딜타이에
있어서와 유사하게 이러한 관계는 현실에 대한 단순한 이론적인 태도
와는 구별된다. 먼저 사물을 인식하고 나서 사용할 줄을 아는 것이
아니고, 사용하는 가운데에서 비로소 나는 사물을 인식하게 된다.
"망치라는 사물이 맥없이 그냥 있지 않고 손으로 잡고서 사용하면 할
수록…도구로서 그것이 존재하는 바 그것으로서 사물을 더욱더 비은
폐적으로 만나게 된다. 망치질 자체는 독특한 망치의 '취급성'을 발견
한다"라고 하이데거는 숨김없는 관찰을 있는 그대로 표현하기 위하여
매우 분명하게 말한다. 이것은 일반적으로 타당하다. 즉 사물을 사용
함으로써 나는 사물을 알게 되고, 그 사물이 "무엇"인지를 경험하게
된다. 왜냐하면 그것은, 여기에서는 "무엇을 위하여 사물이 여기 현
존한다"는 것을 말하기 때문이다. 오직 사용하는 교섭에서만 사물들
은 개시되는 것이다. 하이데거는 그러한 것을 혼신을 다하여 아주 명
확하게 함축적인 요식으로 말하고 있다. 즉 "이러한 존재자의 존재
양식은 도구성(Zuhandenheit)이다." 하이데거의 표현 방식에 따르면
사물들은 "도구적인 것"(Zuhanden)이다. 통상 사용하는 "현전적인
것"(또는 손 앞에 있는 것, vorhanden)이라는 말과 유사한 이 말은

사물이 "손에로"(Zur Hand) 잡힐 수 있는 방식과 양식을 표현하고자
하는 것이다. 그래서 사물을 사용하기 위하여 오직 사물을 잡을 필요
가 있다. 이로써 그와 동시에 표현하게 되는 것은 도구와의 교섭에
있어서는 본래적으로 도구가 주목되는 것이 아니고, 주의가 도구에로
향하게 되어야 하는 작업에 해당되며, 작업 도구는 거기에 대하여 배
경으로 되어 버린다는 사실이다. 우리가 시각을 어떤 다른 것에 두고
있는 동안, 우리는 더욱 안전한 습관에서 작업 도구를 손으로 잡을
수 있는 것이다.

만일 우리가 도구성이 무엇보다 먼저 1차적으로 잡힐 수 있게 되는
작업 도구로부터 출발하였다면, 계속해서 주의할 수 있는 것은 전체
세계가 여기에서부터 개시된다는 사실이다. 제작된 것은 그 편에서
보면 도구성의 양식을 갖는다. 그 자료도 역시 여기에서부터 보여진
다. "제작 자체는 어떤 것을 위한 어떤 것의 사용인 것이다."⁴¹⁾ 전체
"자연"은 이와같이 이해 속에 들어 있다. "작은 길, 큰 길, 다리, 건
물 속에는 배려를 통하여 자연이 일정한 방향에서 발현되어 있다. 엄
호된 정거장의 승강장은 아주 나쁜 날씨를 고려한 것이다. …"⁴²⁾ 물론
여기에서부터 추론되는 대단히 특징적인 자연이 있다는 사실을 특별
히 주의하지 않으면 안 된다. (하나의 특별한 해석에 있어서 국도를
걸어서 가는 또는 차를 타고 가는 "도구"로서 고찰하는 경우 국도는
혼란하게 된다. 이러한 것은 다음의 고찰을 위한 참고로서만 메모하
여 두고자 한다.) "하기 위하여"(Um-Zu)인 도구적인 것의 가장 단순
한 구조 속에 이미 동시에 다른 것에 대한 지시가 포함되어 있다. ⁴³⁾
하이데거는 이러한 것을 다음과 같이 표현하고 있다. 이러한 도구에
는 도구의 적소성(適所性, Bewandtnis)이 있는 것이다. ⁴⁴⁾ 개개 사물의
적소성은 그러한 사물을 초월하여 "적소성의 전체성"의 더 큰 전체를
지시하며, 그러한 전체성 내에 개개 사물이 기초하여 있는가 하면,
그러한 전체성에서 이해되는 것이다. "예를 들면 작업장에서 도구적
인 것을 그의 도구성에서 구성하는 적소성의 전체성은 개개의 도구보
다" 그 이전에 있는 것이며, "같은 모양으로 궁전의 적소 전체성은

거기에 속하는 기구와 뜰 전체를 모두 포함하여 개개의 도구보다 그 '이전에' 있는 것이다. "⁴⁵⁾ 그러나 적소성의 전체성은 적소성을 가지고 있지 않는 어떤 것에 궁극적으로 귀착되고 만다. 이것은 (단순화하여 표현하면) 세계 - 내 - 존재하고 있는 인간이다. 그러므로 인간의 세계 이해 속에는 개개 사물의 모든 이해가 자리잡고 있는 것이다.

만일 우리가 이 세계 전체를 성격지우고자 한다면, 세계는 인간의 질서 의지를 통하여 이루어진, 특히 손으로 작업하는 기술적인 성격의 세계가 될 것이므로 이러한 관계에서 앞의 베르그송에 비교할 수 있을 것이다. 이것은 은폐된 배경과 심연이 없는 명백한 세계이다. 자연 역시도 이러한 기술적인 세계 연관성에 함축되어 있다. 그러나 그러한 자연은 미리 처음부터 하나의 아주 특수한, 그리고 기술을 통하여 보여진 자연인 것이고, 그러한 자연은 재료로서 또는 기껏해야 방해물(해가리개에서와 같이)로서 현상하는 것이다. 숲은 이 세계에서 단순히 건축과 연료의 자료 공급자로서 현상하고, 강은 배의 운반을 가능하게 하는 통로로서 현상하며, 그리고 길은 걷기 위한 도구로서 현상한다. 이것은 시몬느 드 보봐르(Simone de Beauvoir)가 대도시의 세계라고 묘사한 바와 같은 세계이다. 즉 "나는 전체 사람의 손에 의해서 창조된 장식이 있는 파리에서 살았다. 참으로 파리는 길과 집들, 전철, 가로등의 행렬 그리고 그 밖에 필요한 대상들로 되어 있다. 단순한 개념의 상투어로 되돌아가 사물들은 단순히 그 기능에 일치하였다. 룩셈부르크의 정원은…나에게는 놀이터 이외에 어떠한 것으로도 묘사되지 않았다. 물론 여기에서나 거기에서도 사람이 등장하게 되는 분열을 통하여 화폭의 배후에 은폐된 심연을 예감하였던 것이다. 전철의 갱도는 무한히 이어져 대지의 은밀한 심장에까지 통하는 것처럼 보였다. "⁴⁶⁾ 그래서 그녀는 이러한 것을 자유로운 자연의 세계에 대비시키고 있다. 즉 "내가 도시를 떠나 만물의 영장으로서 무한히 은폐된 가능성을 가지고 자연 속에 있음을 안다면 모든 것은 달라졌을 것이다. "⁴⁷⁾ 이러한 표피적인 세계에서 비로소 은폐된 심연이 나타난다. 이와 동일한 것이 "문화"에도 타당하다. 그러한 것이 딜타이에게서 나타난 대로 "객관적 정신"의 전체 세계는 기술(技術)을 통찰하는 영역에로 환원되었다.

만일 우리가 습관적으로 분명히 손으로 잡을 수 있는 "도구"의 세계에서 행농한다면, 다음과 같은 불음이 생길 것이다. 어떻게 그러한 것이 도구의 세계에서 이론적인 태도로 되는가? 또한 어떻게 강조된 의미에서 인식 작용으로 되는가? 이러한 것은 하이데거가 대단히 인상적으로 작업한 바와 같이 다시금 습관적인 교섭의 장애를 통해서만 발생한다. 손으로 잡을 수 있는 도구와 일상적으로 교섭하는 가운데, 즉 대단히 주목할 만한 가치가 있는 단절이 존재한다. 손으로 잡을 수 있는 도구적인 것이 사용할 수 없는 것으로 증명될 수가 있다. "작업 도구는 손상된 것으로 밝혀지게 되고, 자료는 부적당한 것으로 밝혀지게 된다."[48] 만일 내가 도구적인 것을 긴급히 필요로 할 때, 그러한 도구적인 것이 존재하지 않을 수도 있을 것이다. 그래서 나는 도구적인 것을 한스럽게 안타까워 하게 된다. 왜냐하면 나는 나의 전체 사업을 진전시키지 못하기 때문이다. 또는 도구적인 것은 그와 반대로 적합하지 않는 장소에 그리고 도중에 놓여 있을 수 있으며 나의 작업을 엄밀하게 방해할 수도 있다. 이러한 모든 경우에 나는 속수무책이며 그 앞에서 안절부절하고 만다. 나는 더 이상 전진하지 못한다. 하이데거의 표현 방식에 따르면 그러한 도구는 지금 손으로 잡을 수 있는 도구적인 것이 아니다. 도구는 다만 아직 "현전적"(vorhanden)일 뿐이다. 다만-아직-현전적-존재(Nur-noch-vorhanden-sein)는 손으로 잡을 수 있는 도구적 존재의 "탈락적 양태"(defizienter Modus)로서 나타난다. "탈락적 양태"란 본래적으로 거기에 속해 있어야 하는 어떤 것이 여기에 결여되어 있는 것을 의미한다. 현전적인 것은 특징적인 탈락을 통하여 손으로 잡을 수 있는 도구적인 것에서부터 생긴 것이다.

그러나 방해받는 상태에서야 비로소 우리는 어떻게 그것이 방해받지 않는 상태에 있는가를 알게 된다. 그러므로 통상적인 진행의 방해

는 방해받지 않는 상태에서 바로 자명한 것이었기 때문에, 전혀 주목
될 수 없었던 것을 알 수 있도록 하는 기능을 가지고 있다. 신뢰하는
세계 속에서 무엇보다 먼저 소여된 그러한 태도의 근본적인 심신의
상태는 자명한 교섭의 근본적인 심신 상태이다. 또는 하이데거의 말
에 따르면 "세계 - 내 - 존재는 지금까지의 해석에서 보면 도구 전체의
도구성을 구성하는 여러 지시 내에서 비주제적이고 조심성 있는 열중
을 의미한다."⁴⁹⁾ 또는 일반적인 언어로 바꾸어 쓰면 (이때에 특수한
연관성 속에서 정확하게 파악된 많은 것이 다시 상실된다고 하더라도
정위를 하기 위해서는 필요하다) 삶은 무엇보다 먼저 소여되어 있는
형태에서는 그 형태의 의미로 이해된 삶의 관계 전체에서 더욱 자명
하고, 또한 자기 스스로를 초월하여 있는 의미 충만한 태도를 뜻한다
고 할 수 있는 것이다.

　이러한 연관성 속에서 인식 능력 역시 수용될 수 있으며, 그리고
현전하는 것의 대상적 소여성 방식을 도구적인 것의 더욱 근원적인
형태로 환원시키는 것에 일치시키는 것은 제기될 수 있는 어려움을
극복하는 방향으로 설정된 인식을 하이데거가—딜타이와 같이—자
명한 이해로 보는 근원적인 삶의 근거로 환원시키는 것이다. 그래서
중요한 것은 분명한 작용 능력의 유래를 그러한 바탕으로부터 추적해
내는 일이다.

　하이데거 역시 삶과 더불어 이미 언제나 세계 이해와 삶의 이해가
함께 소여되어 있으며, 무엇보다 무규정적인, 그리고 자기 자신을 의
식하지 않는 방식에서라도 그러하다는 사실로부터 출발하고 있다. 하
이데거는 존재 이해에 관해서 말한다. 우리는 그러한 말을 민감하게
확정하지 않은 채 그대로 받아들인다. 즉 "이러한 평균적이고 막연한
존재 이해는 하나의 현사실(Faktum)이다."⁵⁰⁾ 철학적 반성은 그 속에
막연하게 내포되어 있는 것을 분명하게 의식하도록 하지 않으면 안
된다.

　이와같이 무규정적이고 불명확한 이해의 전개를 하이데거는 "해석"
(Auslegung)이라 명명한다. 이러한 해석은 "어떠한 적소성이 그때마

다 만나는 것과 관계할 수 있는가"⁵¹⁾를 우리에게 제시하여 준다. 해석 역시 불분명하게 소여된 것이 그 해석에서 "분명하게 이해하는 시야(視野, Sicht)에 이르는 한, 이미 배려하는 교섭에서 행해진다. 이러한 해석은 해석하는 자를 언제나 이미 일정한 방식에서, 다시 말하면 목적에 적합한 행위의 관점하에서 사봉에 적합하다는 방식으로 파악한다. 해석한다는 것은 그것이 목적에 잘 맞는 거기에서 이해되는 것이다. 달리 표현하자면 책상, 문, 자동차, 다리 등으로서, 즉 어떤 것"으로서"(als) 이해된다는 말이다. "이러한 '으로서'는 이해된 것의 명확성에 대한 구조를 말해 주며 해석 또한 구성한다."⁵²⁾ 이때는 그러한 것이 전혀 표현될 필요가 없으며 그것은 지각 자체의 침묵하는 작용 속에 내포되어 있다. "손으로 잡을 수 있는 도구적인 것의 모든 선술어적(先述語的)이고 단순하게 그냥 보는 것이 그 자체에 있어서 이미 이해하는 것이고 해석하는 것이다."⁵³⁾

이러한 해석이 너무나 근원적으로, 핵심적인 현실 파악에 내포되어 있으므로 단순한 파악, 즉 의미에서 벗어나 있는 파악은 그러한 바탕으로부터 특히 특정한 방해로 인해 제약된 탈락 현상으로서 발생할 수 있는 것이다. 하이데거는 다음과 같이 강조한다. 즉 "인식 작용이 현전하는 것을 관찰하는 규정으로서 가능하도록 하기 위하여, 먼저 세계와 배려하는 관계의 |탈락태(Defizienz)를 일시적으로 필요로 한다"⁵⁴⁾(하이데거에 의한 차단임). "이러한 자유로서의 파악은 소박하게 이해하는, 그냥 본다의 흠제(欠除, Privation)로서, 그냥 본다는 것보다 더욱 근원적인 것이 아니고, 거기로부터 파생된 것이다."⁵⁵⁾

그러나 이러한 해석도 표현될 수가 있으며 그 바탕에서부터 나오게 된다. 다시 말하면 진술(Aussage)이 그러한 해석에 자리잡고 있으며 그러한 해석에 의해 담지된다는 말이다. 하이데거에 따르면 진술이란 "해석으로부터 파생된 양태"⁵⁶⁾인 것이다. 그러나 이로써 인식의 인간학적 논거에 결정적인 진전을 이룩하게 된다. 이러한 진술은 전통적인 논리학과 인식 이론에서 판단이라고 명명된 것과 일치하는 것이다. 이러한 전통적인 파악에서 기본적인 판단이란 논리적인 추론을 통하여 그 밖의 인식을 구성하는 자료이다. 그러나 만일 여기서 진술이 "해석으로부터 파생된 양태"로서 특징지어진다면, 이것은 미리 처음부터 다음과 같은 것을 의미한다. 즉 판단이란 어떤 궁극적인 것으로서 수용되는 것이 아니고 타자나 심연으로부터, 다시 말하면 해석으로부터 제일 먼저 발생하는 어떤 것으로서 수용되는 것이고, 그러한 해석은 전개되어 온 바와 같이 해석이라는 면에서 선행하는 막연한 이해 속에 기초하는 것임이 사실이다. 그러므로 우리는 여기서 분명하게 파악된 인식이 더욱 근원적인 삶의 태도로부터 발생하여 나오는 결정적인 기점을 파악하게 되는 것이다.

우리는 하이데거 자신이 제시한 예를 가장 구체적으로 밝히고자 한다. 종래의 인식론은 판단의 문제가 중심을 이루었다. 즉 망치는 무겁다. 망치는 무게라는 특성을 가지고 있다. 그러나 하이데거는 "배려적인 신중(Umsicht)에는 '먼저'라는 그러한 진술이 존재하지 않는다"[57]라고 답하고 있다. 우리는 또한 어떠한 연관성 속에서 그러한 진술이 의미심장하게 나타날 수 있을는지 생각할 수 없다. 이에 반해서 현실적인 생활에서는 다음과 같이 말할 수 있을 것이다. 즉 "망치는 너무 무겁다." 너무 무겁다는 것은 목적을 위해서이고, 그러한 목적을 위해서 나는 망치를 사용하고자 한다. 또는 하이데거는 계속해서 "아직 '너무 무겁다'고 하기 이전에 '다른 망치를 ! ' 들 것"이라고 말한다. "해석의 근원적인 수행은 이론적인 진술의 명제에 있는 것이 아니고, '한마디도 잃지 않은 채' 부적당한 작업 도구를 신중하게 배려하는 제처둠에, 특히 교환에 있는 것이다."[58] 그러므로 해석은 한마디도 상실하지 않은 채 가능하다. 더욱더 중요한 것은 다음과 같은 물음이다. 즉 "어떤 변용을 통하여 진술이 신중한 해석으로부터 나오는가 ? "[59]

하이데거는 다음과 같이 답한다. 만일 먼저 단순히 손으로 잡을 수 있는 도구적인 망치가 나의 진술 대상으로 된다면, 이때 "급변"(Umschlag)이 일어나게 된다. "무엇과 관계하다, 수행하다의 도구적인 무엇으로써(Womit)는 지시하는 진술의 '무엇에 관하여'(Worüber)

82

로 된다."[60] 내가 어떤 현전적인 것을 주목하자마자 도구적인 것은 도구적인 것으로서 은폐되고 만다. 그로써 현전적인 것이 "특성과 같은 어떤 것"을 나타낼 수 있는 여유가 마련되기도 한다. 이와 더불어 "으로서의 구조"(Als-Struktur)가 그와 동시에 변화되며 이러한 "으로서"의 구조는 근원적인 적소성의 선제성으로부터 해방되이 비린디. "'으로서'는 오직 현전적인 것의 동일한 차원으로 물러가게 된다." 그래서 중요한 결론에 이르게 된다. 즉 "신중한 해석의 근원적인 '으로서'를 현전성에 대한 규정의 '으로서'로 수평화하는 것은 진술의 특징이다. 오직 이렇게 해서 진술은 순수하게 보는 제시의 가능성을 획득한다."[61]

하이데거에 있어서 그 밖의 전개를 우리는 여기서 더 이상 전개할 수 없다. 여기서 중요한 것은 오직 이러한 발단 명제의 원칙적인 것들이다. 특히 두 가지 종류가 여기에서 밝혀져야 한다. 그 하나는 그 자체로 존립하는 구성물인 판단으로부터 삶의 생동적인 실현에로 회귀하는 일이다. 이로써 하이데거는 우리가 립스(H. Lipps)와 더불어 해석학적인 논리학의 전회라고 명명하였던 그러한 전회를 그 자신의 철학 영역에서 정확히 수행하고 있다. 이러한 점에서 특수한 방식의 그의 분석이 여기에서 시도된 인식 철학의 발단 명제를 위한 기틀로서 가능한 것이다.

그와 동시에 하이데거에 있어서 이러한 것은 하나의 광범위한 연관성에 있다. 여기서 하이데거는 근원적인 이해 속에 뿌리를 두고 있는 "해석"에 관해서 말한다. 이를 위해 그는 이전 문헌학의 용어에서 전용하던 개념을 차용하고 있다. 여기에서 "해석"(Auslegung)이라는 말은(이것을 하이데거가 분명히 지적하고 있듯이) "정확한 텍스트(원전) 해석"[62]을 의미한다. 그는 정신 과학에서 받아들였던 그러한 개념을 대단히 광범위하게 전용함으로써, 그가 자신의 전체 의도를 바로 (인간) 현존재의 해석학(Hermeneutik des Daseins)이라고 명명할 수 있었다. 하이데거에 있어서 "현존재의 분석"으로서 자기 철학 일반의 기초를 의미하는 "현상학"은 "말의 근원적인 의미에 있어서 해

석학이고, 이러한'것에 따라 해석의 용건을 나타내고 있다. "⁶³⁾ 이로
써 하이데거는 분명히 딜타이가 기초를 마련한 해석학적 철학의 길을
닦아 나아가게 되었던 것이다.

  그리고 그 둘째는 이곳에서 다만 암시 정도로 마치고자 한다. 하이
데거는 삶으로부터 나오는 의식적인 인식 능력의 발생을 흠제 (欠除,
Privation) 또는 탈락태 (脫落態, Defizienz)와 같은 개념으로 표현하고
있다는 사실, 그가 단순한 현전적 존재를 "탈락적 양태"로서 고찰하
고 있다는 사실, 일반적으로는 그가 발생의 이러한 경과를 그와 같이
파악함으로써 그에 있어서는 근원적으로 이미 어떤 현전적인 것이 그
후에 탈락하고 말지만, 그와 동시에 여기에서 새로 창조되는 어떤 것
도 추가된다는 사실, 다시 말하면 과정은 본래의 창조적인 힘을 갖지
않는다는 사실 등이다. 인식의 철학을 위한 이러한 중심 문제는 아직
도 더 상세한 설명을 필요로 하고 있는 것이다. ⁶⁴⁾

□ 註 ▬▬▬▬▬▬▬▬▬▬

 1) M. Heidegger, *Sein und Zeit* (Halle a.d. Saale, 1927), 142면.
 2) 같은 책, 147면.
 3) W. Dilthey, *Gesammelte Schriften* (Leipzig, Berlin, 1923), 제 8 권, 78면 이하.
 4) 같은 책, 제 7 권,   131면 이하; O.F. Bollnow, *Dilthey, eine Einführung in seine Philosophie* (제 1 판, Leipzig, 1936/제 3 판, Stuttgart, 1967) 참조.
 5) Dilthey, *Das Erlebnis und die Dichtung*, 제 11 판 (Leipzig, 1939), 178면.
 6) Dilthey, *Gesammelte Schriften*, 제 7 권, 208면.
 7) E. Husserl, *Ideen zu einer reinen Phänomenologie und phänomenologischen Philosophie* (Halle a.d. Saale, 1928), 제 1 권, 50면.
 8) E. Husserl, *Die Krisis der europäischen Wissenschaften und die transzendentale Phänomenologie* (Haag, 1954), 105면.
 9) 같은 책, 106면.
10) 같은 책, 127면.

84

11) 같은 책, 131면.

12) 같은 책, 126면.

13) H. Bergson, *Schöpferische Entwicklung*, übers. von G. Kantorowicz (Jena, 1921), 1면.

14) 같은 책, 50면.

15) 같은 책, 50년.

16) 같은 책, 21면.

17) 같은 책, 1면.

18) 같은 책, 6면.

19) 같은 책, 144면.

20) 같은 책, 같은 면.

21) 같은 책, 126면.

22) 같은 책, 5면.

23) W. Correll, "Die Anthropologie John Deweys und ihre Bedeutung für die Pädagogik", in *Neue Aspekte der Reformpädagogik. Anthropologie und Erziehung*, hrsg. Th. Hagenmaier, W. Correll und B. van Veen-Bosse, 제11권 (Heidelberg, 1964). 괴츠(B. Götz)의 인상적인 학위 논문 "Der Begriff der Erfahrung bei John Deway" (Tübingen, 1969)는 사용할 수 없었다.

24) J. Dewey, *Die menschliche Natur. Ihr Wesen und ihr Verhalten*, übers. von P. Sakmann (Stuttgart/Berlin, 1931), 42면.

25) 같은 책, 15면.

26) 같은 책, 92면.

27) 같은 책, 91면.

28) 같은 책, 32면.

29) 같은 책, 31면.

30) 같은 책, 32면.

31) 같은 책, 175면.

32) 같은 책, 176면.

33) 같은 책, 같은 면.

34) 같은 책, 184면.

35) 같은 책, 185면.

36) 립스에 있어서 의식이 고통스러운 방식으로, 수치의 감정 속에서 전개되는 의식 개념의 지속적인 심화에 대해서는 다음과 같은 저서 참조. H. Lipps, *Die menschliche Natur* (Frankfurt a.M., 1941), 44면 이 하; O.F. Bollnow, *Die Ehrfurcht* (Frankfurt a.M., 1947), 92면 이하 참조.

37) Heidegger, 앞의 책, 67면.

38) 같은 책, 68면.

39) 같은 책, 같은 면.

40) 같은 책, 69면.
41) 같은 책, 70면.
42) 같은 책, 71면.
43) 같은 책, 68면.
44) 같은 책, 84면.
45) 같은 책, 같은 면.
46) S. de Beauvoir, *Memoiren einer Tochter aus gutem Hause* (Reinbek, 1961), 24면.
47) 같은 책, 25면.
48) Heidegger, 앞의 책, 73면.
49) 같은 책, 76면.
50) 같은 책, 5면.
51) 같은 책, 148면.
52) 같은 책, 149면.
53) 같은 책, 같은 면.
54) 같은 책, 61면.
55) 같은 책, 149면.
56) 같은 책, 154면.
57) 같은 책, 157면.
58) 같은 책, 같은 면.
59) 같은 책, 같은 면.
60) 같은 책, 158면.
61) 같은 책, 같은 면.
62) 같은 책, 150면.
63) 같은 책, 37면.
64) 같은 책, 139면 참조.

제4장

지 각

　이 장에서 우리는 문제 제기를 위해 도움이 될 수 있는 저자들의 범위 내에서 정위적인 전망을 하는 데 그치고자 한다. 여기에서의 저자들의 선택은 어느 정도 자의적이라 할 수 있다. 왜냐하면 우리가 이후에 다시 살펴보아야 하는 다른 저자들도 여기에서 논술될 수 있기 때문이다. 우리는 그 대신에 많은 예비적인 논술을 한 후에 바로 체계적인 서술을, 다시 말하면 사실에 따라 정위된 서술을 하도록 시도하고자 한다. 그러나 이러한 서술에는 특별한 어려움이 있다. 왜냐하면 우리들이 이미 지적한 대로 이러한 서술이란, 구성적 체계로서 더 이상 가능하지 않으며 단지 인간학적 고찰의 일반적인 성격에 일치되어짐으로써[1] 우리는 여러 가지 측면으로부터 비교적 독립적으로 심사숙고하여 공통의 중심점을 밝히고자 하기 때문이다.

1. 지각에 있어서의 설정 명제

우리는 먼저 지각에서 시작하고자 한다. 전통적으로 대단히 확고 부동한 견해에 따르면 지각이란 모는 인식의 단초에 손재하는 것이 다. 왜냐하면 지각은 아직 모든 의미와 설명 이전에 폭넓게 구성될 수 있는 자료로서 지식과 관찰 그리고 확신을 주기 때문이다. 이때 지각이 무엇인가 하는 것은 비교적 큰 문제로 등장하지는 않았다. 그 래서 우리는 임의적인 예로서 메츠케(E. Metzke)의 철학 사전[2]에서 다음과 같은 정의를 발견하게 된다. 지각이란 "근원적으로 인지되는 것의 일반, 특히 감성적으로 인지되는 것"이며, 특별한 의미에 있어 서는 "감각으로 매개되는 객체를 인식하는 수용"인데, 이 경우 인식 론에 있어서는 일반적으로 특수한 의미가 기초로 되어 있는 것이다. 이러한 규정은 논술하는 가운데에서 나타나는 개념과도 구별된다. 즉 "대상적 규정성으로 인하여 감각과도 구별되고, 감성적 충만과 직관 성의 특징으로 인하여 그리고 직관적인 불가피성과 의지로부터의 독 립성으로 인하여 표상과도 구별된다"는 말이다. 이러한 것을 비교하 기 위하여 우리가 칸트(I. Kant)의 정의를 참고할 필요가 있다면, 지 각이란 "감각을 동반하여 있는 표상"[3]으로서 감성적으로 주어진 대상 이 결여된 단순한 환상의 표상과는 달리 감각을 통해서 직접적으로 주어져 있는 사물에 관한 표상이다.

지각은 "감각으로 매개된 객체"를 "수용"하는 양식에 대해서 그리 고 이때 주도하는 "표상"의 성립에 대해서 아무런 진술도 하지 않는 다는 점과 그리고 이러한 무규정성이 여러 가지 다른 방식에서 구체 적으로 실현될 수 있다는 점에서 비교적 부담감이 없는 개념이다. 지 각은 경험론적 의미에 있어서는 기본적인 감각으로 환원될 수 있고 또 대체적으로 그러한 의미로 이해된다. 그러나 이러한 지각의 개념 은 그러한 전제에만 달려 있는 것이 아니다. 그러므로 아무런 부담감 없이 고찰할 수 있는 것이다. 특히 우리는 가능한 한 사심을 버리고 독단적인 선입견에서 벗어나 있는 지각을 분석하고자 한다.

　이러한 방향에서 지금까지의 많은 연구가 문제를 너무나 "고차원적으로" 설정하였기 때문에, 다시 말하면 이미 형성되어 있는 논리적 사고의 영역에서 문제를 조정하였기 때문에, "논리 이전의" 작용 능력을 간과하여 버린다는 사실로 인하여 문제가 되었다. 그리고 그러한 논리 이전의 작용 능력도 지각의 성립에 있어서 논리적인 착수 이전에 이미 언제나 작용하고 있다는 사실과 또한 칸트가 직관의 다양성을 하나의 형상으로 되게 해야 한다는 구상력이 이미 단순한 지각에서도 작용한다는 사실에 대해 중요한 지적을 하고 있으므로, 그 자신이 이미 그러한 논리 이전의 작용 능력을 알고 있었던 것이다. "구상력은 지각 자체의 필연적인 성립 요인일 것이라는 사실에 관해서는 어떠한 심리학자도 생각하지 않았다."[4] 그러므로 여기에서도 지각의 과정을 인간학적으로 고찰할 때 가능한 한 멀리 삶의 단초 근거로 소급하여 나가는 것이 필수 불가결하다. 다시 말하면 의식의 단계 이면으로 되돌아가 개체 발생적 · 계통 발생적으로 삶의 근원을 추적하는 것이 필수 불가결하다. 여기에서 우리는 캇시러(E. Cassirer)의 포괄적인 연구에 의지할 수 있는 계기를 찾게 된다. 그는 그 자신의 《상징적 형식들의 철학》(*Philosophie der symbolischen Formen*)[5]의 마지막 권에서 어떤 방식으로든 심리학과 민속학에 이용될 수 있는 모든 자료를 인식 문제에 따라 정리하였다. 그러므로 우리가 지각에 대한 캇시러의 취급 방식에 대하여 간략히 서술함으로써 지금까지 고찰한 일련의 사상가들에 대해서도 폭넓은 "기본틀"로 이용할 수 있을 것이다.

2. 지각의 발생(캇시러에 대한 여론)

(1) 관상학적 파악

캇시러는 앞에서 말한 저서에서 언어와 신화를 취급한 첫 두 권에 이어 세번째 권에서는 인식을 취급하여 다시 한번 인식의 더욱 확실한 기반을 획득하기 위하여 지각의 문제를 다룬다. 그러나 이때에 그는 학문을 통하여 이루어진 근대 인간의 지각으로부터 단순히 출발하지는 않았다. 민족학적 연구나 아동 심리학적 연구의 결과가 그로 하여금 다음과 같은 가설을 설정하도록 하였다. 즉 우리가 사물을 어떻게 지각하는가 하는 방식은 결코 근원적인 형태가 아니라는 사실, 그리고 미개 민족이나 아이들도 결코 현실을 그 후에 여러 가지로 해석하기 위하여 동일한 현실을 그대로 지각하는 것이 아니라 현실 속에서 미리 처음부터 다르게 지각한다는 사실이다. 또는 동일한 것으로부터 벗어 나온다는 것은 우리들이 지각하는 것과는 다른 현실을 지각한다는 사실이다. 만일 우리가 인간학적으로 시도한 인식의 논거를 탐구한다면, 우리는 지각의 그러한 근원적인 형태로 소급하지 않으면 안 된다.

캇시러는 지각의 근원적인 형태를 표현의 이해라고 보았고, 우리들에게 익숙한 우리 자신을 "너"(Du)라고 서술하는 삶의 표현으로 보았다. "우리가 지각의 근원을 추구해 나가면 나갈수록, 지각 속에서 '너'라고 하는 형태는 '그것'(Es)이라고 하는 형태에 대하여 더욱 우위를 두게 된다. 즉 더욱더 명백하게 그의 순수한 표현 성격이 사실 성격과 사물 성격을 능가하게 된다. '표현의 이해'는 본질적으로 '사물의 지식'에 선행한다."[6] 캇시러는 여기서 감성적 지각의 단초적 원기 상태(原器狀態, Chaos)가 어디에도 주어져 있는 것이 아니고, 언제나 이미 분화된 표현 지각이 주어져 있는 것이라고 주장하는 심리학의 결과(뷜러(K. Bühler), 슈테른(W. Stern), 코프가(K. Koffka) 등등)에 따르고 있다. 이러한 것이 여기서는 근본적으로 중요하기 때문에 우리는 결정적인 문장을 그대로 인용하고자 한다. 즉 "만일 단초적인 원기 상태의 이론이 옳다면, 우리는 아동의 관심을 일깨우는 '단순한' 자극이 제일 먼저라는 사실을 기대했어야 한다. 왜냐하면 단순한 것은 원기 상태로부터 먼저 분리될 수 있는 것이고, 그래서 다른 결합과 함께 비로소 관계하기 때문이다. 이러한 것은 모든 경험에 역행한다. 단순한 감각이 거기에 일치하기 때문에 단순하게 특히 심리학자에게서 나타날 수 있는 그러한 자극이 아동의 태도에는 대체적으로 영향을 주지 않는다. 그러므로 인간의 음성에 대해서는 대단히 복잡한 자극(과 '감각')에 따라 첫째로 분화된 음향-반응이 생긴다. 유아가 관심을 갖는 것은 단순한 색깔이 아니고, 사람의 얼굴이다. …그래서 이미 생후 6개월이 되면 부모의 얼굴 표정이 유아에게 결정적인 영향을 주게 된다. 원기 상태의 이론에 있어서 사람 얼굴에 일치하는 현상은 아직도 늘 변화하는 가운데에서 파악되는 여러 가지의 명암과 색 감각의 혼란 이외에 아무것도 아니다. …그러나 유아는 엄마의 얼굴을 2개월 내에 알아보고, 생후 반 년이 되면 이미 웃는 얼굴과 '성낸' 얼굴에 대해 다르게 반응을 나타낸다. 특히 그러한 반응을 너무나 다르게 나타냄으로써 현상적으로 실제 유아에게는 웃는 얼굴이나 또는 성낸 얼굴이 중요한 것이지, 밝고 어두움의 어떤 배분이 중요하지 않다는 것이다. 이러한 현상들을 단순한 시각적인 감각 상호간의 결합을 통해서 그리고 근원적인 감각의 원기 상태로부터 나온 쾌감 또는 불쾌의 결과와 더불어 발생했을 것이라고 가정하여 그러한 것을 경험으로 설명하는 것은 불가능하게 보인다. …그래서 '친절'이나 '불친절'과 같은 현상은 아주 소박하여 타박상으로 인한 멍의 현상보다 더 소박한 것이라고 하는 견해가 남게 된다."[7]

　이러한 아동 심리학의 결과에 근거하여 캇시러는 우리가 신화적 의식 역시도 생각하지 않으면 안 된다는 주장을 계속한다. 신화적 의식은 가상과 현실, 현상과 본질간의 구별을 하지 못한다. 신화적 의식은 현상의 한가운데에서 본질을 "가지며" 그리고 모든 현상은 본질의 "화신"(化身, Inkarnation)인 것이다. 캇시러가 한 예로 든 것은 다음과 같다. 즉 "마술적인 행위에 있어서, 특히 비를 오게 하는 마술에 있어서 물이 뿌려지게 된다면, 그러한 물은 결코 '실제적'인 비의 단순한 상징 또는 '비유물'로서만 기여해야 하는 것이 아니고, 근원적인 '동정'(Sympathie)의 끈으로서 비와 연결되어 있는 것이며 하나로 되어 있는 것이다. 비 자체의 정령(精靈)은 모든 물방울 속에서 생동하고 모든 물방울 속에서 포착될 수 있으며 신체적으로 존재하는 그것이다."[8] 캇시러는 이러한 세계의 관상학적인 성격에 관해서 말한다. "세계는 전체에서나 개체에서도 모든 순간 속에 총체성으로서 파악될 수 있는 특유한 얼굴을 가지고 있다."[9] 그러한 얼굴은 내적으로 해석되는 것이 아니고, "오히려 표현의 의미가 시각 자체에 부여되어 있는 것이다. 즉 표현의 의미가 지각 속에서 파악되며 직접적으로 '경험'된다"[10]는 말이다. 이러한 관계를 인격화로서 해석하는 것이 무리일는지는 모른다. 왜냐하면 그러한 해석이 우리들의 주체 개념을 잘못 전위시킬 수 있을 것이기 때문이다. 그러나 우리는 인격적인 것과 비인격적인 것간의 "주목할 만한 무차별성"을 가지고 "만물의 정령화"(Allbeseelung)에 관해서 언급할 수 있을 것이다.[11] 캇시러는 다음과 같이 요약하고 있다. 즉 "우리들이 파악하는 모든 현실은 그 근원적인 형식에 있어서 우리들에 향하여 있고 대립하여 있는 일정한 사물 세계의 현실이 아니라 오히려 우리들이 경험하는 생동적인 활동성의 확신인 것이다. 그러나 현실에 대한 이러한 접근은 감성적인 자료로서 우리들의 감각에 존재하는 것이 아니고, 유독 표현과 표현할 수 있는 '이해'의 근원적인 현상 속에 주어져 있는 것이다."[12]

(2) 대상성에 이르는 길

이러한 근원적인 상태로부터 우리는 출발하지 않으면 안 된다. 그렇게 해야 여기에서부터 우리는 인식 능력의 그 밖의 구성을 추적할 수가 있다. 캇시러에 따르면 특히 확정성과 규정성을 유동적인 현실로 이끄는 것은 언어의 능력이다. "언어를 수단으로 할 때 비로소 표현 체험의 무한하고 다양한 그리고 그러한 체험의 이러저러한 여러 가지 형태가 확정되기 시작한다. 즉 언어를 수단으로 할 때 비로소 그러한 표현 체험의 여러 가지가 '형태와 이름'을 획득하게 된다."[13] 그러므로 이로써 이론적 인식으로 이행하는 길이 열리게 되는 것이다. 뷜러가 구별한 바 있는 여러 가지의 언어 기능 중에는 무엇보다

도 끊임없이 유동적인 표현으로부터의 해방을, 일정한 표현의 고착화
를 그리고 이로써 완전히 새로운 의식 단계로의 이행을 가능하도록
하는 묘사의 기능(Darstellungsfunktion)이 있다. 캇시러는 이러한 민
감한 부분을 인식론의 전개에서 분명하게 밝힌다. 즉 "순수하게 발달
심리학적으로 관찰한다고 하더라도 묘사의 기능은 단순한 표현의 영
역에 해당되는 교양 차원에서 언제나 등장하는 것이 아니고, 그러한
교양에 대해서 언제나 특수하게 등장하며 새로운 것 또는 결정적인
전향점을 묘사하는 것이다."[14] 캇시러는 표현과 묘사의 차이를 지적
했는데, 그러한 차이는 모든 음성 언어 이전에도 이미 지시하는 몸짓
이 동물에게는 이해 불가능하다는 사실에서 나타난다. 어떤 개도 우
리가 손가락으로 어떤 것을 가리킬 경우 그것이 무엇을 의미하는지를
파악하지는 못한다. 개는 단지 손가락만을 바라볼 뿐 그 손가락이 무
엇을 의미하는지 알지 못한다. 기껏해봐야 손가락을 빨 뿐이다. 지시
하는 손가락은 자기 자신 외부에 있는 그리고 오직 자기 자신과 더불
어 생각한 어떤 것을 가리킨다. 그래서 언어의 말 역시 그러한 말이 묘사
의 기능을 이룩하면 그와 같은 것을 행하게 된다. 그러한 언어의 말들
은 어떤 것을 대신하게 된다. 그러므로 캇시러의 표현 방식에 따르면
그러한 말들은 직접적으로 현재에 동화하지 않고 대신한다는 것이다.

이 자리에서는 우리가 일별만 하는 것이 바람직할 것이다. 왜냐하
면 분명히 캇시러는 지시하는 몸짓과 언어의 묘사 기능을 너무나 일
방적으로 접근시켰고, 그로써 지시함의 독자적인 능력을 적절하게 취
급하지 못하였기 때문이다. 미쉬(G. Misch)는 그 자신의 (아직 미발
표중인) 논리학 강의에서 그러한 단계를 명백히 밝혀내었다. 그 역시
도 "표현의 보편성"으로부터 출발하나, 대상 세계로 갈 수 있는 항구
적인 길을 제시하지는 못하였다. 지시하는 몸짓에서 비로소 현실의
대상화가 이루어지고, 그리고 그러한 현실을 대상화함으로써 생각하
지도 못하였던 어떤 새로운 것과 단순한 표현 운동과는 근본적으로
다른 것이 생기게 되는 것이다. [15]

길(K. Giel) 교수는 자신의 "지시에 대한 연구"에서, 물론 다른 관

점으로부터 유래하기는 하지만 그러한 능력의 문제를 예리하게 밝혀
내었다. 그는 다음과 같이 지적하고 있다. 즉 "지시는 이론과 밀접한
관계에 있다. 지시할 수 있는 본질만이 '테오리아'(理論, theoria)의 능
력, '순수한' 관조의 능력을 갖는다. … 다른 생물과 같이 잡을 수도
할큄 수도 있는 인간은 지시할 수 있는 능력이 있다는 점에서 그러한
생물과는 종적(種的)으로 구별된다. 우리는 인간을 바로 지시하는 생
물로서 정의할 수 있을는지도 모른다."[16]

하이데거(M. Heidegger)와 유사하게 길 교수는 사물과의 실천적인
교섭으로부터 출발하여 개별적인 것을 별도로 밝힘으로써 어떻게 지
시가 원활한 행위 경과를 중단하는가를 전개하고 있다. "지시된 것은
모든 적소성의 연관성과 실천적 처리 가능성과는 무관하다. 그로써
지시된 것은 지시의 성격을 상실하고, 다른 사물과 다른 사람과의 관
계로부터는 더 이상 이해되지 않는다. 따라서 시각은 오직 지시된 여
기-이것(Dies-da)만을 향하게 되고, 그러한 것을 명확하게 요약해서
밝힌다. 그래서 다른 모든 것은 본질도 없고 흥미도 없는 배경으로
될 뿐이다."[17]

그러므로 지시에서 구성하는 그 밖의 제2능력은 마침내 언어의 능
력으로 된다. 지시하는 몸짓은 진술자의 신체적 현재에 매어 있다.
이러한 몸짓은 그 진술자가 사라지는 경우 그러한 진술자의 표현을
머리 속에 보존할 수가 없다. 이러한 몸짓은 또한 언제나 오직 개별
적인 여기-이것만을 지시할 수 있고, 이러한 여기-이것을 그 내용-
존재(Was-sein)에서는 해석해 낼 수가 없다. 이러한 것을 비로소 장
폴(Jean Paul)이 이미 "정신적으로 지시하는 손가락"이라고 표현한 말
속에 있는 언어가 조정한다.[18] 이로써 대상적인 지식은 상황에 결속
되어 있는 환경의 이해에서 벗어나서 세계를 본질 존재(So-sein)에서
파악할 수 있다. (길 교수는 이러한 구별을 심지어 더욱 심오하게 밝
힌다. 존속하는 의미 관계로부터 이탈하는 것이 바로 지시에 속하는
것이기 때문에, 이탈은 그러한 기능을 언어적으로 전개된 세계 이해
에 대하여도 가지게 되며, 그러한 것을 초월하여 순수한 직관에, 다

시 말하면 언어로부터 해방되어 있고 의미를 상실하고만 직관에 이르게 된다. 여기에 대해서는 다음으로 미룬다.)

언어의 말은 지시하는 기능에서 벗어나 있기 때문에, 그러한 말은 다른 것을 대신하는 데 등장할 수 있는 상징으로 된다. 캇시러는 이러한 것을 유명한 헤르더 (J.G. von Herder)의 예에서 밝히고 있다. 사람이 양의 특징으로서 울음 소리를 포착하여 거기에 따라 동물을 울음 소리로서 표시하는 순간에 결정적인 사실이 나타난다. 즉 수많은 형상들 중에서 하나의 특정한 형상이 파악되고 또 단순한 지시와 구별되어 확정됨으로써, 그러한 형상은 특징에서 재인식될 수 있는 것이다. "이러한 '재인식' (Rekognition)의 작용은 필연적으로 '대리' (Repräsentation)의 기능과 결합되어 있으며, 그러한 기능을 전제하고 있다. 전체 현상을 그러한 요소들 중의 하나로 압축하는 데 성공하고, 그러한 현상을 상징적으로 구성하는 데 성공하며 그리고 그러한 전체 현상을 개개의 요소에서 또 그런 요소에서 의미심장하게 '취급하여 가지는 데'에서만 우리는 시간적 생성의 흐름으로부터 그러한 전체 현상을 밝혀낸다."[19] 캇시러는 "어떤 개별적이고 감성적인 표현이 상징적으로 사용되고 또 상징으로서 이해되는"[20] 순간에 현현하게 되는 "새로운 세계의 날"에 관해서 언급한다.

캇시러는 그 밖에도 어떻게 지각 자체가 언어적 묘사 기능의 영향 하에서 변화되는가를 제시한다. 그러한 기능이 비로소 사물을 정위하는 지각으로 되는 것이다. 지금 우리는 조명 빛의 변화 속에서도 변하지 않는 동일한 국부적인 색상(색채의 항구성)을 "본다." 그러므로 우리는 관점의 차이성에서 동일한 대상을 보게 된다. 이로써 "사물의 구체적이고 개별적으로 규정된 '현실'"에서 추상적인 인식이 분리될 수 있다는 전제가 마련되는 것이다. [21]

(3) 언어의 작용 능력

단순한 지각에 대하여 언어의 의미를 통찰하는 것은 모든 인식론을 구축하는 데 결정적인 의미를 제공한다. 이러한 통찰은 다시 한번 아주 분명하게 아르키메데스 기점의 불가능성을 제시하여 준다. 수백 년 동안 계속된 철학자들의 노력이 아직도 해석되지 않고 여전히 왜곡되지 않은 채로 있는 현실을 그 근원 상태에서 파악하기 위하여 견해와 해석의 안개를 걷어치우는 데 혼신을 다하여 왔다면, 그러한 노력은 근본적으로 잘못 설정된 것이고 필연적으로 좌절되고 말 것이라는 사실이 지금 나타나고 있는 것이다. 우리는 현실을 원칙적으로 언어에 의해서만 파악한다. 언어는 이미 처음부터 우리들이 살아가는 사물의 선택과 해석을 규정하고 있다.

이미 훔볼트(W. von Humboldt)가 아주 명백하게 진술한 바 있는 이러한 통찰은 인식론을 위한 기본적인 의미를 확립하였다. 왜냐하면 이러한 통찰만이 아무런 전제도 없이, 아래로부터 시작하는 구축의 발단 명제를 불가능하게 하는 데 성공하였기 때문이다. 훔볼트는 아주 명백하게 "인간이란 대상과 함께 살아간다. … 오로지 언어가 대상을 인간에게로 이르게 함과 같다"[22]고 강조한다. 인간은 자신의 언어 해석 지평 속에 내포되어 있고, 그러한 지평을 근원적으로 결코 단절시킬 수가 없다. 이러한 사실을 캇시러는 다시 아주 결정적인 것으로 받아들였다. "모든 상징적인 해석과 의미에 앞서는 그것 자체를 파악할 수 있다는 현실의 심층을 사실 그대로 밝힐 것을 요구하는 것은"[23] 근본적으로 실현 불가능한 것이다. "우리는 어떤 형상을 부여하게 되는 사실 그대로의 자료(materia nuda)로서 '순수한' 감각을 결코 발견하지 못한다. 우리에게 파악될 수 있고 접근될 수 있는 것은 형성 작용의 일정한 방식에 의해 철저하게 지배되고 또 그러한 방식에 의해 완전히 관철되는 그러한 구체적인 규정성이고, 지각 세계의 생동적인 다양한 형태이다."[24]

캇시러는 후기 저서인 《인간이란 무엇인가?》(*Was ist der Mensch?*)에서 그러한 성과를 다시 한번 아주 명확히 요약하였고, 동시에 언어를 초월하여 그 밖의 상징 세계를 분명히 함께 연관시켰다. 즉 "인간은 상징적인 우주 속에서 살아가는 것이지, 단순하게 자연적인 우주 속에서 살아가는 것이 아니다. …인간은 동물과 같이 현실에 대한 직접적인 관계를 갖지 않는다. 동시에 인간은 현실의 안면을 주시할 수가 없다. 언급되지 않은 현실은 인간의 상징 사고와 상징 행위가 더욱 성숙하게 되는 그런 정도에서 인간으로부터 멀어지는 것처럼 보인다. …인간은…너무나 많은 언어적 형태, 예술 작품, 신화적 상징 또는 종교적 의식에서 살아가므로 그러한 인위적인 매체의 중간 조정을 통하지 않고는 어떠한 것도 경험할 수가 없고 어떠한 것도 주시할 수가 없다."[25] 그러므로 이것은 다음과 같은 사실을 의미한다. 우리들이 파악하는 모든 현실은 언제나 이미 해석된 현실이고, 문헌학적으로 말하면 하나의 해석(Interpretation)이고, 인식을 얻기 위한 어떠한 노력도 언제나 이미 해석의 해석이다. 우리는 근원적이고 순수한 원전(Text)에 도달할 수가 없어 일련의 해석에 의존하게 된다. 근원적이고 순수한 원전에 대한 정위(定位)가 이미 과오를 유발하는 것이다. 이것은 근본적으로 아르키메데스 기점의 불가능성에 대한 원리가 가지는 하나의 다른 응용일 것이다.

(4) 캇시러적 묘사의 한계로서 이론적 근본 태도

이와같이 해서 캇시러는 우리로 하여금 인식의 문제로 깊숙이 관여하게 하였고, 그로써 다른 측면으로부터 지금까지 우리의 발단 명제를 입증하여 주었다. 그 역시 "철학의 전체 역사가 내적이고 체계적인 모든 대립 명제를 주시하지 않는데도, 그리고 학파간의 모든 논쟁을 통해 잘못을 범하지 않는데도", [26] "모든 상징적인 해석과 의미에서 파악될 수 있는 현실의 심층을 사실 그대로 제시하고자 함으로써 과오를 범하게 되었다"[27]는 결론에 이르게 되었다. 그러므로 우리는 오히려 처음부터 이미 가장 단순한 지각 능력 속에, 그리고 이해되고 해석된—캇시러는 상징적 세계라고 말한다—세계 속에 내포되어 있는 존재이기 때문에, 해석의 이면에로 소급하여 아직 해석되지도 않은 아주 적나라한 현실을 결코 포착할 수가 없는 것이다.

그럼에도 불구하고 캇시러 역시 만족스러운 해석을 아직 제시해 주지 못하고 있다. 그렇다고 이 자리에서 우리는 그가 어떻게 자신의 논리 전개에서 (《《인간이란 무엇인가?》》에서 다시 한번 명백히 밝혔음) 표현의 이해를 인식의 영역으로부터 시적 묘사의 영역으로 끌어넣는가를 논할 필요는 없다. 이로써 정신 과학이 남시하고 있는 기반을 멀리하고 일방적인 방식으로 수학적 자연 과학을 어떻게 인간 정신의 총체적 발전이 전개되는 최고의 정상으로서 묘사하는가는 논할 필요가 없다. 명백히 그는 여기서 다음과 같이 강조하고 있다. 즉 "자연 과학은 모든 인간 노력의 정상과 완성으로서 타당하고, 인류 역사의 마지막 장으로서 그리고 유럽 철학의 가장 중요한 주제로서 타당하다."[28]

여기서 오직 중요한 것은 지각 자체의 분석이다. 캇시러는 대단히 심오한 방식으로 인간 환경의 근원적 소여성을 밝혀내었다. 그러나 문제로 남는 것은 이러한 소여성이 지각으로 옳게 명명될 것인가 하는 점이다. 캇시러는 전적으로 관찰하는 태도의 차원—이러한 방식으로서는 이미 논리 이전의 영역에서는 이론적인 태도의 차원—에 처해 있는 것이다. 그는 행위와의 관련을 다루지 않는다. 그래서 참일 수 있는 것은 인간의 관상학적 지각이 오직 인간의 사용 가능성에 있어서는 아직도 이해되고 손으로 잡을 수 있는 도구의 소여성보다 더 근원적이라는 사실이다. 특히 그는 어떠한 방식으로 지각이 사물과의 실천적인 교섭으로 관계하며, 어떤 기능을 지각이 행동하는 삶속에서 실현해야 하는가 하는 물음을 전혀 제기하지 않는다. 그는 자명한 것으로서 전제된 인식하는 태도에서 지각을 사실 그대로의 소여성으로서 받아들인다. 그러나 그는 인간 삶의 전체로서 지각의 기능에 대한 본래적으로 인간학적인 물음을 제기하지는 않는다. 여기서 우리는 도움이 되지 않는다고 하더라도, 아주 근본적으로 다시 한번 시작하지 않으면 안 된다.

3. 지각의 경고 기능

만일 우리가 길고 긴 전통 속에서 이미 한물간 철학적 개념의 잘못된 편협성에서 벗어나고자 한다면, 사심 없이 학문 외적 언어 사용을 할 수 있는 참된 수난은 언제나 있는 법이다. 그래서 우리는 여기서도 다음과 같이 물을 수가 있을 것이다. 즉 자연 언어는 모든 철학적인 문제성으로부터 벗어나서 본래적으로 지각을 어떻게 생각하는가? 언제 자연 언어는 우리가 어떤 것을 지각한다는 사실을 말하는가? 다양한 노력을 기울여 온 지각하다(wahrnehmen) 또는 어떤 것을 참으로 받아들인다(für wahr nehmen)와 같은 어원학이 언어사적으로 지속될 수 없는 허실이라는 것은 주지의 사실이어서 여기에서는 지엽적인 문제로 제쳐 놓아도 좋을 것이다. 지각하다는 것은 오히려 주시하다와 주의하다라는 의미에서 지키다 또는 조심하다(wahren)와 관계된다. 마치 이것은 우리가 이익, 관심, 호기심 역시 인지할 수 있다는 것과도 같은 것이다. 더 나아가서 이것은 경고하다(warnen)와 감시하다(warten)와도 유사하다. 그래서 마치 우리가 위험에 직면하여 경고하거나 또는 접근하여 오는 적에 대하여 스스로를 안전하도록 하기 위하여 망대를 설치하는 것과 같다. 이러한 모든 것은 우리가 지각에 관해서 언급할 경우 어떻든지간에 그와 관련된 것을 모두 짚어 보게 하는 것이다.

일상 생활 속에서 지각에 관하여 언급하게 되는 그 예를 우리가 모으고자 시도한다면, 주시하다(bemerken), 고찰하다(beobachten), 경험하다(erfahren) 등의 전체 의미 영역으로 정리될 수 있을는지도 모른다. 이러한 말 전체는 여기서 어떤 것이 새로운 주목의 범위 대상으로 되어 확정된다는 사실로 인해서 그 특성이 나타나기도 한다. 이것이 그러한 모든 과정을 바라봄(Anschauen)과 관찰(Betrachten)로부터 구별한다. 이러한 구별이 전통적인 인식론에서는 완전히 간과되었던 것이다. 우리가 마지막 그룹의 동사들인 '바라보다', '관찰하다'에 있어서는 우리 앞에 놓여 있는 대상으로 조용히 향하여 있고, 대상에 머물러 있으며 그리고 관찰하는 가운데서 일자로부터 타자로 이행하는 반면에, 제2의 그룹에서는 우리를 둘러싸고 있는 세계 내의 변화가 중요하고, 새로 세계 속으로 들어오거나 또는 우리가 먼저 주시하지 못하였던 어떤 것이 중요하다. 돌발성의 요소가 지각에서 가끔 일어나는 법이라면, 느리면서도 항구적으로 발전하는 가운데서 (만일 꽃이 피는 사과 나무의 백화 아래 푸른 잎들이 펼쳐져서 흰 꽃과 함께 독자적인 색깔로서 지금 빛나고 있다면) 우리는 변화를 주시한 후에 어떻게 우리에게 그러한 것이 그 전에는 전혀 생각되지 않았는지 그리고 심지어는 우리가 그러한 부주의를 부끄러워하지 않았는지에 대해 갑자기 놀란다. 왜냐하면 그때까지는 대체로 긴 시간이 걸렸기 때문이다. 그래서 우리가 결과적으로 알게 될 때까지는—또는 전혀 모른다고 하더라도—우리의 습관적인 생활 환경 속에서 오랫동안 이미 변화가 생겼다는(예를 들면 내가 매일 지나다니는 한 집이 새로 단장되었다는 것과 같은) 사실을 분명히 할 수 있는 것이다.

만일 우리가 이러한 테두리 내에서 구별을 좀더 정확하게 규정하고자 한다면, 고찰한다(Beobachten)는 것은 거기(고찰)에 해당하는 과정에 대한 지속적인 주의를 전제로 하는 것이고, 경험한다(Erfahren)는 것은 되풀이해서 주의된 규칙성에 따르는 특성을 가지는 것이며, 주시한다(Bemerken)는 것은 훨씬더 많이 우연적으로 의식에 속하는 특성을 가지는 것이다. 이에 반하여 지각한다(Wahrnehmen)는 것은 인식 가능성의 한계선을 넘나드는 것처럼 보인다. 주의(Achten)할 때 우리는 어떤 것을 곧 지각할 수 있다. 그래서 이미 통상적으로는 전혀 주의하지 않는 섬세한 색상의 차이와 밝음의 차이 또는 소리의 차이를 인식하기 위하여 긴장된 청취와 주목은 지각에 속한다. 여기에서 중요한 것은 지각이 감성적인 세계에 있어서는 차이와 변화에 관계하지만, 언제나 동일하게 머무는 현실의 특징에는 관계하지 않는다는 사실이다. 단순히 우리는 우리 앞에 서 있는 집에 대해서 그 집을 지각한다고 서툴게나마 말할 수 있다.

우리가 이미 일어날 수 있는 어떤 것을 미리 조심스럽게 주의하지 않는 한(실험실에서의 연구가 대체로 이 경우이다), 우리를 지각하도록 하는 분명한 강제성이란 언제나 이미 그러한 것에 속하여 있는 것이다. 폐쇄된 세계 내에서 그러한 것이 방해라도 하듯이 그런 폐쇄성을 타파하여 버리고 우리로 하여금 주목하도록 하는 (또는 청취하도록 하는 또는 다른 고찰을 하도록 하는) 계기가 나타나는 것이다. 이렇게 정확하게 주목하는 것(또는 청취하는 것 등)은 개별적인 것을 눈에 띄게 하고 만다. 그래서 이렇게 눈에 띄게 하는 주목(注目), 그것이 바로 우리가 그 의미에 따라 지각이라고 명명하고자 하는 것이다. 우리는 언제나 우리의 습관적이고 이해된 세계 속에서 살고 있으며, 그러한 세계 속에 있는 사물들을 언제나 무규정적으로 애매한 방식 속에서 그냥 "보고" 있으나, 오직 그 중의 약간만이 이러한 폐쇄된 세계 내에서 지각으로서 눈에 띄게 된다.

그러므로 우리가 습관적이고 언제나 이미 이해된 세계 속에 있는 삶으로부터 출발하여 그 속에서 의미심장하게 파악할 수 있는 지각의 기능에 대한 물음을 제기한다면, 우리는 그러한 지각의 기능을 환경 세계에 있는 변화에 대해 언급하는, 특히 인간에 있어서가 아니고 전적으로 비교 가능한 방식으로 이미 동물에 있어서 있을 수 있는 하나의 (생물학적으로 합목적적인) 과정으로서 파악하지 않으면 안 된다. 우리가 정확히 알고 있는 주위를 몽유병자와 같이 배회하는 곳에서는, 엄밀한 의미에서 말을 파악한다면 어떠한 것도 지각하지 못한다. 우리가 정위를 하기 위해서는 어떠한 지시도 충분하지 못하며, 그와 동시에 우리 태도의 유도선(誘導船)으로서도 충분하지 못하다. 그리고 모든 다른 지시는 그림자처럼 우리의 곁을 그냥 지나쳐서 흘러가 버린다. "지각하다"는 주시하다(Bemerken)와 같고, 특히 습관적인 질서로부터 떨어져 나오는 어떤 것에 관해 주시하는 것이다. 만일 우리가 목적을 달성하기 위하여 도로를 따라 걷는다면, 우리는 좌우에 있는 하나하나의 집을 전혀 지각하지 않는다. 그러한 집들은 오직 우리가 가는 길의 양 측면적인 구별만을 조심하도록 한다. 여기에서 종종 다음과 같은 비난이 나올 수도 있다. 즉 얼마나 사람은 부주의한 가? 사람은 얼마나 자신의 환경을 실제로는 "보지" 못하는가? (우 리들이 매일 접하고 있는 사물을 묘사할 수 없음도 무엇보다 기술적 (記述的)인 미숙성에 근거하는 것이 아니고, 사람이 사물을 기술적으 로 파악 가능한 형태 일반에서는 보지 못한다는 사실에 대한 증명인 것이다.) 그러나 물음을 역으로 돌려서 물어야 하는 것이 습관적인 환경 세계에 대한 부족한 주의가 바로 삶의 중요성에 옳게 반응할 수 있도록 하는 (생물학적으로) 목적에 적합한 태도가 아닌가 하는 것이 다. 예를 들어 길을 걸어 갈 때 마주 보고 오는 보행자에게 완벽한 의미로 내가 그를 지각하고 있다고는 결코 말할 수가 없다. 나는 그 를 피함으로써 반 정도로 의식하는 상태에서만 그에 대하여 반응을 하지만, 그 이후에는 그가 늙었는지 젊었는지, 수염을 기르고 있는지 아닌지에 대해 말할 수 없다. 많은 증인 심문이 이러한 것을 충분히 증명하고 있다. 그러나 내가 차도를 횡단하는 경우 달려오는 차를 보 고 급히 옆으로 피신한다는 것은 내가 차를 지각했다는 것이다. 나는 내가 내 자신의 행동을 위해 필요한 그만큼만을 언제나 보게 마련이 다. 그래서 일반적으로 다음과 같은 사실은 타당한 것이다. 즉 지각 한다는 것은 언제나 인지(認知)되는 것 (Gewahr-werden)이고, 환경 세계 내에서 가능한 방법으로 나에게 관계하는 변화에 대한 첫 반응 이다. 그래서 그러한 첫 반응이 나의 측면에서는 변화에 대한 답을 제약한다. 지각은 그 즉시 변화에 대응하는 행동으로 바뀌게 되는 것 이다.

　이와같이 우리는 일상적인 태도를 세계 내에서 이해하지 않으면 안 된다. 옳은 태도를 취하기 위하여 우리는 정위되어야 하고, 겔렌(A. Gehlen)이 제시한 바와 같이 어느 정도로 탐구될 수 있는 소수의 단 순한 표지에 만족하지 않으면 안 된다. [29] 우리가 연구중에 어떤 책을 참고하고자 하는 경우, 우리는 책이 어디에 있는지를 알아야 한다. 즉 우리는 자리에서 일어나 분명한 표지로 된 책장의 단이 있는 곳으 로 걸어간다. 그러한 표지가 방향 정위의 협조로서 우리를 도와 준다. 그러나 이 경우에도 본래적인 지각에 대해서는 어떠한 언급도 있을 수가 없다. 이때 한 걸상이 잘못 놓여 있어 우리의 길을 막고 있다고 하더라도, 우리는 그러한 장애물을 피해 돌아간다. 이러한 것은 거의 자동적인 행동의 결과로서 이루어진다. 이에 반해서 책이 늘 있던 자리에 있지 않다거나 또는 책이 파손되어 제본가에게 가져가야 한다고 우리가 결정한다면, 그것은 곧 지각이다. 그래서 우리는 아마도 다음과 같이 말할 수가 있을 것이다. 지각이란 우리의 태도 변경을 강요하는 의식에 대한 경계의 통보이다.

우리가 이러한 예를 보편화할 경우, 일반적으로 지각한다는 것은 대자적으로 존재하면서도 자체적으로는 중성적인 작용 능력을 말하는 것이 아니고, 환경 세계에서 우리에게 관계하는 변화와 불안정하게 하는 새로운 것의 등장을 고지하는, 그래서 그 자체로서 일정한 기능을 가지고 진행하는 삶의 연관성에로 접목되어 있는 경고적인 확인이다. 그러므로 지각은 언제나 이미 하나의 비항구적인 요소이고, 습관적인 진행의 단절이며, 그러한 한에 있어서 예외의 상태이고, 이러한 예외 상태 자체는 그 상태가 단절되는, 즉 습관에 따라 진행되는 삶의 연관성으로부터 이해되어야 한다. 이로부터 우리는 지각이 "파생적 양태"(abkünftiger Modus)라고 하이데거가 말했을 때, 그가 무엇을 생각했는가를 이해한다. [30] 그러므로 지각이 탈락적 양태, 즉 하나의 탈락 현상 또는 분명히 역으로 생산적인 새로운 작용 능력인지 하는 것은 아직 미결정적일지 모른다. 삶의 과정으로 들어오는 어떤 새로운 것이 언제나 있고, 그러한 것이 하나의 장애라고 하더라도, 그러한 장애가 바로 최고로 생산적일 수 있는 것이다.

이러한 의미에서 우리는 지각이 삶과 연관성이 있는 기능에서 이해하지 않으면 안 된다. (이것은 듀이(J. Dewey)에 있어서 습관의 장애와 비교할 수 있다.) 지각은 태도를 조정하여 필연적인 수정을 강요한다. 이 경우 지각은 언제나 일종의 어떤 과도기적인 것을 갖는다. 다시 말하면 지각은 갑자기 어느 정도의 강도를 가지고 등장하나 그 기능을 다하자마자, 즉 사람이 자신의 태도에서 의미심장하게 반응한 후에는 다시 물러나는 것이다.

그러므로 지각에 있어서도 직관으로, 다시 말하면 지각된 것의 정적인 관찰로는 결코 되지 않는다. 지각은 징표(Signal)로서 직접적으로 광범위하게 반응하는 태도를 야기시키지 않는다. 여기에 형태 심리학적 실험이 무엇 때문에 전적으로 옳으며, 또한 왜 시각의 과정을 재현하지 않는가 하는 이유가 있다. 이러한 실험이 연구하는 것은 우리들이 잠정적으로 조심스러운 관찰로서 명명하고자 하는 것과는 완전히 다른 어떤 것이다. 오직 그러한 조심스러운 관찰은 얼마의 순간에 한정되어 있다고 할지라도, 대상을 직관적인 전체 형태 속에서 파악하게 된다. 여기에 대해서는 후에 논하기로 하자.

4. 태도 연구의 기여

우리는 여기에서 본래적인 지각의 과정을 방법적으로 고찰하기에는 어려움이 있음을 알게 된다. 우리가 지각의 상황을 계획적으로 유도한다는 것은 매우 힘들다. 왜냐하면 우리가 어떤 것에 관한 절박한 파악에 주의를 기울이자마자, 우리는 이미 지각만이 가능한 상황 바깥에 놓여지기 때문이다. 다시 말하면 지각은 아무런 준비 없이 인간을 접하게 된다는 사실이다. 그래서 이러한 전제는 인간이 앞에 닥친 사건에 대처하여 나가고자 할 때에는 이미 지양되고 만다. 진정한 지각 과정을 파악하는 것은 일자를 준비되지 않은 상태에서 접하였던 지각 속에서 그러한 경우가 무엇이었던가를 우리 스스로 자성할 때 또는 우리가 인간의 태도나 동물의 태도를 외부로부터 관찰할 때에만 가능하다. 그러나 인간에 있어서는 관계들이 너무나 복잡하기 때문에, 동물을 관찰하는 것이 인간의 지각을 파악하기 위한 일종의 접근 가능성에 해당하는 것이다. 태도를 연구함에 있어서도 넓은 기반에 자리를 잡아 조심스럽게 수행하는 시도는 이러한 점에서 특별한 의미를 갖는다.

형태 심리학적인 관점에서 보면 아직 미분화된 복합적인 지각이 단
초에 존재하고, 그래서 개개의 부분이 비로소 점차적으로 분화되어
나오는 전체성의 지각이 단초에 존재한다는 가정을 할 수 있는 반면
에, 현실적으로는 동물이—그리고 우리는 그러한 것을 아무런 생각
도 없이 인간에게 그냥 전위시킬 수 있는 것이다—하나의 전체 인상
을 결코 요청하는 것이 아니고, 아주 특정적이고 민감하게 축약된 특
징에 대한 생명의 중요성만을 알고 있다는 사실이다. 이러한 반면에 이
에 관계하고 있는 형태로 공히 내포되어 있는 그 밖의 것은 아무런
주의도 끌지 못한 채 버려져 있다. 예를 들면 모조품의 새(鳥) 실험
에서 밝혀진 것은 보통 새들이 우리들에게 나타나는 모조 새의 전체
형태에는 전혀 무관한 반응을 보이는 반면에, 육식조(肉食鳥)를 흉내
낸 특정적이고 독자적인 날개 형태의 특징에 대해서는 반응을 보인다
는 사실이다. 이와같이 로렌츠(K. Lorenz)는 분명히 강조하고 있다.
즉 "복합성의 질을 요구하는 훈련 형태와는 반대로 생득적이고 발생
적인 메카니즘은 총체성을 또는 적어도 중요한 특정 상황과 함께 하
는 대단한 자극을 요구하는 것이 아니고, 그러한 메카니즘이 자극의
많은 수로부터 오직 비교적으로 대단히 적은 수를 취하여 '반응의 열
쇠'로 되게 한다"[31]는 사실이다.

뷰텐다익(F.J.J. Buytendijk)은 이러한 연구 성과를 다음과 같이 요
약하고 있다. 즉 "그러므로 고등 동물이 공간 속에서 자신을 정위하
는 일, 먹이와 보금자리를 찾는 일, 적을 알아내는 일은 대체로 환경
세계의 부분에 있는 시각적인 또는 청각적인 전체성의 성격의 도움으
로서가 아니고 좀더 쉽게 파악할 수 있는 특징에 따라 행하여진다."
이러한 것을 자신의 지각 이론으로 끌어들인 겔렌은 "그러므로 목적
물 전체를 표시하는 상징적인 특수 특징의 지각이 동물의 정위(定位)
에 해당한다"[32]고 요약한다. 그래서 그는 곧바로 그러한 것을 환경에
대한 인간의 관계로 전위시키고 있다. 즉 "그러므로 우리들의 감성계
는 원초적으로 상징적이다. 여기서 말하는 암시, 생략, 전면과 교차
…는 실제적인 대상 전체에 대한 암시로 '만족한' 것이다."[33] 그는 계

속해서 다음과 같이 말하고 있다. 이러한 상징적인 형태에서만 "개관"(Übersicht)이 가능하고, 여기에서 그는 분명히 "개관한다"라는 말을 이중적 의미로 사용한다. 한편의 의미는 중요하지 않는 개별성을 고려하지 않는다는 것이고, 다른 한편의 의미는 큰 연관성에 대해 통일적으로 파악한다는 것이다. 그러므로 이러한 그의 인식에 있어서 본질적인 것은 인간의 태도나 지각이 전체의 성격을 요구하는 것이 아니고, 특정한 개개 특징을 요구한다는 사실이다. 겔렌은 "최소한의 특성"[34] 또는 "우선의 특징"(Vorzugsmerkmalen)[35]에 관해서 말하고, 결론으로서 다음과 같이 요약한다. 즉 "구조화되지 않는 어떤 특징에서…둘러싸여 있는 목적물의 구별을 시도하려는 경향이 있다."[36] 우리는 혹시 어째서 이러한 것이 생물학적으로 합목적적인가라고 생각할 수도 있을 것이다. 분화되지 않은 개개 특징은 복합적인 전체성보다 더욱 예리하게 밝혀지고, 더욱 쉽게 파악될 수가 있다. 이것은 겔렌이 지각에 있어서 "부담 면책"(Entlastung)이라고 명명하였던 바로 그것이다.

그러나 "최소한의 성격"에 있어서 전체를 파악할 수 있기 위하여, 우리는 언제나 이미 이러한 전체가 무엇인지를, 다시 말하면 개개의 특징이 무엇에 대하여 상징적으로 등장하는가를 알지 않으면 안 된다. 이것이 의미하는 것은 지각이란—드문 일이나 언급해야 하는 예외까지 합하여—언제나 이미 이해된 이 세계 내에서 해석된 것이다. 사건의 출현이 우리에게 이미 근본적으로 알려져 있는 사건만을 우리는 개개의 경우에 있어서 지각하면서 진단할 수 있는 것이다. 이것은 우리가 이해된 세계의 전체를 개개의 지각으로부터 결코 구축할 수 있다는 것이 아니고, 우리가 그 역으로 지각을 이미 이해된 세계로부터 파악하지 않으면 안 된다는 사실을 말하는 것이다. 그러므로 지각 자체는 결코 인식의 구축을 위해 적합한 발단의 기점일 수가 없다.

5. 자기 응시와 관찰

이로써 우리는 근본적인 물음으로 되돌아오게 된다. 즉 분명한 인식은 어떤 방식으로 친밀하고 언제나 이미 이해된 세계 내의 자연적 태도에서, 특히 손으로 잡을 수 있는 도구와의 배려적인 교섭에서 발생하는가? 이것을 일반적으로 표현하면 어떻게 이론이 실천으로부터 발생하는가라는 물음이 될 것이다. 지각이란 그 자체로서 이해된 세계를 초월하는 것이 아님을 우리는 보았다. 왜냐하면 지각은 언제나 이미 이러한 연관성에 관계되어 있기 때문이다. 여기에서 지각은 환경 세계 내에서의 변화를 주시해야 하고, 거기에 상응해서 답하는 태도를 유발하게끔 하는 임무를 띠고 있다. 이때 지각된 것은 미리 처음부터 이해의 연관성에 내포되어 있다. 우리는 지각된 것을 세계 내에서의 그러한 출현이 우리에게 알려져 있는 어떤 특정한 것으로서 이미 이해하고 있다. 우리는 목적에 상응해서 반응하고, 그로써 사태는 처리된다. 우리는 우리의 폐쇄된 세계의 연관성 내에 머문다. 전체로서의 세계는 변화되지 않는다. 우리는 세계 속에 포함되어 머무는 것이다.

그러나 동물은 우리가 그러한 동물에 관해 무엇이라고 표현할 수 있는 한, 불가피하게 이러한 불변의 세계 속에 한정되어 있는 반면에, 인간의 세계는 세계 속에서도 새로운 것을 접할 수 있다는 사실로 특징지어질 수가 있고, 그러한 새로운 것이란 폐쇄된 세계로부터 벗어나는 것이며, 능숙한 태도의 양식을 가지고서도 제어될 수가 없다. 지각이 지금까지 취급된 원칙의 경우에서 오직 이미 알려진 것만을 확인하는 반면에, 지각된 것은 앞에 제시된 형상에 일치하지 않는다는 사실, 그리고 어떤 이탈된 것, 새로운 종류의 것이 우리들의 주위에서 등장한다는 사실도 때때로 나타날 수 있는 것이다. 그래서 이 경우에도 우리가 이미 앞에서 제시된 방식으로(동물의 세계에서 적합한 "열쇠"가 상응하는 태도를 일으키게 하는 것과 같이) 거기에 답하는 만족으로 끝날 것이 아니라 더욱 정확하고 명확하게 대상을 주시하지 않으면 안 된다. 여기에서 탐구적인 안목이 생기게 되고, 그러한 안목은 알려져 있는 개념으로 분류하는 것에 만족하지 않고 새로운 종류의 것을, 기대에서 벗어나 있는 새로운 종류의 방식으로 눈앞에 제시하는 것이다. 여기에서 비로소 우리는 우리의 기대와는 동떨어져 있는 대상의 고유한 본질을 획득하게 된다.

이러한 것은 하이데거적 표현 방식의 태두리 내에서도—어느 정도 강조점은 다르다고 하더라도—다음과 같이 파악될 수 있을 것이다. 즉 정상적인 진행이 일상적인 삶의 사물과의 관계에서 저해될 때, 그리고 어떤 작업 도구가 망가진 것으로 또는 재료가 부적당한 것으로 나타날 때, 우리는 그러한 저해의 이유를 목적에 상응하도록 처리하기 위해 그 이유를 추구하지 않으면 안 된다. 이때 우리는 먼저 일상적인 교섭에서 "간과"해 버렸던 그러한 것을 분명히 눈앞에다 제시해야 하며 여러 가지의 연관성에 대한 통찰로부터 도움을 받기 위하여 기능 작용의 근거를 명백히 하지 않으면 안 된다. 그래서 실천의 요구에서 이론이 발생하게 되는 것이다.

이러한 "이론적인" 태도를 우리는 지금보다 더 정확하게 규정하도록 하지 않으면 안 된다. 이 경우에 있어서 주도적인 것은 원래는 관찰하다, 응시하다, 또는 더욱 정확하게 주목하다와 같이 많은 것을 의미하는 테오리아(Theoria)라는 그리스 말이다. 이렇게 정확하게 주목하는 가운데서 세계에 대한 관계는 변화된다. 왜냐하면 이같이 자명하게 처리 가능한 것처럼 보이는 것은 아직 자명한 것이 아니라 어떤 새로운 것이고 미지의 것이며, 이러한 것을 우리는 좀더 정확한 관찰을 통해서 배워야 하는 것이다. 지금 비로소 우리에게 나타난 현실은 더욱더 정확한 관찰을 필요로 하는 어떤 것으로서 대립하여 등장한다. 현실은 말의 고유한 의미에 있어서도 대상으로 된다. 지금 이론적인 인식 태도에 있어서도 이미 처음부터 잘못 설정되었던 주관과 객관의 분리가 생기게 된다.

우리가 지각의 개념을 이미 특수한 의미에서 확정하였기 때문에,

여기에서 명명하는 것은 필수적인 것이다. 우리는 이러한 새로운 작용 능력을 응시(Ansehen) 또는 좀더 정확하게 말하면 자기-응시(Sich-Ansehen)라고 명명하고자 한다. 지각이 일종의 감수(Erleiden)였던 반면에(내가 지각을 "한다"(machen)라고 말하는 곳에서도 그것은 오직 나를 엄습하는 어떤 것에 관한 확인일 뿐이다), 응시란 명백한 자신의 활동성이다. 여기에서 재귀 대명사 "sich"는 응시가 결코 목적에서 벗어나 있는 것이 아니고, 주관에 관련된 일정한 관점 내에서 언제나 발생한다는 사실을 의미한다. 우리가 작업 도구를 주어진 목적에 대하여 적합한지 검토하고자 하는 경우, 우리는 어떤 하나의 작업 도구를 응시한다. (특히 나를 맹목적인 시험에다 맡기려고 하지 않을 경우 그러하다.) 수리할 필요가 생길 경우 (그리고 통상적으로는 내가 기계를 지금까지 당연히 사용하여 온 다음 지금 비로소) 우리는 기계를 더욱 정확하게 응시한다. 우리는 우리가 응시하는 것을 언제나 어떤 특정한 것에 따라 또 그 사용 가능성에 따라 응시한다. 집에 대해서도 마찬가지이다. 우리가 집을 얻으려고 하는 경우, 그 집이 우리의 필요에 적합한지 관찰하게 된다. 이 경우에 시찰(Besichtigen)에 관해서도 말할 수 있을 것이다. 우리가 어떤 사람과 대화할 때 놀라거나 또는 미심쩍거나 어떻든지간에 눈을 바라보는 경우, 우리는 그 사람을 응시하게 된다. 여기서도 우리는 직접적인 교제의 상황으로부터 출발하나, 이미 분명히 그러한 상황을 초월하여 나와 버린다. 왜냐하면 어떤 것이 잘못되었기 때문이다. 혹시나 단순한 그리고 모르기는 하지만 놀라운 응시와 어떤 것에 대한 시험적 시찰이라는 의미에서 명백한 자기 응시 사이를 더욱 구별할 수 있을는지 모른다. 그러나 이러한 구별을 계속 추구하는 것은 별 의미가 없다. 이러한 모든 경우는 다음과 같은 사실을 통해서 특징지어질 수가 있다. 즉 습관적인 태도의 방해나 또는 제기되는 불확실성도 우리가 지금까지 자명하게 여겨왔던 것을 우리에게 명백히 대상화하도록 우리를 강요한다는 사실이다. 삶의 관계는 해소되어 인식 관계로 전환된다. 하이데거의 표현 방식으로는 지금까지 손으로 잡을 수 있는 도구적인 것이 지금에 와서는 손 앞에 있는 현전적인 것이다.

이처럼 실천 자체의 욕구로부터 이론이 생긴다. 그러나 이론이란 여기서는 우리들이 오해할 수 있는 것과 같은 인식 자체로 인해 목적에서 벗어나 있는 인식, 소위 말해서 "순수 이론"을 의미하는 것이 아니다. 오히려 이론이란 실천에 봉사하는 것이고, 실천에 관계되어 있는 것이며 그리고 결국에는 실천으로 되돌아가는 것이다. 듀이에 있어서 방해가 제거되면 곧 의식이 물러서는 것처럼 이론 역시도 그 이론이 효과적인 행위를, 모르기는 하지만 좀더 높은 차원이라고 하더라도 회복하는 경우에는 그러한 의미를 실현하는 것이다. 이와같이 광범위하게 전개된 자연 과학까지도 자연 지배의 욕구로부터 발생하였고 또 기술이라는 형태를 띤 채 다시 자연의 지배로 되돌아간다. 모든 이론은 아직 많은 우회의 길이 있다고 하더라도 실천으로부터 나온 이론이고 실천을 위한 이론인 것이다. 이론은 결코 현실적인 주시의 자유에는 이르지 못한다.

□ 註 ━━━━━━━━━━━━━━━━━━

1) O.F. Bollnow, *Das Wesen der Stimmungen* (Frankfurt a.M., 1941), 1장 : Begriff und Methode der philosophischen Anthropologie, 13면 이하 참조.
2) E. Metzke, *Handlexikon der Philosophie* (Heidelberg, 1948), 319면.
3) I. Kant, *Kritik der reinen Vernunft*, B 147.
4) 같은 책, A 120.
5) E. Cassirer, *Philosophie der symbolischen Formen*, Dritter Teil : Phänomenologie der Erkenntnis (제 1판, Berlin, 1929/제 2판, Darmstadt, 1954).
6) 같은 책, 74면.
7) K. Koffka, *Die Grundlagen der psychischen Entwicklung*, 94면 이하 ; Cassirer, *Philosophie der symbolischen Formen*, 75면 이하에서 인용.
8) 같은 책, 79면.

9) 같은 책, 80면.
10) 같은 책, 같은 면.
11) 같은 책, 83면.
12) 같은 책, 86면.
13) 같은 책, 90면.
14) 같은 책, 130면.
15) O.F. Bollnow, "Zum Begriff der hermeneutischen Logik", in *Argumentationen. Festschrift für Josef König*, hrsg. von H. Delius und G. Patzig (Göttingen, 1964), 26면 참조.
16) K. Giel, "Studie über das Zeigen", in *Bildung und Erziehung*, 제 18 호 (1965), 182면 이하. 또한 O.F. Bollnow, u.a. *Erziehung in anthropologischer Sicht* (Zürich, 1969), 51면 이하, 53면 참조.
17) Bollnow, 같은 책, 65면.
18) Jean Paul, *Levana*, §131, *Sämtliche Werke. Historisch-kritische Ausgabe*, 1. Abteilung (Weimar, 1937), 제 12 권, 363면.
19) Cassirer, *Philosophie der symbolischen Formen*, 133면.
20) 같은 책, 131면.
21) 같은 책, 332면.
22) W.von Humboldt, *Gesammelte Schriften*, hrsg. von d. Königlich Preußischen Akademie der Wissenschaften, 제 7 권, 60면.
23) Cassier, *Philosophie der symbolischen Formen*, 5면.
24) 같은 책, 18면.
25) E. Cassirer, *Was ist der Mensch? Versuch einer Philosophie der menschlichen Natur*, übers. von W. Krampf (Stuttgart, 1960), 39면.
26) Cassirer, *Philosophie der symbolischen Formen*, 6면.
27) 같은 책, 5면.
28) Cassirer, *Was ist der Mensch? Versuch einer Philosophie der menschlichen Natur*, 263 면.
29) A. Gehlen, *Der Mensch. Seine Natur und seine Stellung in der Welt* (Berlin, 1940), 171면.
30) 같은 책, 65면 이하 참조.
31) K. Lorenz, *Über tierisches und menschliches Verhalten. Aus dem Werdegang der Verhaltenslehre. Gesammelte Abhandlungen* (München, 1965), 제 2 권, 138면. 인간 행동을 이해하는 경우 개별 특징에 대한 생득적인 요구와 복잡한 성질에 대한 얻어진 요구라는 양자 택일이 나에게 문제가 된다. 겔렌의 "면책"(Entlastung) 이론은 적어도 인간에 있어서는 경험을 통하여 획득된 최소한의 성격에 대한 요구 역시 존재한다는 사실에 대단히 긍정적으로 말하는 것처럼 보인다―어떻게 이러한 파악이 실험적으로 잘 보장

된 형태 심리학의 결과에 관계하는가 하는 물음은 모르기는 해도 다음과 같이 답할 수 있을 것이다. 즉 거기서는 진정한 지각의 상황이 중요한 것이 아니고, 시각적인 파악과 청각적인 파악의 별종적인 방식이 중요하다는 사실이다. 이러한 것이 여기서 대변하는 의미에 있어서 어떻게 지각에 관계하는가 하는 것은 아직 별도로 논구되어야 하는 것이다.

32) A. Gehlen, *Der Mensch*(Frankfurt a.M., 1971), 166면 이하. 겔렌의 상징 개념은 여기서 논의의 대상이 되지 않는다. 그 밖에 우리는 겔렌에 있어서 여러 가지가 어떻게 구별되지 않은 채 총괄되는지를 더욱 상세하게 추구하지 않으면 안 된다. 다시 말하면 내가 전체를 인식하는 분리된 징표(태도 연구의 시도에 있어서 논구되었음과 같이)와 내가 한 대상의 "참된" 형태를 파악하는 관점적으로 "왜곡된" 견해(훗설이 《논리연구》(*Logischen Untersuchungen*)에서 모범적으로 논구한 것과 같이)인 것이다.

33) 같은 책, 171면.

34) 같은 책, 169면.

35) 같은 책, 221면.

36) 같은 책, 166면.

제 5 장

직 관

1. 인식의 기반으로서의 직관

그러므로 이러한 응시(Ansehen)와 관찰(Betrachten)은 언제나 이미 일정한 기대에 따라 행하여진다. 우리가 어떤 것을, 즉 그 사용 가능성이나 또는 저지 가능성 등을 응시하는 그러한 것이 미리 처음부터 우리가 파악하고 있는 범주를 규정한다. 그러므로 우리는 여기서도 우리의 삶에 연관되어 이해되고 해석된 세계 내에 존재한다. 우리는 오직 내면으로부터 세계의 한계에 부딪치게 된다. 그러므로 우리는 여기에서도 경험주의적인 이론에 따라 처음부터 있어야 했던 그러한 직관에, 다시 말하면 순수하고 사심 없는, 특히 어떠한 해석으로부터도 아직 변형되지 않은 그리고 아마도 이미 위장되어 있을 수도 있는 그러한 직관에 이르러서는 안 된다. 아니 직관은 이로써 세계로부터 창조되지는 않는다. 이러한 직관은 먼저 주어져 있는 모든 개념을 충족시키고 그로써 그러한 개념에다 비로소 내용을 부여하는 것으로서 존재한다. 여기에서 칸트적 명제인 내용 없는 사상, 즉 직관 없는 개

114

념은 공허하다[1]는 사실이 가능하다. 그러므로 중요한 것은 삶의 연관성과 인식의 연관성에서 직관의 기능을 규정하는 일이고, 이로부터 직관의 본질을 더욱 구체적으로 파악하는 일이다.

전통적인 인식론으로 보아서는 이러한 것이야말로 어떤 심각한 문제도 아닌 것이다. 직관은 자명한 것으로서 단초에 존재한나. 직관은 그 이후의 모든 인식이 출발하여야 하는 확실한 기반을 제시하여 준다. 직관은 인간 인식의 최초의 작용 능력이고 가장 단순한 작용 능력이다. 왜냐하면 모든 인식은 직관과 더불어 시작되고, 그러한 직관으로부터 개념과 개념의 결합을 가능하도록 하기 때문이다. 잘 알려져 있는 한 예를 들기 위하여 우리는 칸트(I. Kant)의 《순수 이성 비판》(Kritik der reinen Vernunft) 서두에 있는, 즉 체계적 서술이 시작되는 첫 문장을—서설 다음에—기억할 필요가 있다. 즉 "인식이 어떠한 방식으로 또한 어떠한 수단을 통해서 언제나 대상에 관계할 수 있다면, 인식이 대상과 직접적으로 관계를 가지며, 모든 사고가 수단으로서 목표로 하고 있는 것은 **직관**이다. 그러나 직관이라는 것은 대상이 주어지는 때에만 성립한다. 그런데 또 대상이 우리에게 적어도 우리 인간에게 주어진다는 것은 대상이 어떠한 방식으로든지 심성(心性)을 촉발함으로써만 가능한 것이다. 우리가 대상에 의하여 촉발되는 방식 여하에 따라서 표상을 받아들이는 능력을 감성이라고 부른다. 이와같이 감성을 통해서 대상이 우리에게 **주어진다**. 그리고 감성만이 우리에게 **직관**을 제공한다. 그러나 오성을 통해서는 대상이 **사고되며** 오성에게서 **개념**이 발생한다. 그러나 모든 사고는 직접적으로든 그렇지 않으면 어떤 징표에 의하여 간접적으로든 결국은 직관과, 따라서 우리의 감성과 관계를 갖지 않을 수 없는 것이다. 왜냐하면 그밖의 다른 방식으로 대상이 우리에게 주어질 수는 없기 때문이다."[2] 여기서 우리는 이 한 절을 대단히 상세히 그대로 인용하였다. 왜냐하면 이 속에 전통적인 근본 개념들의 관계가 아주 명백하게 요식화되어 있기 때문이다. 모든 인식은 직관에서 시작되지 않으면 안 된다. 그래야 직관으로부터 개념이 성립하게 된다. 직관은 아직 개념적으로

파악되지 않은 인식의 원재료이고, 그러한 원재료를 처리하기 위하여
개념적인 틀을 필요로 한다. 그러므로 "개념 없는 직관은 맹목적이
다"[3]라고 하는 유명한 요식화가 가능한 것이다.

　그래서 교육학은 직관으로부터 출발하는 것을 확실한 지식을 전달
하는 교수법의 근본 원리로 삼았던 것이다. 이와같이 한 예를 들기
위하여 페스탈로치 (J.H. Pestalozzi)는 "모든 수업의 형태를 인간 정신
을 감성적 직관으로부터 명백한 개념으로 높이는 영원한 법칙하에 종
속시키고자"[4] 한다. 그가 언제나 되풀이해서 강조한 것은 "직관이란
모든 인식의 절대적인 기반이라는 사실이고, 다른 말로 하면 각각의
인식은 직관으로부터 출발하여 직관에로 되돌아가지 않을 수가 없
다"[5]는 사실이다. 그래서 이러한 원칙에 근거한 현대의 직관적 수업
에서는 잘 알려진 대로 확실하고 발전적인 인식의 진행이 가능한 것
처럼 보이기도 한다. 무엇보다도 먼저 중요한 것은 기반, 즉 직관이
확실하게 기초하고 있다는 사실이다. 이러한 모든 것이 너무나 단순
하고 확신적이므로 거기에 아직 문제가 있을 것이라고는 전혀 생각할
수가 없는 것이다.

　그러나 우리가 미리 처음부터 신뢰하고 있는 그리고 어떠한 방식으
로도 이미 언제나 이해되어 있는 세계 속에서 활동하고 있다는 사실
을 인식하는 즉시 처음부터 그러한 발단 명제의 바탕이 상실되고 만
다. 우리는 "손으로 잡을 수 있는 도구적인" 사물을 사용할 줄 앎으
로써 그러한 사물을 이미 언제나 어떻게든 이해하였던 것이고, 이것
은 전통적인 이론에 따라 단초에 존재해야 했던 그러한 것으로는, 즉
순수하고 사심 없는 직관으로는 결코 도달하지 못할 그러한 것이다.
우리는 직관을 이미 언제나 어떤 방식으로든 뛰어넘어 왔던 것이다.

2. 근원으로의 회귀로서 순수 직관적 작용의 발현

　그러므로 직관이 인식의 단초에 존재하지 않는다면, 어떤 방식으로

직관은 우리에게 근원적으로 소여되어 있는지 그리고 어떤 방식으로 직관은 인식 과정에 포함될 수 있는가 하는 물음이 생기게 된다. 우리는 다시 한번 지각에 대한 상론(詳論)의 결과를 주시하는 것이 가장 바람직할 것이다. 거기에서 제기되었던 것은 실천에 관계된 이론이 결코 순수한 관점의 자유에 도달하지 않는다는 말이었다. 우리는 인식 이론적인 설명의 절차적인 상황으로부터 벗어나기 위하여 언어의 주도력을 신뢰해 볼 필요가 있다. 왜냐하면 언어는 직관의 개념을 사용하거나 또는 더욱 바람직하게는 완전하고 미적인 의미에서 파악된 "직관하다"의 동사로서, 다시 말하면 개방적이고 또 실천의 모든 욕구로부터 벗어나서 바라봄으로써 직관의 개념을 사용하기 때문이다. 그래서 이러한 것은 인간 정신의 가장 심오하고 가장 행복한 경험들 중의 하나임을 말해 주는 것이다. 언어는 보다(Sehen)와 바라보다(Schauen)를 대단히 엄격히 구별한다. 무차별적으로 사용되고 또한 종종 단순히 깨닫게만 하는 데 일역을 하는 "보다"에 반하여 "바라보다"는 목적으로부터 벗어나서 대상에 대하여 열려 있는 관찰일는지도 모른다. [6] "아름다운 정원의 장식을 바라보라." "나는 그대들로부터 시선을 돌릴 수가 없네, 나는 그대들을 언제나 바라보지 않으면 안되네!"라고 프레릭레트(F. Freiligrath)의 "이주민"에서 게르하르트(P. Gerhardt)는 말하고 있다. 사랑하는 사람은 연인의 얼굴 모습을 바라보는 데 몰입하게 된다. 어디에서나 이와같은 태도는 늘 있다. 즉 사람은 직관 속으로 몰입하게 된다. 몰입된다는 것은 사람이 자기 스스로와 자기 삶의 목표를 망각하여 버린 채 자신의 습관적인 일상 생활을 떠나 오직 직관된 대상에다 자기를 맡겨 버리는 것을 의미하는 것이다.

그러나 이러한 직관은 발전의 단초에 자명한 것처럼 존재하는 것이 아니고, 명백한 비약 속에서 비로소 좀더 고차적인 작용 능력으로서 획득되어야 하는 것이다. 인간은 오직 눈을 뜰 필요가 있고 그래서 주위의 사물을 단순히 직관할 수 있을 것이라는 상정은 분명한 과오인 것이다. 앞에서 고찰한 바 있는 의미에서 자기를 응시한다는 것도 아직은 바라본다는 직관 작용이 아니다. 일상 생활 속에서 시각은 이미 "운영"(Betrieb)에 사로잡혀 있음으로써 언제나 제약되어 있는 것이다. 사람은 사물을 이용할 줄도 알고 사용할 줄도 안다. 사람은 분명히 일상적인 사업과 혼융되어 있다. 사물을 직관하기 위해서는 완전히 어떤 다른 것이 필요하다. 이를 위해서 사람은 일상적인 생활의 운영에서 벗어나야 하고 사물에 관해서는 어떠한 것도 요구해서는 안 된다. 그래야 자유롭게 그리고 사심 없이 사물에 몰입하여 오직 사물만을 직관할 수 있는 것이다. 이것이 실천적 생활의 욕구로 인해 출현하게 되는 기적인 것이다.

　이러한 직관은 아마도 근본적으로 인식하는 태도가 아니라 미적인 태도일 것이다. 다시 말하면 인간은, 세계에 대한 미적 태도가 인간 속에서 출현하게 되는 순간에 직관으로 고양된다는 말이다. 오직 직관 자체가 충분히 심층적으로 이해되는 경우, "미학"(Ästhetik)이라는 말 속에 작용하는 근원적인 말의 의미는 사람들이 일반적으로 받아들이고 있는 것보다 더욱 심층적인 의미를 가지고 있다. 그래서 미적인 요소는 그 후에 직관에 첨가되는 그 어떤 것이 아니다. 단순한 감성적인 직관이 그 자체로 이미 미적인 것일지는 모른다. 잘 알려져 있는 숲에 관한 예를 들어 보자. 산림 관리인, 목재 상인, 산책인, 군인, 위생인 등 이들 모두는 숲을 자기네들의 직업에 맞추어서 받아들인다. 그들이 숲을 통과해서 갈 경우 그들은 많은 것을 주시하게 된다. 즉 지주목(支柱木)은 햇빛을 많이 받아야 한다든가, 나무는 건축 자재로서 이용될 수 있어 확실한 투자 가치를 약속해 준다든가, 더운 날씨에는 서늘한 음지를 마련하여 준다든가, 큰 숲은 엄호 역할로서 기여할 수 있다든가 그리고 소위 말하는 오존이 풍부한 공기가 인간의 건강에 좋다는 것 등이다. 이러한 모든 것은 지각된 것을 삶의 연관성에다 관계시키거나 또는 그렇게 지각된 것 일반을 삶의 연관성의 관점에서만 참으로 받아들인다. 삶의 연관성에서 의미 없는 것은 제외하여 버린다.

　그러나 석양이 지평선 이면으로 사라져 가고, 황금빛의 먼동이 틀

때, 갑자기 사람은 그 자리에 그냥 서서 1평방미터의 목재 값이 얼마라는 생각, 식목과 벌채를 해야 한다는 생각 또는 도달해야 하는 산책의 목표와 어떻게 길을 가야 하는가 하는 물음을 모두 잊어버린 채 공백 상태에 빠져 있는 것처럼 느끼게 되는 사실이 생길 수 있다. 이러한 것은 얼마나 아름다운가! 바로 이 순간이 식관이 내어나는 시점이다. 바로 지금 이러한 시각에 지각은 언제나 이미 주도하여 왔던 일체의 지식으로부터 해방되는 것이고, 태도를 지배하는 최소한의 특징이 있는 구속성으로부터 해방되는 것이며 그리고 대상의 풍부한 감성적 성질에 대하여 자유롭게 되는 것이다. 세계는 갑자기 어떠한 인간의 목적적 사고에도 오염되지 않은 천지 창조의 첫날에 있는 것처럼 여기에 존재한다. 이러한 순수 직관에는 어떤 경이스러운 것이 들어 있다. 이와같은 어떤 것이 플라톤에 있어서는 경이로서 나타났던 것이다.

3. 교수와 예술을 통한 직관으로의 회귀

우리는 서술을 해오는 동안 언제나 되풀이해서 제기되었던 연관성을 여기서 고찰하지 않으면 안 된다. 즉 순수 직관이 단초부터 존재하지는 않는다. 순수 직관은 인간 스스로가 힘을 돋구어야 하는 고차적인 작용 능력이다. 그럼에도 불구하고 순수 직관은 인간의 근원적인 심신 상태이다. 인간이 사물과의 배려적인 교섭 가운데 있을 때, 인간이 이미 언제나 "뛰어넘었던" 것은 지금에 와서는 직관에서 만회하게 되는 것이다. 인간이 사물을 인간의 실천적인 세계에로 끌어들여 그러한 세계 내에서 사물을 조작하기 이전에 근원적인 순수성 내에서 사물이 존재하였던 그대로 인간에게 소여되어 있는 그 단초에로 인간은 되돌아간다. 그래서 바로 여기에서 인간 자신은 자기 본질의 근원으로 되돌아가게 되고, 충만한 세계에 대하여서도 발랄한 개방 존재 (Offensein)로 되돌아가게 되는 것이다.

그러므로 문제는 직관의 이러한 근원성이 그 자체로 단초에 존재하는 것이 아니고, 언제나 이미 뛰어넘어 있으며 그리고 회귀하는 가운데에서만 또한 삶의 "자연적" 전개에 대한 반대 운동에서만 획득될 수 있다는 사실이다. 그러므로 직관은 비밀리에 이미 언제나 일어났던 것을 그리고 불분명하고 간접적인 방식으로 이미 언제나 이루어진 것을 제거하여 버린다. 이것은 곧 불유쾌한 상황을, 즉 세계와의 실천적인 교섭이 필연적으로 제 1의 것이라는 사실, 그러나 그 속에 이미 언제나 본래적으로 사전에 일어났을 수도 있는 어떤 사용에 의해 이루어진다는 사실을 밝힌다. 이미 언제나 뛰어넘어서는 그러한 근원이 지금 순수 직관 내에서 빛을 보게 된다. 그래서 이러한 직관은 지금 대단히 탁월한 의미에서 "순수"이다. 다시 말하면 욕구성의 탁한 앙금으로부터 맑아진다는 의미에서 "순수"인 것이다.

그래서 윤리적인 측면으로도, 더욱 구체적으로 말해서 인간의 전체 삶의 심신 태도로부터 제시될 수 있는 것은 인식의 측면에서 확정된다. 즉 인간은 그러한 성질로 되어 있고, 가장 본래적인 본질을 은폐된 근원에로 회귀하는 가운데에서 비로소 획득할 수 있으며 그리고 그러한 "근원"은 결코 시간적인 의미에 있어서 단초에 존재하는 것이 아니고, 먼저 주어져 있는 "비본래적인" 상태에 대한 분명한 반대 운동 내에서 비로소 획득되어야 한다는 사실이다. 이러한 것을 교육의 영역에서는 프뢰벨(F.W. Fröbel)이 아주 명백하게 인식하였다. 근원에로의 회귀는 그의 전체 교육학의 근본 사상이다. 이것은 아동 교육에 있어서 뿐만 아니라 아이들을 올바르게 교육하는 성인들 자신이 다시 젊어지게 된다는 사실도 그러하다. [7] 이것은 그 밖에 루소(J.J. Rousseau) 이후 문화 비판의 근본 사상이기도 하다. 즉 인간은 직선적인 진보에서가 아니고, 인간의 본질 근원으로서 파악된 단초에로 끊임없이 회귀하는 가운데서만 자신의 가장 내면적인 본질을 실현한다[8]는 사실이다.

그래서 이러한 것은 지금에 와서는 윤리적이거나 또는 문화 철학적인 물음일 뿐만 아니라, 인식 역시 근원에로의 운동에 함께 포함되어야 한다는 사실이 직접적으로 인간 전체에 관계하는 물음으로 되는 것이다. 여기에서 인식 문제는 궁극적인 의미에서 윤리적인 문제로 되고, 바로 직관이 그 양자가 직접적으로 연관되어 있는 장소를 제시하여 준다. 순수 직관에 헌신하는 가운데에 인간 자신은 그와 동시에 자신의 가장 내면적인 본질 속에서 변화된다. 그리고 직관은 인간이 직관할 수 있도록 눈을 뜨게 할 필요가 있는 자명한 증여로서 인간에게 소여되어 있는 것이 아니고 긴장하는 작용 능력 내에서 비로소 획득되어야 하는 것이다. 이러한 것을 길(K. Giel) 교수는 교수적(教授的) 문제로서 확신하면서 연구하였다. 그래서 다음과 같은 물음이 가능하게 된다. 어떻게 이러한 것이 철저한 내적 전환을 요구하는 작용 능력을 달성하는가? 어떻게 인간이 순수 직관에 도달하는가?

인간이 자신의 힘으로 순수 직관을 그러한 고도의 경지로 끌어 올리기란 쉽지 않다는 것은 숙명적인 것이다. 대단한 실존적인 충격 역시도, 즉 불안과 절망 그리고 일반적으로 압박하여 오는 위기감 역시 인간을 그러한 경지에까지 이르게 하지는 못하였다. 이러한 것들은 인간을 가장 자기적인 실존의 내면성으로 되돌아보게 하였고, 인간 삶 속에서 인간에 관계하는 본질적인 것을 비본질적인 것과 구별하게 하였다. 그러나 그러한 것들이 인간을 전적으로 자기 자신만을 되돌아보게 함으로써, 밖으로 향하는 개방적인 직관 작용에 대한 자유로운 시각을 제공하지 못하였고, 더구나 역으로 그러한 시각을 바로 저해하였던 것이다. 여기에 대해서 아주 다른 심신의 태도가 필요하다. 그것은 인간이 자신의 사업에서 벗어나오는 한가함과 청정심(淸淨心)*인 것이다.

이 자리에서 길 교수는 새롭게 시도하였다. [9] 그가 교수학(Didaktik)의 인간학적 논거로 전개하였던 개척적인 사상은 좀더 일반적인 의미에서도 직관의 이해와 인간 삶 속에서 그러한 직관의 기능에 대한 이해를 촉진시킬 수가 있는 것이다. 그러므로 바람직한 것은 그 자신의 고찰로부터 출발하는 일이다. 전통적인 직관 교육의 형태는 사실상 지속 불가능하게 된 아주 오래된 교수학의 한 단편에 불과하

다. 일상 생활에서 직관은 결코 단초에 존재하는 것이 아니고 언제나
이미 실천적인 교섭의 습관성에 있는 것이기 때문에, 수업 역시 단순
히 직관으로부터 출발할 수가 없다. 그러나 수업은 충분히 교육적인
기술을 가지고 직관에 이르도록 하는 과제를 가지고 있다. 그러나 우
리가 아이들에게 사물을 가져다 주었을 때 그들이 사물을 취급하고
그것과 교섭하는 방법을 배우는 것은 직관에 이르게 하는 데에는 별
로 도움이 되지 않는다. 이러한 모든 것은 분명히 중요하나 단지 그
것은 기술적인 생활 관리의 차원에서만 이루어지는 것이다. 우리가
그러한 것을 초월하여 진정한 직관에 이르고자 한다면, 아이들로 하
여금 단순히 사물을 취급하게 하는 방식으로는 충분하지 않다. 우리
는 아이들이 자신의 손으로 직접 사물을 취급하도록 하지 않으면 안
된다. 그래서 아이들은 교섭의 습관성으로부터 벗어나서 진지하게,
모든 정성을 다하여 오직 직관하는 것을 배우고 또 결코 단순하게 단
초에는 존재하지 않았던 세계 관계의 순수 근원에로 회귀하게 된다.
우리는 그러한 세계 관계의 순수 근원을 언제나 이미 초월하여 회귀
하는 노력 가운데에서 비로소 다시 획득해야 한다. 우리가 아이들을
그들의 습관적인 현존재의 성숙성으로부터 벗어나게 하여 직관의 근
원적인 원천에로 회귀하도록 함으로써, 우리는 아이들로 하여금 아이
들의 천성을 비로소 각성하도록 하지 않으면 안 된다. 이러한 연관성
속에서 비로소 교수학은 인간성을 쇄신하는 힘으로서의 궁극적인 위
엄을 획득하는 것이다.

그래서 여기에서도 예술의 생활 의미가 조정될 수 있다. 즉 쇼펜하
우어 (A. Schopenhauer)의 말에 따르면 일상적인 인간은 "자연의 수많
은 산물"을 직관할 수 없지만 예외적인 인간 즉 천재는 그것이 가능
하며 또한 그 천재의 중재를 통해서 일상적인 인간에게도 그렇게 달
성될 수 있다. 쇼펜하우어는 자기 철학의 특수한 전제에 결부된 방식
에서 인간이 어떻게 일상적인 의지의 노예로 살아가고 어떻게 예술가
가 그러한 노예성으로부터 마침내 벗어나서 이념의 순수 직관에 이르
는가를 그리고 어떻게 예술가가 자신의 서술 또는 예술 작품을 통해

서 일상인으로 하여금 일상인의 힘으로서는 이룩할 수 없는 순수 직관의 고도의 상태에로 이르게 하는가를 매우 심오하고 확실하게 전개하였다. 그래서 그가 예술 작품 속에서 직관하였던 것을 그는 위와 같은 의도하에 자연 속에서도 재발견할 수 있었다. 다시 말하면 자연을 미적으로 관찰할 수도 있었다는 말이다. 이러한 것은 쇼펜하우어 철학의 특수한 전제(플라톤의 이데아에 대한 관계)와는 별도로 예술의 삶 기능을 일반적으로 표현하는 것이고, 예술에서 이루어지는 작품을 통해서 인간에게 세계의 순수 직관을 가능하게 하는 기능을 표현하는 것이다.

우리는 여기에서(그러한 것을 다시금 길 교수가 인상 깊게 주의를 환기시켰다) 직관과 묘사의 밀접한 교차를 인식하지 않으면 안 된다. 예술 작품 속에 들어 있는 묘사에서 마침내 우리는 현실의 직관을 배우고, 형상 속에서 비로소 사물 자체를 보는 것을 배운다. (직접적으로 개념 이전의 직관 또는 더욱 적절하게는 개념 없는 직관에로 도달하기 위하여 언제나 이미 전에 이용된 개념을 가진 언어적 서술이라기보다는 오히려 우리로 하여금 개념의 중간 세계를 뛰어넘도록 하는 형상적 묘사의 이유를 우리는 고찰할 수도 있다.) 우리는 그러한 묘사에서 언제나 이미 전체를 파악하기 때문에, 그 묘사는 우리가 겔렌과 연관해서 상징적인 단순화, 즉 부분을 가지고 전체를 표현하는 원리(das pars-pro-toto-Prinzip)라고 명명하였던 것을 어느 정도로 지양하고 있다. [10] 예술가의 묘사는 병렬적인 것을 자신의 전적인 풍부성에서 전개함으로써, 그리고 우리가 일상적인 교제에서 간과하였던 모든 것을 우리로 하여금 사물에서 보게 함으로써, 그러한 상징적인 단순화의 과정을 지양하여 버린다. 여기에서 예술가의 묘사 자체가 직접적인 접촉을 방해하는 은폐적인 도식주의로 다시 전위될 수 있다는 사실은 더 이상 들어갈 수 없는 다른 측면인 것이다.

이러한 관계는 시각적인 영역에서, 특히 미술에 있어서 가시 가능한 세계에 대한 묘사에서 가장 잘 밝혀진다. 미술의 작용 능력은 인간의 눈앞에 순수한 형상을 제시함으로써 인간을 다시 순수 직관의 상태로 옮겨 놓을 수 있는 것이다. 바로 인상주의가 그러한 시각의 위대한 일파이다. 현대의 화가는 보는 것만을 그리기 위하여 그들이 세계에 관해서 알았던 모든 것을 잊어버리는 것이 중요할 것이라는 사실을 자신들이 언제나 되풀이해서 말하고 있다. 그래서 마티즈(H. E.B. Matisse)는 예술가란 자신이 처음에 볼 때와 같이 "모든 것을 보아야 한다"고 강조한다. "우리는 우리가 아이로서 세계를 응시한 것처럼 살아가는 동안 그렇게 볼 수 있어야 한다."[11] 그리고 이와 유사한 것은 세잔느(P. Cézanne)에 있어서도 마찬가지이다. 즉 "아무런 사심 없이 자연으로 접근하는 것이 얼마나 어려운가! 새로 태어난 아이처럼 볼 수 있어야 한다."[12] (왜냐하면 일반적으로 우리는 개별적인 것에서 나타나는 대로 사물을 보지만 시각적으로 우리에게 주어진 것을 보는 것이 아니고, 우리가 사물에 관해서 알고 있는 것을 보기 때문이다.) 그래서 그 이후 우리는 모든 것을 인상주의자들에게서 보는 시각을 배웠고, 그 학파 내에서 우리는 우리들의 지각을 "승인해 주는" 지식으로부터 우리 자신을 해방시켜 진정으로 보게 되었다. 여기에서 우리는 일상적인 삶 속에서 선행하는 이해를 통해서 언제나 이미 뛰어넘어서는 순수 직관의 근원으로 회귀하게 되었다. 여기에서도 인간의 본질 속에 깊숙이 뿌리를 내리고 있는 연관성이 다음과 같은 사실들을 입증하고 있다. 즉 구원은 자명한 것으로 처음부터 현전하는 것이 아니고, 명백한 노력에서 비로소 자유롭게 되어야 하는 것이며, 인간은 자신의 가장 내면적인 본질을 근원으로 회귀하는 가운데 비로소 실현시켜야 한다는 사실이다.

문학에서도 이러한 것은 유사하다. 만일 우리가 독일어에 내포되어 있는 의미의 가능성을 사용하여 "본다"(sehen)는 말을 현실 파악을 위한 좀더 일반적인 의미에서 사용하는 경우, 우리는 문학 역시 우리로 하여금 보는 것을 가르친다고 말할 수 있을 것이다. 우리는 먼저 가시 가능한 세계의 영역에서 그러한 것을 생각하여 보자. 예를 들어 니체(F.W. Nietzsche)의 "베니스"(Venedig)나 트라클(G. Trakl)의 "잘츠부르크"(Salzburg)에 대해, 즉 오랫동안 알고 있던 도시의 문학적인

124

묘사는 우리로 하여금 무엇을 파악하게 하는가? 이것은 시(詩)를 통해서 눈이 보도록 자유롭게 되는 것처럼 보인다. 그러므로 일상 생활 속에서 억압되어 깔려 있던 그러한 것이 지금에 와서는 자유롭게 된 것이다. 우리는 여기에 서서 감지하게 된다. 참으로 나는 그러한 것을 근본적으로 언제나 알았지만, 시를 통해서 비로소 그것이 나에게 분명하게 되는 것이다. 이러한 것은 내가 "미몽(迷夢)에서 깨어나는 것과 같은 것"이다. 오직 여기서는 시각적 표면이라기보다는 기분의 내용과 그러한 기분의 내용 속에서 나타나는 본질 인식이 존재한다. 그래서 일반적으로는 다음과 같다. 인간의 감정, 인간의 태도와 인간의 충돌, 인간의 삶에서 오는 모든 사건이 우리에게는 시인의 말 속에서 가시 가능하게 된다. 시인의 작용 능력에서 비로소 우리는 현실에서와 똑같은 것을 다시 발견한다. 우리는 접근 가능한 충만성을 통해서 더욱 풍부하게 된다. 그러므로 이러한 것이 문학으로부터 나오는 본래적인 희열이다. 일상의 일에 사로잡혀 있는 우리의 시각을 벗어나게 하는 순수하고 깨끗하며 영원히 신선한 현실에 대한 경건한 경탄을 시인은 우리에게 언제나 되풀이해서 가르치고 있는 것이다.

4. 현상학

이 단락은 미술 및 문학과 함께 그 이상의 것으로서 올바른 직관을 인간에게 중재하고 또한 현상학이라고 하는 이름 아래 종합된 철학적 사조를 말하는 수단을 밝힌다. 이러한 철학적 영향은 앞에서 언급한 예술과도 같이 그렇게 광범위하게 영향을 끼칠 수 있는 것이 아니고, 철학 전공자들이라는 비교적 좁은 범위에 한정되어 있는 것이다. 반 덴 베르크(J.H. van den Berg)가 "시인과 화가는 천성적인 현상학자들이다"[13]라고 말하였다면, 그는 깊고 내적인 상호 유사성을 지적하고자 한 것일게다. 만일 우리가 현상학이라고 하는 말을 특정한 학파에 한정하여 사용하지 않고 일반적인 의미로 받아들인다면, 우리는 그것

을 대상 자체를 알기 위하여 모든 선입견과 함께 수반되어 있는 이론
으로부터 벗어나 시각을 자유롭게 하고자 하는 노력이라고 이해할 수
있을 것이다. 그래서 셸러(M. Scheler)는 다음과 같이 현상학을 규정
하고 있다. "현상학은 '소여'를 어디에서나 가능한 한 간단히 선판단
없이 그리고 순수하게, 가능한 한 직관에 아주 가깝게 가져오고자 하
는 것이다. 그래서 그러한 소여를 현상학적 환원을 통하여 그 본질로
고양시키는 데 있다."[14] 그리고 이와 유사하게 하이데거(M.
Heidegger)도 그가 "자기 자신으로부터 자신을 제시함과 같이 자신을
제시하는 그것을 그 자신으로부터 보게 하는 것"[15]이라고 하는 한 문
장으로 요약하여 현상학의 일반적인 본질을 말하고 있다면, 그러한
견해를 받아들이고 있는 것이다. 이 문장 속에 아주 똑같은 노력이
표현되어 있다. 우리는 즉 사물이 사물 자체로부터 스스로를 제시하
고 있는 본래 그대로 사물을 이해하지 못한다. 왜냐하면 우리는 사물
을 언제나 이미 함께 수반되어 있는 태도와 이론의 테두리 내에서 보
기 때문이다. 사물을 그러한 사물 자체로 순수하게 보도록 하기 위해
서는 참으로 힘든 순화의 과정이 필수적이다. 이러한 목적을 위해서
현상학자들은 서술의 특별한 기술과 분화된 시각의 기술 그리고 구별
의 기술을 전개하였다. 사물들이 어디에서 동일하다고 하는 것보다는
사물들이 어디에서 구별되는지를 보는 것이 더욱 중요하다. 가이거
(M. Geiger)는 "이외는 아무것도 아님의 원리"(Prinzip des Nichts-
anderes-als …)[16]에 관해서 말하고 있다. 이러한 것을 우리는 지금의
이러한 연관성에서 받아들일 수 있을 것이다. 이것은 세계 극복을 단
순화하는 수단이다. 다시 말하면 눈앞에 있는 현상의 특수성을 뛰어
넘어 가능한 한, 전에 알고 있던 어떤 것으로 되돌아가는 것이다. 그
래서 특히 여기서는 이론적인 해명에 대하여 바라봄(Schauen)의 의미
영역으로부터 유래하는 표현이 등장하게 된다. 즉 셸러는 소여된 것
을 "가능한 한 직관 가까이에까지 밀착시키고자" 하였고, 하이데거는
그러한 것을 "자기 자신으로부터 보게 하였으며" 그리고 훗설(E.
Husserl)은 "본질 직관"에 관해 언급하였다. 그러므로 어디에서나 시

각적인 바라봄의 개념들이 바로 그러한 것이었고, 그래서 비유적인 의미에 있어서도 대상의 정신적인 파악에 적용되는 것이다. 바로 여기에 현상학의 본질이 들어 있다. 셸러는 현상학의 특징을 "새로운 철학적 태도로서, 사고의 특정한 방식이라기보다는 **바라보는 의식**의 새로운 기술('Techne)로서"[17] 파악하고, 이러한 "의식 태도의 지속적인 연습"이 필요하다고 하였다. 왜냐하면 그러한 의식 태도가 자연인에게는 자연스러운 것이 아니기 때문이다. 그러므로 직접적이고 감성적인 직관은 대상의 정신적인 파악 역시 이해되는 모델로서 기여한다. 이러한 이행의 문제성은 우리가 아직 더 연구해야 하는 영역이다.

그러나 이전에 직접적으로 우리들의 현재 고찰과 연관되어 있는 또다른 문제가 있다. 셸러는 그가 인용한 문장에서 **현상학적 환원**을 언급하였다. 이러한 현상학적 환원이 근거하고 있는 것은 소여되어 있는 대상의 실재성 요소로부터, 즉 대상의 "현존재"로부터 도외시되어 있고, 훗설이 말하는 것과 같이 "괄호 속에 넣는다"고 하는 사실에 있다. 또는 셸러에서 보면 "현상학적 환원이란 모든 가능적인 대상의 대상 측면에서…대상의 우연적인 지금과 여기 현존재로부터 도외시되고 또 순수한 내용(Was), 다시 말하면 그 본질을 기대하게 된다는 사실에 있는 것이다."[18] 거기서 실재성 요소의 지양으로서 특징지어지는 것과 그와 동시에 "대상을 파악하는 지향적 작용"을 개개인의 정신 물리적인 생활 연관성에서 해결하는 것은 아마도 사물의 도구성 성격을 지양하는 것보다, 실천적 교제의 관심 의존도를 지양하는 것보다 그리고 그러한 의존으로 제약된 "부담 면책"을 지양하는 것보다 더욱 올바르게 이해될 수 있는 것이다. 그래서 그와 동시에 (대부분의) 현상학자들이 어떤 것을 플라톤화하면서 "본질" 또는 "이덴"(Ideen)의 파악이라고 명명하는 것을 우리가 근원적이고, 또 모든 은폐로부터 벗어나 있는 직관보다도 더욱 소탈하게 이해하는 것이다. 그래서 우리는 그러한 직관을 우리 자신의 연관성에서 직접적으로 받아들일 수 있을 것이다. 이때 현상학자들의 "환원"은 단순히 어떤 것을 도외시하는 것이나 이론적인 차원에서 무효화하는 것이 아니고, 환원이라고 하는 말의 엄격한 의미에서 환원하는 것, 다시 말하면 전체 인간을 그의 근원적인 직관의 힘으로 환원시키는 것이기는 하되 결코 그 자체로부터 주어지는 것이 아니고, 인간이 비로소 유도하여야 하는 인간의 직관에로 환원하는 것이다.

이것이 오직 그러한 측면으로부터만이 본래적인 의도가 파악되어야 하는 협의의 철학적 영역에서 본 현상학의 과제이다. 그러나 이러한 것은 일반적인 방식에 있어서는 예술의 과제이고, 특히 문학의 과제이다. 이러한 의미에서 우리는 바쉐라르(G. Bachelard)의 명제를 이해하고도 남는다. "철학자들이 시인을 독해(讀解)한다고 하더라도, 철학자들은 무엇을 배울 수가 있단 말인가 ! "[19] 그래서 자명한 것은 철학의 목적을 위해서는 철학자들뿐만이 아니고, 그 이상의 사람들이 필요하다는 것이다. 즉 사람들이 시인을 독해(讀解)한다고 하더라도, 사람들은 무엇을 배울 수 있겠는가 하는 것이다.

5. 결 어

이제 직관에로 환원함과 더불어 우리가 연구하고자 하는 것은 언제나 이미 이해된 우리들 일상 생활 세계를 통하여 자유로운 돌파구가 이루어지게 되었고 실천적 교제의 속박에 대하여 이제 플라톤적인 이론 또는 순수 관조의 근본 태도가 재발견되었다는 사실이다. 여기서는 해석학적 수행의 순환성이 깨어진 것처럼 보인다. 결국 더욱 확실하게 구축할 수 있는 확고한 바탕이 획득된 것처럼도 보인다. 그러나 그러한 것은 오해일지도 모른다. 언젠가는 보기 드문 순간에서 생기게 되는 직관은 삶이 최고로 상승하는 결과이다. 직관은 충만성의 순간에 비로소 연관되어 나타난다. 직관은 오직 언제나 새로 획득될 수 있는 것이고 또한 언제나 심오하게 획득될 수 있는 것이다. 그러나 직관은 확고한 소유로서 확보될 수는 없다. 직관은 우리가 언제나 심오하게 기반을 마련하고자 시도할 수 있는 원천이다. 그러나 직관은 우리가 어떤 것을 구축할 수 있는 어떠한 확고한 바탕을 제공하여 주지는 않는다.

이에 대해 직관의 가장 심오하고 충격적인 형태는 미적인 경험이다. 이러한 미적 경험은 그 자체로서 인식하는 태도 전체 영역을 타파하고 그러한 영역에 대립하여 완전히 새롭고 놀라운 자유를 개시하여 준다. 직관은 바로 모든 개념적인 파악을 타파하는 가운데 생기고, 참으로 선행하는 모든 요식 일반을 타파하는 가운데에서 생긴다. 그러나 문제는 그러한 것이 어느 정도로 그리고 참으로 새로운 형성의 "소재"로서 다시 사용될 수 있는지, 다시 말하면 참된 직관이 인식의 영역으로 넘어올 수 있는지, 그리고 인식의 영역을 위해서 유효하게 할 수 있는지 하는 것이다. 참으로 우리는 그러한 직관을 이덴 (Ideen), 즉 사물의 순수 본질성을 파악하는 연관성에 관계하게 되는 중요한 지적을 수용하지 않으면 안 될 것이다. 그러나 그러한 것은 아직도 상세한 설명을 필요로 하는 대단히 복잡한 연관성이다. 어떠한 경우에 있어서도 이 자리에서는 자명한 것으로 전제될 수 없는 것이다. 그래서 어떤 관계 속에서 그렇게 파악된 "사물의 고유한 본질" (Eigenwesen der Dinge)이 실천으로부터 나온 이론에 대하여 있는가 하는 것도 마찬가지로 미해결의 문제로 남겨 두지 않을 수가 없다.

그러나 우리는 이러한 모든 것을 잠정적으로 유보하여 두자. 왜냐하면 아직 다른 결정적인 한계를 고려할 수 있기 때문이고, 지금까지의 고찰에 대한 포괄적인 보충을 해야 하기 때문이다. 직관에로의 환원은 다음과 같은 이유로 우리들 인식의 전체를 논증하기란 불가능하다. 왜냐하면 우리가 직관이라는 개념을 진지하게 받아들일 때, 직관은 언제나 가시 가능하고 청취 가능한 세계와 우리들의 감성 세계를 파악할 수 있기 때문이다. 우리는 직관으로부터는 우선 (오해가 있다고 하더라도) 정신적 세계라고 부를 수 있는 것으로 향하는, 즉 도덕적·법적·종교적 관념의 영역으로 향하는 그리고 제도 속에서 객관화된 인간 공동 생활의 전체 영역으로서의 문화로 향하는 통로를 전혀 발견하지 못한다. 이미 문학을 통해서 현실이 어떻게 새로운 방식에서 가시적으로 되는가 하는 언급은 참으로 엄밀하고 본래적인 의미에서 그리고 순수 감성적인 직관의 의미에서 직관의 영역을 초월하여 버렸던 것이다. 우리는 여기서 그러한 감성적인 직관을 넘어서서 자기 심령의 심연에서 생기는 것으로 향하는 통로를 전혀 발견하지 못한다. 그래서 여기서도 마찬가지로 이러한 경우에 있어서는 모르기는 하지만 근원적인 체험이라고 명명할 수 있는, 아무런 생각 없이 받아들인 형식에 의한 돌파구와 경험의 기본적인 양식에 대한 돌파구가 존재한다면, 그러한 근원적인 체험을 너무나 근본적인 직관과 동일시하거나 또는 근원적인 체험을 직관에다 전적으로 포함시키고자 하는 것은 대단히 회의적이다. 왜냐하면 직관에는 본질적으로 존재하는 어떤 근원적인 체험이 결여되어 있기 때문이다. 그래서 이러한 길은 측량할 수 없는 심연의 다른 형태에 이르게 된다.

이와같이 직관은 인간 인식의 기능 연관성에 내포되어 있어야 하나, 단독적으로 그 자체를 위해 인식의 전체를 논증할 수는 없다. 오히려 역으로 직관에로의 환원은 우리가 무규정적으로 일반적인 개념을 조심하여 직관을 전적으로 구체적이고 감상적인 의미에서 취하면 취할수록 훨씬더 효과적으로 확정될 것이다. 이러한 것은 앞으로 고찰하는 가운데서 직관의 문제로 한정시키는 것을 다시 포기하고 더욱 확장된 문제 설정을 함으로써 첫 단초의 발단 명제에 다시 한번 연결하도록 해야 하는 것이다.

□ 註 ━━━━━━━━━━━━━━━━

1) I. Kant, *Kritik der reinen Vernunft*, B 75.

130

2) 같은 책, B 33.

3) 같은 책, B 75.

4) J.H. Pestalozzi, *Sämtliche Werke*, hrsg. von A. Buchenau, E. Spranger und H. Stettbacher(Berlin/Leipzig, 1932), 제 13 권, 103 면.

5) 같은 책, 307 면.

6) G. Bräuer, *Das Finden als Moment des Schöpferischen. Forschungen zur Pädagogik und Anthropologie*(Tübingen, 1966), 제 8 권, 37 면 이하.

7) O.F. Bollnow, *Die Pädagogik der deutschen Romantik*(Stuttgart, 1962), 222 면.

8) O.F. Bollnow, *Krise und |neuer Anfang. Anthropologie und Erziehung*(Heidelberg, 1966), 제 18 권, 13 면 이하 참조.
* eine ruhig und heiter gestimmte Seele를 청정심으로 번역하였다—옮긴이 주.

9) K. Giel, "Studie über das Zeigen", in *Bildung und Erziehung*, 제 18 호 (1965), 51 면 이하.

10) 같은 책, 65 면 이하 참조.

11) Bräuer, 앞의 책에서 인용, 79 면.

12) 같은 책, 79 면.

13) G. Bachelard, *Poetik des Raumes*, übers. von K. Leonhard(München, 1960), 22 면.

14) M. Scheler, "Die deutsche Philosophie der Gegenwart", in *Deutsches Leben der Gegenwart*, hrsg. von P. Witkop(Berlin, 1922), 200 면.

15) M. Heidegger, *Sein und Zeit*(Halle a.d. Saale, 1927), 34 면.

16) M. Geiger, "Alexander Pfänders methodische Stellung", in *Alexander Pfänder zum 60. Geburtstag*, hrsg. von E. Heller und F. Löw(Leipzig, 1933).

17) Scheler, 앞의 책, 199 면.

18) 같은 책, 같은 면.

19) Bachelard, 앞의 책, 238 면.

제6장

의 견

1. 정신적 세계로의 확장

우리는 이러한 연구가 진행되는 가운데 제기되었던 편협성에 대하여 이미 언제나 제기되어 있는 세계 이해와 삶의 이해에서 근원적인 발단 명제의 확장을 실현하기 위하여 다시 한번 고려하지 않으면 안 된다. 이 경우에도 매우 신중하게 일을 처리함으로써 미숙성을 피하는 일은 그리 어려운 일이 아니다. 이것은 우리가 계속 진행하는 과정을 다시 수용할 수 있기 이전에 당연히 밝혀야 했던 필연적인 문제들이었다. 그래서 결과적으로 그러한 것은 결코 우연한 것이 아니고, 인식을 논증할 경우 지각에서 출발하는 철학을 수백 년 동안 이끌어 온 사실 자체 내에 내포되어 있는 경향성이었던 것이다.

우리는 앞에서 고찰한 편협성을 두 단계에서 다시 취급하지 않으면 안 된다. 첫째, 우리는 방법적으로 결정하는 경우 지각에 대한 일면적인 정위를 지양해야만 한다. 개개의 지각은 단초로부터 미리 시작할 수 없다. 지각은 이해되고 해석된 세계의 전체에 처음부터 내포되어 있으며 또 그러한 세계로부터 이해되어지지 않으면 안 된다. 그러나 지각은 그 자체로부터 논거를 마련할 수가 없다. 뿐만 아니라 지각을 개시하는 세계는 (만일 우리가 지각이라는 말을 전통적인 의미에서 받아들인다면) 언제나 오직 가시 가능하고 청취 가능한 세계의 한 단면일 뿐이지, 결코 우리가 일상 생활 속에서 활동하는 전체는 아니다. 우리는 다시 한번 기억하기 위하여 이러한 것을 딜타이(W. Dilthey)에 관련시켜 우리 모두가 "포함되어 있는 공동체의 매체"로서 알게 되었고, 또는 우리가 먼저 포착하여 말할 수 있는 것처럼 객관적 정신 또한 객관화된 정신으로서 표현된 세계, 즉 그 자체로서 이해된 세계로서 알게 되었다. 우리는 인식 논거에 대한 시도를 하는 경우 다시 한번 그러한 이해된 세계를 아주 분명히 되돌아보게 되는 것이다.

이 자리에서는 먼저 연속적인 것으로서 하이데거(M. Heidegger)가 전개한 바 있는 일상적이고 배려적인 교섭의 세계 분석과 그 사용을 위해 준비되어 있는 도구의 세계 분석 그리고 도구 속에 주어져 있는 사태 연관성의 세계 분석을 고찰할 것이다. 그래서 우리는 습관적인 교섭의 방해에서 이론의 필연성이 나오는 그 곳에까지, 즉 하이데거의 말을 빌리면 도구성이 단순한 현전성으로 변화하는 그 곳에까지 이 길을 따랐다. 그러나 바로 여기에서 우리는 다시 한번 보류하지 않으면 안 된다. 왜냐하면 하이데거가 아주 특이하게 체계적인 연관성에서 전개하였던 분석이 그 당시 지적된 것처럼[1] 우리들의 자연적인 세계 이해와 생활 이해의 전체로부터 특정한 한 단면만을 포괄하고 있기 때문이고, 그러한 분석에 너무나 일방적으로 정위되어 있다면, 그러한 전체에 대한 시각을 어쩔 수 없는 방식으로 편협화하지 않으면 안 되기 때문이다.

하이데거가 전개한 영역은 수공업과 기술 그리고 거기에 관계하는 인간의 세계이다. 바로 여기에는 인간 세계에서 성장하여 나온 삶의 질서가 있으나 본래적으로 인간적인 세계는 결여되어 있다. 사실 이러한 인간적인 세계는 하이데거에 있어서 전적으로 소홀히 된 것은 아니다. 수공업자가 생산한 한 작품, 예를 들면 책상은 어떤 것으로 즉 하나의 작업 도구로 생산되어지고, 그리고 어떤 것으로부터 즉 재료로부터 생산되었을 뿐만 아니라, 그와 같이 어떤 사람을 위해서 즉 특정한 주문자를 위해서 생산되었으며 그리고 그의 사회적 위상을 통하여, 또 책상이 그로 인해 정해진 삶의 환경 속에서 수용해야 하는 장소를 통하여 함께 규정되어 있다.²⁾ 그러나 이러한 모든 것은 배경으로서만 함께 이해되어 있고, 다른 사람들은 오직 배려하는 교섭 내에서 내가 직접적으로 사랑하고 증오하면서 향하여 가는 공동 인간으로서 결코 직접적인 시각에는 동참하지 않는다. 나는 이러한 사람을 이해하나 그가 이러한 공동적인 세계 내에서 "배려하는" 바의 그것 내에서만 이해할 뿐이지, 그 사람 자신으로부터 이해하지는 못하며, 그의 직접적인 자기 존재 내에서 그리고 나를 직접적으로 자기 존재와 연관시켜 인간적인 관계 내에서 이해하지는 못하는 것이다. 마치 어머니가 어린 아이를 위해서는 잠자리와 먹이를 배려하는 사람으로는 되나, 따뜻한 인간성으로서 주시되는 것은 아닌 것과 같다.

그래서 이와같이 이 세계 역시 생산되고 사용된 유용한 사물의 기술적인 영역 속에는 너무나 인간적인 공동 존재에서 전개되어 나온 삶의 형식인 도덕과 관습, 사랑과 권력 관계로 점철되는 교제의 방식, 정치적·사회적 관계의 방식, 삶이 진행하는 문화적인 형태, 선과 악, 삶과 죽음 등의 관념이 여기에서는 결여되어 있는 것이다. 우리는 도구 교섭의 사태 연관성 속에 내포되어 있지 않는 그리고 그러한 사태 연관성에서 파악될 수도 없는 가능성이 등장하는 것을 주시하기 위해서 더욱더 충분히 언급할 필요가 있다.

손으로 잡을 수 있는 도구에 대한 관계를 교제(Umgang)라고 한다면, 심지어 우리는 그러한 것이 이미 잘못된 표현 방식이 아닌가 하고 물을 수 있다. 왜냐하면 교제라고 하는 뜻이 무엇보다도 다른 사람과의 친밀한 친교와 관계하기 때문이다. 우리는 좋은 교제나 나쁜 교제에 관해서 말한다. 교제의 형태, 교제의 음성, 교제의 언어 등이 존재하는 것이다. 크니게(A. von Knigge)의 《인간과의 교제》(*Über den Umgang mit Menschen*)는 아주 유명하다. 말은 강제성을 띠면서까지 그 "친밀성"을 나타내기 위하여 면밀한 사물의 사용으로 전의를 시킨다. 그래서 리트(Th. Litt)는 합리적인 기술에 대하여 순수 사실성에 대한 평형을 이룩할 수 있는 근원적인 태도 양식을 서술하기 위하여 일상적인 교제라는 개념을 사용하였다. [3]

그러나 우리는 본래적인 의미에 있어서 오직 사람과 교제할 수 있고, 특히 공동의 세계에 있어서 그러할 수 있다. 만일 어떤 사람이 돈과는 교제할 수 없다고 말한다면, 이러한 표현은 이미 모든 사려에 직면하여 있는 관계의 직접성을 특징지어야 하는 일종의 비유적인 언어 사용일 것이다. 어떤 사람이 자동차나 기계와 교제(취급)할 수 있다고 말한다고 하더라도, 이러한 표현 역시 기계와의 관계가 인간 관계의 모범에 따라 해석된다는 사실을 의미한다. 왜냐하면 교제란 언제나 상호적인 관계이고, 여기서도 기계는 사람이 숙달되거나 사실에 적합할 뿐만 아니라 인간적으로, 즉 사랑을 가지고 다루어야 하는 어떤 것으로 이해되기 때문이다. 또한 취급하는 데 있어서 인간적으로 감사할 수 있고 또 기분을 가진다고 답할 수 있기 때문이다. 사물에 대한 관계를 적절히 그리고 본래적으로 표현하는 말은 사용하다 (gebrauchen) 또는 이용하다(benutzen)이다. 이러한 말에 있어서 관계는 인간적인 처리의 단순한 사실로서 가정된다. 그러므로 사람을 자기의 목적을 위해서만 사용하거나 이용한다면, 다른 사람과의 관계에 대한 품격을 그는 떨어뜨리는 것이다(정언적 명령의 제2형식 참조).

우리는 일반적으로 삶이 일정한 관습, 일정한 윤리와 도덕에 따라 진행되는 일정한 질서에 관해서 말한다. 이러한 것 역시 일상적인 생활 속에서 언제나 이미 함께 이해되어 있는 것이고, 이러한 이해는 일정한 관념, 자명하게 된 일정한 확신, 파악, 의견, 판단으로 전도되는 것이다. 그리고 이러한 모든 것은 작업 도구 사용과 도구 세계 내에서 고려하는 배려의 가능성과 같이 자명하게 주어져 있는 것이다. 예를 들어 여기에 속하는 것은 사람이 행하는 것과 사람이 행하지 않는 것에 관한 관념들이다. 이러한 모든 것은 우리들이 살고 있는 "공동체의 매체"와 같은 것에 속한다. 이것은—일반적인 무단초성이라는 의미에서—의식적인 노력으로 개인에 의하여 마련되는 것도 아니고 본래적인 의미에서 획득될 수 있는 것도 아니다. 오히려 인간은 이러한 세계 속으로 들어가 성장하고, 그러한 직관을 가지며 그리고 어떻게 그러한 직관을 가지게 되었나를 그 자신은 알지 못한다. 인간은 그러한 직관을 자명하게 타당한 어떤 것으로서 자신의 환경 세계에서 받아들였던 것이다. 인간은 단순히 자신의 근원적인 삶의 매체로서 환경 세계 속에서 살아가는 것이다.

2. 의견의 세계

이러한 의미에서 인간은 우리가 가장 넓은 의미에서 의견이라고 명명하고자 하는 것, 즉 도덕적·정치적·종교적 의견, 일반적으로는 인간의 삶과 인간의 특성에 관한 그러한 의견을 가지고 있다. 우리는 이 말을 아무런 생각 없이 그냥 사용하지는 않는다. 왜냐하면 이 말은 의식되는 것이 아니고 자명한 방식으로 인간의 일상적인 삶을 주도하는 것이 본질적이라는 사실과 그리고 그러한 삶이 주목할 만한 시각으로 등장하지 않으므로 거기에 대한 언어가 자신의 고유한 말을 창조하지 못하였다는 사실을 이미 대상화하고 있기 때문이다. 그러나 우리가 이러한 연관성을 통찰하고자 한다면, 우리는 거기에 대한 명칭을 도입해야 하고 계속해서 의견(Meinungen)에 관해 언급하지 않으면 안 될 것이다.

그래서 아무런 의심 없이 받아들인 의견의 세계에서 우리는 지금 인식을 논거하지 않으면 안 된다. 이러한 인식은 우리들에게 소여되어 있고, 우리가 근본적으로 그 이상 더 되돌아갈 수 없는 궁극의 근원이다. 우리는 다시 한번 데카르트(R. Descartes)가 생존하고 있는 동안 진리로 간주하였던 모든 것으로부터 출발한 그의 저서 《성찰》

(*Meditationen*)의 서두를 상기할 필요가 있다. 그러나 인간은—여기 데카르트처럼—자기 의견의 확실성에서 동요될 수도 있다. 많은 의견은 새로운 생활 경험으로 인하여 잘못된 의견임이 증명되고, 그 잘못된 의견이 그 밖의 태도에 있어서는 선판단으로서 영향력을 행사할 수도 있다. 그러므로 의견을 음미하고, 지금까지 믿어 왔던 것을 보증하며, 잘못된 의견을 수정하고, 선판단을 배제해야 하는 과제가 생긴다. 또한 단순한 의견을 확실한 지식으로 고양시키고 확실한 지식으로 고양될 수 없는 것을 제거해야 하는 과제도 생긴다.

　이러한 문제는 멀리 철학사에까지 거슬러 올라가면, 이미 고대 철학에서 나타난다. 특히 소크라테스와 플라톤에 있어서는 억견(doxa)과 인식(episteme)의 관계, 즉 의견과 지식의 관계로서—또는 만일 우리가 신앙이라는 말을 종교적인 의미에서가 아니고 무규정적인 "참으로 간주함"(Fürwahr-Halten)이라는 좀더 넓은 의미로 받아들인다면, 신앙과 지식의 관계로서도 나타났던 것이다. 여기서 우리는 다시 짚어 보지 않으면 안 된다. 우리는 우선 간단히 이 문제를 해결하기 위하여 이미 앞에서 고찰한 바 있는 가시적인 사물의 세계를 배제하고 무엇보다도 정신적인 세계로, 도덕적이고 정치적인, 더 나아가서 일반적으로는 세계관적인 물음의 영역으로 눈을 돌리지 않을 수가 없다. 왜냐하면 여기에서도 감성적인 시각 현상이나 실용주의적 확실성이라고 하는 방식으로는 정당성의 증명을 얻어낼 수 없다고 하더라도 의견과 지식은 늘 존재하기 때문이다. 우리가 인식론에서 실제로 인간 인식의 전체적인 외연을 포괄하려고 하는 경우, 우리는 그러한 영역을 확실한 인식에 도달할 수 없는 것으로서 처음부터 배제해서 되는 것이 아니고, 그러한 영역을 처음부터 우리들의 고찰에 함께 포함시켜야 한다. 여기서 우리는 사실상 대단히 중요한 영역에 도달해 있으며, 그러한 영역은 통상적인 인식론에서 배제되어 있음은 물론 어떠한 다른 학문에서도 취급하지 않고 있다. 그래서 그러한 영역이란 사실상 철학을 위해서는 지금까지 실제적으로 탈락되어 버린 것이다.

　우리가 그러한 것을 지금까지 고찰한 수준에서 받아들인다면, 우리는 모든 단순한 의견을 배제하고 나서 신뢰할 만한 지식을 근본적으로 새로 설정하는 극단적인 시도를 미리 처음부터 포기하지 않을 수 없다. 여기에서도 아르키메데스 기점의 불가능성과 학적 논거의 필연성이 적용된다. 이것은 다음과 같은 사실을 의미한다.

(1) 모든 지식은 의견으로부터 생기고, 하나의 의견에 기초한다. 먼저 우리는 우리들의 일상적인 이해에서 도덕적이고 정치적인 판단을 먼저 알게 되고, 그래서 그러한 판단의 정당성을 설명하는 것이 그 후 검토의 과정이다. 이러한 검토가 어떤 종류인가 하는 것은 이제 상세히 논구되지 않으면 안 된다.

(2) 이러한 검토는 결코 나의 의견의 전체를 파악할 수 있는 것이 아니고, 어떤 이유에서 나에게 문제로 된 특정한 단면만을 언제나 파악할 수 있는 것이다. 그러므로 이러한 것은 데카르트가 모든 것에 대한 회의를 하고자 한 바와 같이 삶으로부터 유리되어 있는 추상적인 발단 명제이다. 오히려 이러한 것은 우리가 의심하게 된 어떤 특정적인 것이며 그리고 그러한 구체적인 의문에 대해서 우리는 우리 자신을 정위하지 않으면 안 된다.

(3) 그러므로 전체성 가운데 있는 단순한 의견을 신뢰할 만한 지식으로 옮겨 놓는다는 것은 문제가 되지 않는다. 대부분의 것은 단순한 의견이나 자명한 배경으로 남아 있으며 그리고 그러한 배경에서만 검토된 지식의 편협적이나 끊임없는 성장 가운데에서 파악되는 영역만이 두드러지게 된다. 그러한 것을 검토 가능한 지식에서 보면 다음과 같이 표현할 수 있을 것이다. 즉 인간은 그 자체로 전혀 의식하지 못하는 선판단의 세계 속에 살고 있다. 책임을 가지고 판단하는 인간은 선판단들의 일부분을 확실한 판단으로 변화시킬 수 있으나 언제나 편협된 단면일 뿐이고, 우리들 중의 얼마는 특히 가장 의식적인 철학자는 자신의 심적인 근저에서 선판단과 아무런 근거 없는 의견의 세

계에서 살아가고 있다. 이로써 대부분의 큰 덩어리는 물 속에 잠겨 있고, 빙산과 같이 단지 작은 부분만이 바다의 표면에 떠 있다. 자신의 선판단을 논증할 수 있고 책임질 수 있는 판단으로 변화시키고 또 자신의 의견을 확실한 지식으로 변화시키는 것이 단지 작은 부분에서만 인간에게 가능하다는 것이다. 우리는 이러한 것을 극복할 수도 있다. 즉 각자는 자기 사고 중의 대부분에 있어서 논리 이전의 단순한 사고의 영역에 머물러 있고 또 오직 분명한 의식의 첨단에 있어서만 논의적이고 논리적인 사고의 영역에 머물러 있게 된다.

(4) 그래서 결국, 이러한 편협된 영역에서도 결코 목적에 대한 지식은 최종적인 것이 아니고, 언제나 새로운 시험과 수정에 맡겨져 있는 것이다. 그러므로 확실한 지식과 단순한 의견간의 최종적인 경계를 결코 그을 수가 없다. 원칙적으로 최종적이고 확실한 지식은 존재하지 않으며 언제나 오직 확실성의 정도가 존재할 뿐이다.

우리는 단순한 의견을 확실한 지식으로 고양시키는 과정을 18세기에 부각된 개념인 계몽(Aufklärung)이라고 명명하고자 한다. 이러한 명칭으로 명명된 역사적인 운동은 거기에 상응하는 방식으로 많든 적든간에 각자 인간의 마음속에서 수행되는 그러한 것을 큰 역사적인 과정으로서만 부각시킨다. 이러한 계몽의 과정을 각자 인간 속에서 밝혀냄으로써, 우리는 동시에 부당하게 비난받게 되는 역사적인 운동을 이해하는 데 기여할 수 있기를 바란다. (이는 마치 우리가 계몽주의의 역사적인 예에서, 즉—칸트의 표현으로는—"자기 자신의 책임인 미성숙성으로부터 인간이 벗어난다"[4]에서 일반적인 인식 이론적인 문제가 밝혀지기를 바라는 것과 같다.)

모르기는 해도 계몽의 개념 자체가 해석학적 개념이라는 사실은 거의 주목받지 못하고 있다. 왜냐하면—곤란한 범죄 사실이 밝혀졌다고 말하는 것과 같이—이러한 의미에서 사실이 계몽되는 것이 아니고, 인간 가운데 현존하는 의견과 판단이 밝혀지는 인간이 계몽되기 때문이다. 계몽되었다고 하는 것은 다음과 같다. 즉 인식이란 무에서 창조되는 것이 아니고, 새로운 명확성이 현존하는 의견 "속으로" 들어옴으로써 생기는 것이다. 그러나 이때 현존하는 의견은 이미 언제나 전제되어 있는 것이다. 의견이란 계몽 내에서 가공되는, 다시 말하면 시험되고 명백하게 되며 해명되고 전개되는 자료이다. 계몽은 이러한 방식에서 근원적인 삶의 이해를 자기 스스로 해명하는 과정이고, 그러한 과정 속에서 전통의 각박한 압력에 대한 명료화의 결정적인 의지가 수행되는 것이다.

외적이고 가시적인 환경 세계에서 우려들이 이전에 고찰한 것에 일치하여 여기에서도 역시 이중적 문제 제기가 생긴다.

(1) 아무런 의심 없이 어떻게 현존하는 이러한 의견이 생길 수 있는가?

(2) 전래적인 의견의 문제성에서 어떻게 명백하게 논증된 인식에 이르는 길이 생기는가?

3. 여론(공공의 의견)

이를 위해 우리는 의견의 본질과 의견이 인간의 생활에 있어서 영향력을 행사하는 방식을 더욱 상세히 밝혀내지 않으면 안 된다. 여기서 "생각하다" 또는 "여기다"(meinen)는 말은 라틴어 "인텐데레"(intendere)에 일치하므로 "어떤 것으로 향하다"거나 "어떤 것을 시야속에 넣다"와 같은 의미를 말하고 있는 언어적인 유래는 우선 접어두고 들어가자. 명사로서 의견(Meinung)이라는 말이 전개되었던 것과 같이 이 말은 파악(Auffassung) 또는 견해(Ansicht) 등과 같은 것을 의미한다. 이것은 확실한 지식에 대립하여 있는 그리스어 억견(臆見, doxa)과 유사한 것이다. 이 말은 때때로 확신(Überzeugung)이라는 말과도 혼용되나 동시에 그와 같은 강도는 갖지 않는다. 사람은 외적 저항에 대하여서도 확신을 "내세워"(vertreten) 자신을 자기 확신과 일치시킨다. 그러한 반면에 사람은 자기 의견을 말하나 자신을 위해서 역시 조용하게 있을 수 있다. 의견은 구속적인 것이 아니다. 이러한 의미에서 개개인의 태도를 통제하기 어려운 방식으로 규정하고 있는 일반화된 "여론"(öffentliche Meinung)에 관해서도 언급되어야 한다. 이러한 여론 역시 인위적으로 영향력을 행사하도록 할 수 있고, 바로 "조작"(machen)할 수 있어서 여기에서는 대중 매체의 수단, 신문 등의 놀라운 힘이 생기게 된다. 그러나 다른 편에서는 인간이 자기 스스로를 형성하고 여론의 강압에 대하여 내세우는 "자기 의견"(eigene Meinung)도 존재하는 것이다. [5]

우리는 먼저 일상적인 삶의 이해 속에서 이미 언제나 주어져 있는 일반적인 의견으로부터 출발하지 않으면 안 된다. 인간은 여기서 자신의 환경 세계와 일치하여 살아가고 있음과 같이, 의견도 우리가 이미 여러 차례 말한 바 있는 "공동체의 매체"에 주어져 있는 것이다. 사람들이 개개인에게 왜 그렇게 생각하고, 어떻게 그러한 자신의 견해에 도달하게 되었는지 묻기를 원했다면 아무것도 답할 수 없을 것이고, 그러한 물음이 이미 무의미한 것임을 알게 될 것이다. 개개인은 자신의 의견을 전혀 자기 스스로 형성하지 못하며, 자신의 의견을 단순히 주위 환경으로부터 수용할 뿐이다. 특히 아주 어렸을 때부터 너무나 자명한 것으로 수용함으로써 자기 자신을 전혀 의식하지도 아니하고 의견을 받아들일 뿐이다. 의견은 단순히 여기에 현존하여 있고, 개개인은 자신의 주위와 공감대를 형성하면서 그러한 의견을 가지고 살아간다. 야스퍼스(K. Jaspers)는 다음과 같이 말하고 있다. 즉 "공동체 속에 있는 인간의 소박하고 단순한 현존은 자신의 개개 의식을 그를 둘러싸고 있는 인간의 일반 의식과 일치시킨다." 그리고 계속해서 "소박한 현존 안에서 나는 모든 사람이 행하는 것을 행하고, 모든 사람이 믿는 것을 믿으며, 모든 사람이 생각하는 그대로 생각한다. 의견, 목표, 불안, 기쁨은 알지 못한 채 일자에서 타자에게로 이행한다. 왜냐하면 근원적이고 의심 없는 모든 것의 동일화가 존재하기 때문이다"[6]라고 말한다.

야스퍼스도 분명히 밝히고 있듯이 이러한 것이 인간들간에 어떠한
대립이나 어떠한 긴장도 조장하지 않는다는 것을 의미하지는 않는다.
인간들은 심지어 증오할 수도 있고 격심하게 싸움할 수도 있으나, 그
것은 공통의 견해에서는 동일한 매체 속에서 생긴다. 이러한 공통의
가치 평가에서만 개개 인간은 활동한다. "인간은 충동적이고 본능적
으로 자신의 강점을 발견할 줄 알며, 인간을 결속시키는 모든 것과
인간이 알고 있는 모든 것은 인간 자신의 현존 의식이 근거하고 있는
공통적인 것이다."[7]

　의심할 여지없이 소박한 현존의 이러한 형태는 어떠한 추상적인 철
학적 구성물이 아니다. 이와 마찬가지로 개개 사상가의 내관적(內觀
的) 분석에서도 그러한 형태는 발견되지 않는다. 거기에 대해서는 광
범위한 경험적인 연구가 많이 있다. 바로 이러한 연구에 철학적 해결
의 확실성이 자리잡고 있는 것이다. 학문적으로 해명된 의식으로부터
벗어나는 이러한 상태는 먼저 르 봉(G. Le Bon)의 출발점에서 독자적
인 연구 방향으로 전개되었던 군중 심리학에서 고찰되었다. 그래서
특히 그러한 상태는 미개 민족에서 재발견되고, 그러한 미개 민족의
사고를 특히 레비-브룰(L. Levy-Bruhl)이 철저하게 분석하였다. 이러
한 전체적인 연구 배경이 무엇보다도 먼저 밝혀지지 않으면 안 된다.
그러나 우리는 미개 민족 연구에서 어떤 생소한 세계를 보도록 하여
야 한다. 역으로 우리가 먼저 이른바 미개 민족에게서 발견하는 그러
한 것이 우리들 자신의 삶에서 대체로 의식되지 않은 채 남아 있는
배경인 것이다. 우리는 그러한 것을 거기서 일정한 안목을 가지고 우
리에게 재발견할 수 있는 것이다. 우리 모두는 우리들 삶의 심연 속
에서 집단적으로 사고하는 그러한 미개인들이고, 잘 되어야 작은 부
분만 밝혀질 뿐이다.[8]

　우리가 그러한 것을 우리들의 주도적인 문제 제기와 연관시킨다면,
그러한 것은 우리가 거기에서 이미 의식적이고 독자적인 태도를 보는
한 인식을 개개 인간의 실천적 태도로 환원시키기에는 충분한 것이
못 되므로 현존의 원시적이고 집단적인 그러한 상태로 환원시켜야 하

는 것이고, 또 그러한 상태로부터 마침내 인식의 구축을 추구해야 한
다는 사실을 의미한다. 달리 표현하면 모든 인식은 원시적이고 집단
적인 삶 속에 뿌리를 내리고 있어 그러한 삶으로부터 파악되지 않으
면 안 된다. 인식이 삶으로부터 벗어나게 되는 경우에, 심지어 그러
한 삶에 대립하여 있는 경우에라도, 인식은 오직 그러한 삶의 배경에
서만 옳게 인식될 수 있다는 말이다. 그러므로 소위 자연 민족의 사
고가 철학에 있어서 얼마나 중요하며, 그러한 사고는 철학이 얼마나
강하게 그러한 궁극적인 기반에서 개별 과학의 결과를 참조하였는가
를 시사하게 된다. 철학은 언제나 되풀이하여 그러한 개별 과학의 결
과를 배우지 않으면 안 되는 것이다.

4. 공담(空談)

그래서 집단적이고 어떠한 명칭도 없는 현존재의 이러한 형태를 특
히 하이데거가 받아들여 실존의 "본래성"과 대조를 이루는 "비본래적
인" 배경을 서술하였다. 하이데거는 현대인의 삶의 이러한 상태를
"일상인"(man)의 상태로서 대단히 확실한 분석으로 연구함으로써
《존재와 시간》(Sein und Zeit)의 정점에 이르게 되었다. 그는 "사람"
(man)이 이러이러하게 생각한다거나 "사람"이 이러한 것을 행하고
저러한 것을 행하지 않는다는 사실에 관해서 "사람이 말한다"와 같이
비인칭 대명사를 취하여, 이러한 "사람" 속에서 일상적인 삶의 본래
적인 주체를 보았다. 개인은 자신의 자유로운 결단에 의해 행동하는
것이 아니고, 자기 자신을 전혀 알지 못하고 있는 익명 또는 집단적
인 주체의 영향, 즉 "사람"의 영향에 따르고 있는 것이다. 개인은
"사람"(man, 일상인) 속에서 살아가고, 사람은 "사람" 속에서 생각하
는 것이다. [9]

우리가 주시하는 의견은 하이데거가 아주 시사적으로 공담(空談,
Gerede)이라는 명칭을 가지고 표현한 것과 넓은 의미에서 일치한다.

그러므로 우리는 하이데거의 의미에 있어서 공담이 어떻게 우리들의 의견에 관계하는가를 묻지 않으면 안 된다. 이로써 의견이 사고의 형식으로서 표현되지 않은 채 남아 있을 수 있는 반면에, 공담은 말함 (Sprechen)의 한 양식이라는 사실을 말하지 않는다. 즉 여기에서 중요한 것은 공담의 근저에서 이해된 의견(Meinung)인 것이다. 하이데거가 밝히고 있는 것은 공담이 확장되어 있는 미확인의 계속 말함과 따라 말함10)의 가능성이다. 만일 우리가 의견이라는 것을 당연히 또한 근본적으로 주목받지 못한 채 전수되는 것으로 말하였다면, 이러한 것은 우리가 주목하였던 바로 그것을 목표로 하고 있다는 사실을 말한다. 하이데거는 이러한 것을 공담의 무근거성으로서 밝혔다. 즉 "사람들이 그렇게 말하기 때문에 사실은 그러하다. 그렇게 따라 말함과 계속 말함 속에서 근거성의 단초적인 과오가 완전한 무근거성으로 되는 가운데 공담이 구성된다."11) 그리고 그는 공담의 "위험"이 바로 거기에 있다는 사실을 강조한다. 공담은 이해를 개시한다. 그러나 공담의 무근거성으로 인하여 그러한 이해는 좀더 깊숙하게 파고 들게 하는 일이나 실제적인 논구 분석을 인간에게 부적절하도록 하는, 참으로 인간을 바로 그러한 것에 방해하도록 하는 무근거의 표면적인 이해일 뿐이다. 즉 "공담은 사실의 선행적인 자기화 없이 모든 것을 이해하게 하는 가능성이며 그러한 자기화에 있어서 좌절의 위험을 미리 막아준다. 각자가 지껄일 수 있는 공담은 진정한 이해에서 이탈되어 있을 뿐만 아니라, 어떠한 것도 더 이상 닫혀져 있지 않는 무차별적인 이해성을 형성한다."12) 하이데거가 아주 유사한 방법으로 밝히고 있는 것은 우리 각자가 이러한 "일상적인 피해석성"(alltägliche Ausgelegtheit)으로 성장할 뿐이지, 어느 누구도 그러한 피해석성에서 벗어날 수 없다는 사실이다. 그러나 그는 이러한 일상적인 이해에 대한 반대 운동을 함으로써 비로소 참된 이해가 형성될 수 있다는 사실을 강조한다. 그래서 공담은 "뿌리가 뽑힌 현존재 이해의 존재 방식"13)인 것이다.

그러나 우리가 계속해서 물어야 하는 것은 이로써 우리가 의견의

자명성으로서 주목하였던 것이 어느 정도 실제로 적중하는가 하는 것
이다. 하이데거에 있어서 공담은 뿌리뽑힌 현존재 이해에 속하고, 그
러한 현존재 이해는 뿌리뽑힌 이해로서 뿌리박힌 그리고 진지한 이
해, 더 나아가서는 근거 없는 곳에서 부동(浮動)하는 이해가 아니고
논거된 이해를 지시하는 것이다. 그러나 실제적으로 이렇게 뿌리뽑힌
이해는 진정한 이해의 변종으로서 언제나 이미 주어져 있는 것이고,
시간적으로 뿌리뽑힌 이해에 대한 반대 운동 속에서 언제나 벗어나지
않으면 안 되는 진정한 이해보다 앞선다. 그러므로 이해의 변종은 시
간적으로 이미 단초에 존재한다. 그래서 우리는 그러한 변종 이면으
로 소급하여 갈 수가 없다. 자연적인 현존재는 이미 그 자체로서 변
종된 현존재이고, 근원적인 현존재는 변종된 현존재로부터 이겨내지
않으면 안 된다. 근원은 다시 획득되어야 하는 것이다.

만일 우리가 이러한 발단 명제의 근원적인 정당화를 하이데거 서술
의 특징에서 문제 삼지 않고 보편적인 의견을 미리 처음부터 일종의
변종(Entartung)으로서, 특히 근원적인 상태에서의 탈락(Abfall)으로
이해하여 그러한 부정적인 악센트를 가지고 주시한다면, 우리는 언제
나 이미 현존하는 보편적인 의견이 옳게 파악되었는지 묻지 않으면
안 된다. 하이데거가 제시하였던 공담의 현상은 사실상 언제나 존재
한다. 그리고 그러한 현상은 인간 삶에 있어서 중요한 한 요인이기도
하다. 그러나 그러한 현상이 바로 근원적인 의견과 동일시될 수는 없
다. 이러한 근원적인 의견은 이후의 전개에서 보면 오히려 윤리적으
로 중립적인 것이다. 그러한 의견은 분명히 담지인 근거이고, 그러
한 근거로부터 비로소 본래의 인식이 형성될 수 있는 것이다. 그러한
의견이 개개인에게는 주도적인 기틀을 형성하는 것이고, 그러한 기틀
에서 인식과 그러한 인식과 함께 하는 자기 입장이 형성될 수 있는
것이다. 그래서 우리는 어떻게 현존하는 의견의 실마리에 있는 이러
한 것(인식과 입장)이 그 본래의 논증 가운데서 형성되는가를 탐구하
게 된다. 그러나 논증된 지식이 형성된 후 비로소 단순한 공담도 전
개될 수 있는 것이다. 논증된 지식과 단순한 공담의 가능성은 동일한

바탕과 순간에 발생한다. 일자는 오직 타자의 반대상이다. 그러나 비판 이전의 소박한 이해의 공통성은 미리 처음부터 몰락(Verfall)으로 해석되어서는 안 된다. 오히려 단초를 자신의 올바른 자연성에서 표현하는 긍정적인 현상이고, 그래서 그러한 현상으로부터 의식적이고 논증적이며 본래적인 인식의 이후 작용 능력이 전개되는 것이다.

일반적인 의견으로서 미리 주어져 있는 이해는 그러한 의견이 인간의 경험을 대부분 논리 이전의 단계로 그리고 개념 이전의 단계로, 또한 마술적인 표상으로 지배되는 단계로 받아들였던 것과 같은 인류의 집단적인 경험이고, 그러한 원시적인 사고나 아이와 같은 사고의 전체 성격이 그 속에 들어 있는 것이다. 그래서 이러한 경우 어떻게 의견으로서 전달된 집단적 경험의 매체 속에서만 개인적인 경험이 형성될 수 있는가 하는 물음이 생긴다―부분적으로는 확실하고 분명하면서도, 그러나 또한 수정도 하며 심지어 첨예화된 대립으로 치달으면서 형성된다. 이것은 인간의 역사적인 본성에 일치하는 것으로서 역사적인 유산을 논구 분석하는 양식인 것이다.

이와 동시에 우리가 듀이(J. Dewey)에 있어서 습관을 밝혔을 때와 같이 순환 문제가 다시 제기된다. 즉 의견은 집단적인 경험의 의미에서는 물론 이루어진 어떤 것(etwas Gewordenes)이나, 자기 스스로 발전하는 개개 인간에 대해서 그러한 의견은 최초로 소여된 것이다. 그러므로 그 발생에 대해서 되묻는 것이 하나의 방법적인 단락(短絡)일는지도 모른다. 왜냐하면 그러한 발생은 새로운 경험이 현존하는 의견의 수단에서 형성되는 상황으로만 다시 되돌아가기 때문이다. 인식의 발생에서 살펴보면 특히 여기 정신적인 영역에 있어서 여론(öffentliche Meinung)은 1차적인 것이고, 현실과의 독자적인 만남에서 실현되는 인식은 2차적인 것이다. 만일 우리가 집단적인 견해를 미리 처음부터 공담이라고 낙인찍어 버린다면, 우리는 그러한 기능을 오해하게 된다. 공담을 무근거성이라고 비난하는 것은 그 집단적인 견해가 가능한 자신의 경험에 대한 기틀로서, 개개 인식에 선행하는 그러한 것으로서 담지적이고 주도적인 기능을 오해하는 것을 의미하는 것이다. 이런 기능은 변종의 유도체도 아니고, 결손 양태도 아니며, 오히려 인식의 근원이고 토대이다.

물론 이와 함께 하이데거가 특징지운 것과 같은 의미의 공담 역시 존재하나, 그러한 것은 더욱 특수한 것이고 발생적으로도 더 늦은 현상이다. 만일 우리가 일상적인 언어 사용에서 "난순한 공담"이나 또는 "둔감한 공담"에 관해 말한다면, 여기서 우리가 생각할 수 있는 것은 우리 자신이 경험하지 못하였던 사물에 대한 언어(Nachsprechen)가 아니라 바로 주장에 대한 책임 없는 말(Nachreden)이다. 그러한 주장에 대하여 우리가 시험의 가능성 또는 적어도 저지의 책임을 가질지도 모른다. 풍문 역시도 공담과 또 다른 어떤 것이다. 한 사람은 "공담을 할 수가 있다." 공담은 어떤 중상적인 것을 또 어떤 불쾌한 것을 가지며, 사람이 그에게 말을 되풀이하는 어떤 악한 것에 관계한다. 그러므로 공담은 인간의 생활 속에 있는 아주 집단적인 현상이다. 우리는 이러한 특수한 현상을 아주 적극적인 표현으로서 보편화하고 또 의심 없는, 소박한 의견의 모든 표현으로 이행시키는 것을 조심하지 않으면 안 된다. 이러한 명백한 한계를 설정함으로써 우리는 일반적인 문제 제기로 되돌아가고자 하는 것이다.

5. 지배적 의견에 대한 비판, 선판단

우리는 집단적인 의견의 형태로 주어져 있는 삶의 이해를 개괄적으로 서술하고자 시도한 다음 확실한 지식이 그러한 바탕에서 구축될 수 있는지, 그렇다면 어느 정도로 구축될 수 있는지 하는 그 밖의 물음을 묻고자 한다. 왜냐하면 소크라테스가 이미 주의 깊게 밝혀내었던 지식은 옳은 의견과 단순히 동일시될 수 없기 때문이다. 참으로 의견이란 우연적으로 옳을 수 있다. 그러나 우리는 이의에 대하여도 이론(異論)의 여지없이 논증할 수 있는 거기에서 비로소 지식에 관하여 언급하고자 하는 것이다. 이것은 지식이 인간에게 우연한 방식으로 들어와 있을 수 없다는 사실을 의미한다. 지식은 인간 자신의 노력으로 획득하여야 하는 것이다. 또한 지식은 자기 자신의 인식 과정에 기초하고 있다. 그렇다면 어떻게 인간이 논증된 지식에 도달할 수 있는가?

인간학적 발단 명제에 따르면 이러한 물음은 다음과 같은 사실을 의미한다. 어떻게 인간은 지금까지 자기 자신에게 자명했던 의견에 대하여 의심하게 되고, 그래서 확실하게 논증된 지식을 얻고자 노력하게 되는가? 우리는 이러한 물음을 엄격히 구분하지 않으면 안 된다. 우리는 확실하게 현존하는 세계상의 테두리 내에서 정리될 수 있고, 그래서 단순히 받아들이게 되나, 통상적으로 특별한 논증을 필요로 하지 않는 개별적 사실의 지식을 염두에 두는 것이 아니다. 다만 우리는 모든 개별적인 지식을 마침내 가능하도록 하는 삶의 이해의 일반적인 지평을 그리고 일반적으로 의견의 개념을 가지고 표현하였던 것의 범위를 염두에 두는 것이다. 어떻게 인간은 자기가 그때까지도 자명한 것같이 여겼던 견해의 정당성에 대하여 한꺼번에 묻게 되는지? 또는 지금까지의 고찰과 밀접히 연관시켜 말한다면, 어떻게 인간은 지배적인 의견에 대하여 더욱더 심오한 정당성을 요구하면서 자신의 의견을, 즉 그 자신 스스로 형성하고 환경 세계의 억압에 대항하여 주장하는 의견을 대립시키게 되는가 하는 것이다.

이로써 문제 제기는 계속 전개된다. 그래서 우리는 이렇게 미루어 버린 것을 그냥 간과해서는 안 된다. 즉 확실한 지식에 대한 물음 이전에 자기 자신의 의견에 대한 물음이 당장 등장한다는 말이다. 그래서 이 양자(의견과 지식)는 명확하게 구별되어야 한다. 다시 말하면 자신의 의견이란 그 자신이 책임지는 결단에서 형성하게 되는 것이고, 해결할 수 없는 방식으로 인해 특정한 인간과 관계하게 되는 것이며, 그에 의하여 담지되고 책임지어지며, 더 나아가서는 반대하는 외부 세계에 대하여 주장하게 되는 것이다. 이에 대하여 지식은 그러한 인격적인 관계로부터 벗어나 있어 보편적인 타당성을 요구하고, 다른 모든 사람에 대해서도 동일한 방식으로 구속적이다. 그러나 이 양자는 다시금 필연적으로 상호 결속되어 있다. 왜냐하면 자신의 의견은 다르게 사고하는 주위 세계와의 논구 분석 가운데 있기 때문이다. 그래서 만일 자신의 의견이 어떠한 이성적인 대화를 거부하는 단순한 자기 의미(Eigensinn)이어야 하는 것이 아닌, 다르게 사고하는 주위 세계의 저항에 대한 상호 소통 내에서 스스로를 수장하고자 하는 것이라면 그러한 자신의 의견은 이의에 대하여 저항할 수 있는 논증을 필요로 한다. 만일 그러한 의견이 인간의 공동 생활 안에서 주장되어야 한다면, 확실한 지식에 의해 밑받침되는 논증을 요구한다. 이때 자신의 의견이 어느 정도로 확실한 지식으로 완전히 소급될 수 있는지 또는 논증할 수 없는 궁극적인 결단이 어느 정도로 자신의 의견 속에 잔존하게 되는지 하는 것이 무엇보다 먼저 제기될 수 있는 것이다. 그러한 논증에 대한 요구가 현존한다는 사실이 중요할 것이다.

이로써 문제 제기는 다시 한번 세분화된다. 우리는 먼저 자기 의견의 형성에 대해서 묻고 그러한 의견의 논증 가능성에 대한 물음은 잠정적으로 보류하고자 한다. 자기 의견의 형성은 언제나 고도의 노력을 인간에게 요구하는 특수한 작업 능력에서 비롯한다. 여론의 압력에 대하여 거기로부터 벗어나기 위해서 자기 자신의 의견을 주장하는 것은 언제나 위험한 것이다. 왜냐하면 방어의 형태들이 그때그때의 역사적인 관계에 따라 다르다고 하더라도, 공공성은 그렇게 안정을 저해하는 사람에 대항하여 방어하기 때문이다. 현대 사회가 이단자를 화형에 처하지 않는다고 하더라도, 눈에 잘 띄지는 않지만 불쾌한 견해에 반발하는 강력한 수단이 적지 않게 존재하는 것이다. 그러나 자신이 이단적인 의견을 진술하거나 또는 다른 방식으로 자신의 태도에서 표현하는 것이 아니고, 자신의 의견을 조용히 스스로를 위해 가지고 있어야 한다고 하더라도, 자기 자신의 의견을 형성한다는 것은 역시 어렵다. 왜냐하면 자기의 의견을 형성한다는 것은 언제나 추사고(追思考)를 피하고, 차라리 전통의 테두리 안에서 활동하는 자기 타성의 극복을 요구하기 때문이다. 이미 칸트(I. Kant)는 자신의 논문인

"계몽이란 무엇인가?"에서 다음과 같은 사실을 지적하고 있다. 대부분의 인간은 그들 자신의 미성숙성에 아주 만족하여 그러한 상황을 벗어나고자 하지 않는다. 그러므로 자신의 의견을 형성한다는 것은 언제나 어렵고 위험한 것이다. 이것은 노력과 용기를 필요로 한다. 그러므로 인간이 단순한 지식의 갈증에서 자신의 의견을 스스로 형성하게 된다고 할 수가 없다는 사실은 이해할 만하다. 오히려 인간은 환경 세계에 퍼져 있는 견해의 흐름 속에 유착되어 있는 것이다. 특히 자기 삶의 용건이 중요하다면, 인간이 여론과 충돌하게 되는 좀더 심각한 원인은 이미 그 배후에 존재하지 않으면 안 된다. 이것은 여론이 그 자신의 완고한 경향성을 띤 채 변화된 발전에 따르지 않을 때 특수하게 나타나는 경우이다. 그래서 충돌을 일으키는 경향성이 발전 자체 내에 있는 것이고, 그러한 충돌은 자기 편에서 보면 앞으로 전진하는 발전의 연관성 속에서 의미 있는 기능을 획득하게 된다. 자기 의견을 주장한다는 것은 언제나 지배적인 의견이 허위로서 현현하고 또 인간이 그러한 지배적인 의견에 대해서 반항할 정당성을 자기 스스로 생각하고 있다는 사실을 말한다. 사람은 단순한 호기심으로부터 지배적인 의견에 대항하는 사상에 이르는 것이 아니고, 그가 좀더 심각한 필연성으로부터 그러한 것에로 강요되는 것을 볼 때 이루어진다는 사실을 이미 외부로부터 오는 압력으로 알고 있는 것이다.

간단한 한 가지의 예는 남녀간의 사랑이라고 할 수 있다. 사랑에는 언제나 되풀이하여 강한 충동이 인간으로 하여금 사회적 질서에 대한 반항으로 이르게 하고 또 언제나 되풀이하여 지배적인 의견의 의미에서 어울리지 않는 결혼(Mesalliance)으로 나타나는 혼인(Ehe)을 하게 한다. 여기에서—유사한 경우에서와 같이—지배적인 의견에 대항하여 자기 자신을 설정하는 자는 스스로를 부당하게 느낀다는 사실이 아니다. 오히려 그 반대로 그는 스스로 더욱 정당하게 느끼고, 여론의 압력에 투쟁하여야 할 부정성으로서 본다. 이러한 도덕적인 충돌을 더욱 상세히 논구하는 것은 윤리학의 분야이다. 여기에서 이러한

도덕적 충돌은 오직 지배적인 의견과 자신의 입장간의 일반적인 충돌
에 대한 암시로서만 기여해야 한다.

여론의 견해가 지금 여기에서는 선판단(先判斷, Vorurteil)으로서 나
타난다. 그래서 우리는 선판단의 개념에 초점을 맞추어 가장 바람직
하게 논구를 밝히려고 한다. 이때 여론 자체의 견해가 이미 선판단은
아니다. 개개인이 자기 주위의 견해에 부단히 동조하면서 생활하는
한, 그러한 견해는 그 단계에서 철저하게 긍정적인 기능을 실현하여
야 하는 담지적인 삶의 근거인 것이다. 충돌이 발생하는 곳에서 비로
소 지배적인 의견의 정당성에 대한 물음이 생기고, 그로써 지배적인
의견이 선판단으로 증명될 수 있는 상황이 주어지는 것이다. 이것은
타당한 의견을 근본적으로 문제 삼는 비판의 정신이고, 특히 그러한
정신은 정당성에 대해서 문제를 삼는다. 이것은 지배적인 의견이 필
연적으로 허위로서 증명되어야 한다는 사실을 의미하지는 않는다. 그
러나 지금까지 자명한 것으로 타당한 견해에 대한 관계가 변화되는
것이다. 지금까지 자명한 것으로서 간주되었던 것이 현재에는 비판적
검토의 통제 아래에 있게 된다. 이때 이러한 것이 정당한 것으로 증
명된다고 하더라도, 그러한 성격은 변화되지 않는다. 아무런 생각도
없이 전수된 의견으로부터 인간은 자신의 책임하에 주장하는 확신이
생기게 되는 것이다. 왜냐하면 그가 그 정당성에 관해서 자기 스스로
확신하기 때문이다.
이에 대하여는 대체로 다음과 같다. 즉 지배적인 의견에 대한 각성
된 비판은 정당한 것으로 증명된다는 사실이다. 왜냐하면 이전 시기
에 언젠가 한번 측정되었던 견해들이 그 발전으로 인해서 시대에 뒤
진 것이 되었기 때문이고 현재에는 그 이상의 발전을 하고 있기 때문
이다. 그러나 우리는 그러한 견해가 시대에 뒤져 있고 잘못된 것으로
증명되었기 때문에, 선판단에 관해서 지금 언급할 뿐만 아니라 그러
한 견해가 고착되어 있기에, 또한 더 나은 통찰을 차단하기 때문에,
그러한 선판단에 관해 언급하는 것이다. 이것은 현존하는 그리고 그

러한 견해에 영향력을 발휘하는, 특히 지배적인 의견의 유지에 관심을 쓰고 있는 사회의 관심이다. 여기에서부터 선판단에 사로잡혀 있는 사람들은 어떠한 관용성도 알지 못한 채 선판단을 거부하고자 하는 사람에 대한 공격적인 태도만을 취하고 있을 뿐이다. 이러한 것이 바로 현존하는 관계가 방해되지 않는 것을 알고자 하는 그리고 지금까지의 확실성을 뒤흔들어 버리려고 위협하는 모든 것을 미리 처음부터 저지하려고 시도하는 고착성의 특성인 것이다.

 이러한 연관성에서 선판단에 대한 투쟁은 중요한 윤리적인 과제가 된다. 역사에서 모든 진보나 자유에 이르는 길은 오직 선판단에 대한 비판에서 수행되었던 것이다. 이러한 과제를 전적으로 파악하고자 하였던 것이 계몽주의의 역사적인 큰 공적이다. 계몽주의는 인간이 직면하고 있는 각 시대에 존속하는 과제를 범례적인 방식으로 보여주었다. 물론 여기서 다시 회의하는 사람들은 인간을 오직 사유 가능한 모든 선판단으로부터 해방시키는 것이 가능한 것인가 하고 묻는다. 그러한 것은 사실상 불가능하다. 왜냐하면 오늘날 잘 논증된 의견이라는 것이 변화된 세계인 내일에 있어서는 이미 하나의 선판단일 수 있기 때문이다. 그리고 무해의 잘못된 의견은 이미 본래적인 의미에서는 선판단이 아니다. 그러나 중요한 것은 선판단이 관계를 개선하려는 의지를 방해하는 곳에서 그리고 더 나은 통찰을 관용하지 못하고 억압하는 원천이 되는 곳에서, 특히 자기 자신에 대해서도, 또 선판단이 인간을 행위, 언어 또는 오직 사상에서 다른 인간에게 부정을 행하게 하도록 유도하는 곳에서 선판단을 인식하는 일이고 그와 투쟁하는 일이다. 선판단에서 벗어나서 참다운 과제에 관계한다는 사실은 우리가 완전히 선판단에 빠져 있다는 사실을 의미하는 것이 아니고, 그러한 구체적인 경우에 편의적인 의견으로 인해서 사실상 올바른 행위를 잘못하게 하는 데 모든 것을 설정하고 있다는 사실을 의미하는 것이다.

152

6. 위기와 자기 비판

마지막 고찰에서 우리는 조용히 침묵하는 가운데 우리가 지금 다시
시앙해야 하고 따따시 새로운 관점에서 문제 제기를 획징헤야 히는
작업에 참여하였다. 우리는 지금까지 개개인이 대립하여 있는 현재의
선판단으로서 인식된 전통적인 의견이 주위의 세계로부터 주장되는
것처럼 관계를 그렇게 서술하였다. 그래서 투쟁은 진보적인 개개인과
타성적인 주위의 세계간의 논구 분석으로서 나타났다. 사태가 더욱
어렵게 된 것은 전통적인 의견에 있어서는 견해들이 문제라는 사실에
기인한다. 그러한 견해에 따라서 개개인 자신이 지금까지 살아 왔던
것이다. 그래서 현재의 논구 분석은 개개인 자신에 있어서도 지금까
지 옳은 것으로 수용된 자신의 견해에 대한 비판으로서 진행되는 것
이다. 그러므로 근본적으로 문제가 되는 것은 자기 비판이다. 이러한
자기 비판은 주위의 세계로부터 주장된 견해에 대한 비판으로서 인간
이 지적 호기심에서 행할 수 있는 무해한 유희라기보다는, 오히려 자
기 실존의 뿌리를 붙드는 심연의 고통스러운 과정이다. 그러므로 인
간은 자기 고유한 삶의 전제로 향하는 지금까지의 의견을 수정하는
데 이르나, 자유롭게 비상하는 인식에 대한 기쁨에서가 아니고 그가
자신의 삶 자체의 과정을 통해서 그렇게 하도록 강요받게 될 때, 즉
지금까지의 도정에서 더 이상 나아가지 않고 자신의 삶을 통해 이루
어온 견해에 대해 피할 수 없는 상황에 도달하였을 때에 비로소 그렇
게 될 수 있을 뿐이다.

이렇게 피할 수 없게 된 상황을 우리는 **위기**(Krise)라고 명명하고자
한다. 개개 인간의 개인적인 삶 속에 위기가 있을 수 있으나, 민족의
삶에나 제도 속에도 초개인적이고 역사적인 위기가 있을 수 있다. 어
떻든 위기란 인간으로 하여금 지금까지 그리고 우리에게 자명하게 보
이는 의견에 대한 비판을 비로소 하도록 한다는 사실에서 생긴다. 이
양자(위기와 비판)의 단어가 이미 언어적으로 직접 연관되어 있음과

같이 (Krise, "위기"는 그리스어 명사로부터 나왔고, Kritik, "비판"은 그리스어 명사에서 파생된 형용사로부터 나왔다) 이 양자의 단어도 현실적으로 직접 연관되어 있다. 즉 비판은 위기의 필연적인 결과이다. 이것을 다시 한번 극단적인 방식으로 확증하는 것은 인식이란 자유로운 공간 내의 구속 없는 활동에서 전개되는 것이 아니고, 미리 처음부터 특정한 기능으로서 인간 삶의 전체 연관성으로 정리되어 있고 또한 그와 동시에 그러한 전체 연관성 내에서 비판적인 인식으로서 직접적으로 윤리적인 의미를 가지고 있다는 사실이다.

인간의 삶 속에서 위기의 일반적인 기능은 여기서 상세히 논구될 수 없다. 오직 간단하게나마 기억하여야 하는 것은 사람들이 대체로 가정한 바대로 위기가 결코 단순히 우연적이고 근본적으로 피할 수 있는 사건들이 아니고 오히려 인간 삶의 본질에 속하는 것이고 또 우리가 그렇게 말하고자 한다면, 인간 삶의 완전성에 속한다는 사실이다. [14] 위기를 통과하는 가운데서 비로소—그래서 다른 길이 전혀 없으므로—인간은 본래적이면서 스스로 책임질 줄 아는 실존으로 되고, 그와 동시에 비로소 인간으로 성숙하게 되는 것이다. 그러므로 위기의 가능성은 인간의 현존재를 동물의 생존 그 이상으로 고무시키는 그것이다. 가상적인 결함은 본래적인 위대성으로서 증명된다. 인간은 위기의 필연성으로 인해서 자신의 심연에서 규정되며, 위기 없이 진행되는 삶의 이상(理想)은 신적인 완전성의 어떤 표시가 아니고 인간의 위대성과 책임성에 대한 포기이며, 현실적으로는 인간 이하에 있는 순식물적인 삶의 표현인 것이다. 그러므로 우리는 위기를 구성적으로 받아들이되 인간적인 삶의 이해로 받아들이지 않으면 안 된다. 인간의 이러한 일반적인 단절성(비극적 특징)은 그와 동시에 인식에 있어서도 영향력을 발휘하는 것이다.

그러나 중요한 것은 주위의 세계에서 작용하는 선판단의 논구 분석과 다른 어떤 것인 한에 있어서 인간 자신이 위기로 인해서 자기 자신의 견해를 수정하게 되는 거기에 여러 가지 관계가 비로소 존재하게 된다는 사실이다. 거기에 널리 퍼져 있는 의견과 대립하여 있는 상이한 자신의 의견이 먼저 있고, 그래서 다른 의견과 논구 분석을 하는 가운데에서 비로소 자신의 의견은 사후의 논증을 통하여 인식으로서 확립될 수 있는 것이다. 그러나 여기서 자신의 의견이 단초에 존재하고, 그러한 자신의 의견이 그 지속 불가능성으로 인하여 위기에 이르게 될 때 인식으로서는 존재하지 않는다. 자신의 의견이란 여기서는 그 이상 지속할 수 없는 주장에 대한 확고한 고집일 것이고, 그러므로 더 나은 통찰을 거부하는 자기 아집에 대한 확고한 고집일 것이며 주관성에 빠져 있는 경직성일 것이다. 그러나 이러한 자신의 의견은 위기 속에서 깨어질 것이고, 그러므로 처음부터 중요한 것은 비판을 통해서 이루어지고 비판 속에서 시험되는 통찰이라는 사실이다. 그래서 이미 그 자체로서 진지하고 위기 속에서 달성된 인식이 존재하는 것이지, 그 이상의 확증을 필요로 하지는 않는다.

동시에 우리는 이러한 과정을 기본적이고 사회적인 기능에서 확고한 주관성을 극복하는 데 결정적으로 반대 작용을 하는 운동으로서 보지 않으면 안 된다. 왜냐하면 위기란 자신의 경직성을 타파하는 것을 의미하고, 그로 인하여 달성되는 공동의 진리에 서로 접목하는 것을 의미하기 때문이다. 이와같이 위기는 자신의 자만심으로 스스로를 상실하게 하는 주관을 자기 자신에 사로잡혀 있는 상태로부터 공동적 현존재의 이성으로 회복하게 하는 것이고, 그래서 초개인적인 삶의 이해 관계에 기여하도록 하는 것이다.

그러므로 인식은 그 근원적인 본질에 따라 인간 생활의 위기적 성격과 관련되어 있다. 모든 인식은 어떻든 무관심의 영역에서 우리의 지식을 증가시킬 뿐만 아니라 우리들 삶 자체의 기반에 관계하는 진정한 인식으로서 냉혹하다(hart). 왜냐하면 진정한 인식은 인간으로 하여금 본성적인 고착의 경향성에 대하여 방식을 바꾸도록 하여 고지식하고 애착하게 되는 관념을 체념하도록 하기 때문이다. 그래서 바로 그 냉혹한 것이 진리 내용의 척도가 되는 것이다. 우리들 삶의 가장 내면적인 실체를 포착하지 못하고 우리들 삶에 대한 구체적인 결과를 갖지 못하는 인식은 외적인 것일 뿐이다. 그러므로 인간이 위기

의 강제성으로 인하여 마침내 인식하게 되어야 한다면, 그러한 것은
이해할 만하다. 왜냐하면 모든 진정한 인식은 동시에 우리 자신에 관
계하기 때문이고, 그러한 인식은 언제나 그와 동시에 자기 인식이기
때문이다. 그리고 만일 우리가 (다른 한 연관성 속에서[15]) 인간 삶의
"본래적인"(natürlich) 흐름에 대한 반대 운동이 본질적으로 인간에게
속한다는 사실과 근원에로의 회귀가 인간의 과제로서 설정되어 있다
는 사실을 알 수 있다면, 인식 역시 그러한 실존적인 과제로 수용되
지 않으면 안 된다.

이로써 실존주의자들이 대체로 간과하여 버렸던 인식의 진리를 얻
고자 하는 투쟁이 직접 윤리적이고 실존적인 의미를 획득하게 되었
다. 이러한 물음에서 립스(H. Lipps)는 매우 중요한 요식화에 도달하
였다. 자기 비판적으로 얻어낸 인식의 냉엄한 명백성을 거치지 않고
는 실존의 본래성에 이르는 다른 길이란 존재하지 않는다. 만일 책임
질 줄 아는 명백성에 이르는 의지가 결여되어 있다면, 어떤 무제약적
인 실천적 행위(Engagement)도 필연적으로 내적인 기만으로 되고 말
것이다. 수로 셈하는 것이 무조건 도박만은 아니다. 오히려 삶의 신
빙성에 대한 의지는 사상적인 명백성에 대한 만반의 준비와 불가분하
게 연관되어 있는 것이다. 사람이 명백성에 이르는 의지를 자기 삶의
기틀로 받아들인다면, 인식은 위기에 처하여 외부로부터 강요된 자기
견해의 수정이 아니고, 위기를 통해서 통과하는 가운데에 제기되는
자신의 자유로운 결단의 표현이다. 여기에서 마침내 인간은 완전히
자기 자신에 이르게 된다.

7. 인식의 비판적 기능

이로써 우리가 인식의 발생을 파악해야만 하고 그러한 인식의 발생
을 분리하여 해결할 수 없는 일반 인간학적인 연관성이 논구되었다.
우리는 인식론의 그 밖의 구성에 대해 중요한 것을 다시 한번 간략하

게 요약하고자 한다. 확실한 근거가 있고 또 자신의 직관으로부터 주
장되는 지식에 대한 모든 노력은 원칙적으로 그러한 연관성에 접목되
어야 한다. 그러므로 이러한 모든 노력은 결코 아래로부터 시작할 수
가 없다. 왜냐하면 이러한 노력이 새로운 지식을 전개하여야 하는 공
간을 발견하기 때문이고, 즉 언제나 이미 현전하는 의견에 의해서 조
정되어 있기 때문이다. 이미 현전하는 이러한 의견은 하나의 현실성,
특히 대단히 영향력이 있는 현실인 것이다. 왜냐하면 이러한 의견의
배후에는 집단적인 현존재의 완고한 세력이, 또한 모든 변화에 대하
여 자신이 경탄하는 타성의 완고한 세력이 존재하기 때문이다. 이것
이 의미하는 것은 근거가 있는 지식의 구축이 현전하는 의견에 대한
투쟁에서만 가능하다는 사실이다.

논증되지 않은 의견이나 논증이 불충분한 의견의 논구 분석은 말의
근원적인 의미에 있어서 비판으로서 나타나고, 그러한 말은 허위적인
것을 순화하고 제거하며 또한 옳은 것을 입증하는 것을 의미한다. 이
로써 우리는 인식의 구축이 전통적인 견해에 대한 비판으로서만 가능
하다는 근본적인(그러나 지금까지 거의 충분하게 주의하지 않았던)
결과에 이르게 된다. 그러므로 비판은 비로소 이미 그 이전에 그리고
비판에서 벗어나 획득한 인식을 보장해 주고 순화해 주는 그 후의 작
용이며, 그렇다고 해서 어떤 이차적인 것은 아니다. 비판은 우리들
인식 자체의 근원적인 운동인 것이다. 비판과 더불어 비로소 모든 우
리들의 인식은 시작된다. 그래서 그러한 테두리 내에서 비로소 적극
적인 인식의 구축도 가능하다. 허위로서 인식된 것의 이면 앞에서만
옳은 것이 빛을 발휘하게 된다. 이것은 학문의 차원에서만 비로소 타
당한 것이 아니고 모든 인간의 인식에서도 타당한 것이다. 인식한다
는 것은 현전하여 있는 견해들을 비판적으로 논구 분석하는 것을 말
한다. 그래서 우리가 인간을 인식하는 존재로 규정하는 경우, 그것은
동시에 우리가 인간을 비판하는 존재로서 규정한다는 사실을 말하는
것이다. 이와같이 우리가 인간을 그의 심연으로부터, 더구나 이성이
거나 언어 또는 작업 도구 사용으로부터보다도 더욱 깊은 심연으로부

터 비로소 파악하는 것이다.

이러한 것이 우리가 이전에 인식에 대한 모든 노력의 해석학적 성격이라고 명명한 것의 심화된 표현 양식이다. 문헌학적 해석술 (Auslegekunst)이 무엇보다도 먼저 원전 비판인 것과 마찬가지로 여기에서 점차적으로 심화되어 가는 삶의 해석은 비판으로서 이해되는 것이다. 이것은 그러한 점차적인 확장과 심화가 단절 없는 영구적 발전으로서 일어나는 것이 아니고, 이미 현전하는 것에 대한 영구적인 반대 운동 내에서 그리고 논구 분석과의 투쟁 내에서 일어난다는 사실을 의미한다. 이러한 수행의 어려움은 위에서도 드러난다.

그럼에도 불구하고 현전하는 의견은 더 나은 인식을 하는 데 있어 불편한 장애만은 아니다. 오히려 의견은 그러한 저항을 통하여 비판을 모든 것의 논증된 인식으로서 가능하게 하는 어떤 것이다. 현전하는 의견은 좀더 나은 인식에 대한 노력이 이루어져야 하고, 말하자면 반발이 일어나야 하는 기반이다. 이러한 출발의 입장 없이는 인식을 위한 노력이란 마치 허공을 찌르는 것과 같다. 오류가 비로소 진정한 인식을 가능하게 한다. 그리고 흔히 순간적으로는 지양 불가능한 대립 명제로서, 그리고 점차적으로 심화되어 가는 인식의 활동에서는 필연적인 수정으로서만 서술되는 것이 증명되기도 한다.

□ 註 ━━━━━━━━━━━━━━━━

1) G. Bachelard, *Poetik des Raumes* (München, 1960), 46면 이하 참조.
2) M. Heidegger, *Sein und Zeit* (Halle a.d. Saale, 1927), 117면 이하.
3) Th. Litt, *Das Bildungsideal der deutschen Klassik und die moderne Arbeitswelt*, 제 2판 (Bochum).
4) I. Kant, *Werke*, hrsg. von E. Cassirer (Berlin, 1922 이후), 제 4권, 167면.

158

5) O.F. Bollnow, "Erziehung zur Urteilsfähigkeit", in *Maß und Vermessenheit des Menschen* (Göttingen, 1962), 107면 이하 참조.

6) K. Jaspers, *Philosophie* (Berlin, 1932), 제2권, 51면.

7) 같은 책, 51면.

8) "그러한 것을 야스퍼스도 분명하게 지적하였다. 이러한 원시적 상태에 내한 심리학직·사회학적 연구는 싱대적인 배경으로서는 언제나 현실적이고 전체로서는 하나의 가능성인 것이다." 같은 책, 51면 각주.

9) O.F. Bollnow, *Existenzphilosophie* (제1판, Stuttgart, 1943/제7판, 1969), 50면.

10) Heidegger, 앞의 책, 168면.

11) 같은 책, 169면.

12) 같은 책, 같은 면.

13) 같은 책, 170면.

14) O.F. Bollnow, "Die menschliche Bedeutung von Krise und Kritik", in *Krise und neuer Anfang* (Heidelberg, 1966), 9면 이하 참조.

15) 같은 책, 32면 이하.

제7장

선이해의 해석

여기에서 우리는 전통적인 의견을 비판적으로 논구 분석하도록 하는 근거에 대하여 물은 후에, 비로소 선판단에 고착되어 있는 지금까지의 견해에 대하여 어떤 방식으로 좀더 나은 통찰이 논증될 수 있는가 하는 참된 인식론적인 물음을 제기하고자 한다. 이것이 진리의 증명에 대한 물음이다. 우리는 여기서 특히 정신적이고 사회적인 세계에 있는 여러 가지 관계에 눈을 돌리지 않으면 안 된다. 왜냐하면 (아주 넓은 의미에서) 수공업적이고 기술적인 영역에는 그렇게 큰 어려움이 없기 때문이다. 여기에서 실용주의적인 진리 개념이 만족할 만한 해답을 제시하고 있다. 즉 진리란 인간의 행위 가운데에서 그 결과로 인해 목적에 적합한 것으로 증명되는 그것이라는 말이다. 그러나 우리는 곧바로 그러한 진리의 척도에는 일정한 한계가 있다는 사실을 인식하게 된다. 어떤 자료가 일정한 목적에 적합한지 또는 어떤 생산의 수행 작용이 내가 곧바로 결과를 인식하는 목적에 도달하는지, 어떤 윤리적인 견해가 옳은지(예를 들면 살인을 금하는 견해), 국가의 헌법이나 사회 질서가 옳은지 그리고 어떻게 생활 유지가 (즉 무조건적인 투입의 생활 태도가) 평가될 수 있는지 하는 것을 모두 동일한 방식으로 인해 생긴 결과에서 검토할 수는 없다. 종종 일반적으로 비교하기는 어려우나 그래도 우리가 결정하여야 하는 상이한 해결의 발단 명제는 존재하는 것이다.

1. 비합리적 경험의 확실성(겔렌)

현대의 학문론은 이상과 같은 (규칙적인) 진술이 어떠한 인식 가치도 갖지 않으며, 그러한 진술은 학문에서 배제되어야 한다는 결론을 도출하였다. 그래서 우리는 사실상 주장의 정당성을 검증 가능성에서 측정하게 되는 소위 경험주의적인 의미 척도에 엄밀하게 의존해 있는 학문을 구축해야 하는 것이다. 그 결과는 학문의 영역이 대단히 편협되어 있으며 그로 인해서 학문적 처리의 가능성에서 배제되어 있다는 사실이다. 이것은 학문의 영역에서는 더 이상 논의될 필요가 없다는 하나의 가능적인 입장이다. 그러나 우리는 이러한 제한하에서 현실적으로 생활할 수가 없다. 우리가 행위를 하기 위해 필요한 결단을 완전히 자의에 맡기려 하지 않는다면, 그러한 결단을 이성적으로 논증할 수 있어야 한다. 다시 말하면 우리는 옳은 것과 그른 것을 인식하고자 하는 노력과 더불어 접근하기 어려운 그러한 영역으로 밀고 나가지 않으면 안 된다.

이러한 어려움은 겔렌(A. Gehlen)의 《인간》(Mensch)이라는 책의 "인식과 진리"라는 장에서 가장 잘 밝혀져 있다. 그는 여기에서 감성적 확실성과 이성적 일관성 그리고 실용적인 확인에 근거하고 있는 진리의 세 가지 형태를 구별하였다. 첫번째로부터 두 가지의 진리 형태는 궁극적으로 진리의 세번째 형태인 실용주의적 진리 개념으로 회귀될 수 있다는 사실을 지적한다. 그러나 이 자리에서 우리에게 관심을 끄는 것은 겔렌이 인식의 가능성보다는 행위의 필연성[1]이 더욱 우위를 차지한다는 것을 밝혀 우리의 주의를 환기시키고 있다는 사실이다. 다시 말하면 우리가 인식의 개념을 앞에서 언급한 세 가지의 진리 형태라는 테두리에 확정할 경우 그렇다는 말이다. 그러므로 겔렌 자신은 여기에서 그러한 결함을 메울 유사(類似)-인식(Quasi-Erkenntnis)이라고 하는 추가적인 형태를 도입하지 않을 수가 없음을 알았다. 그는 그러한 유사-인식의 형태를 "비합리적인 경험의 확실성"이라고 명명하고, 그러한 명칭 아래 확실한 인식이 거부되는 곳에서 등장하는 "비합리적인, 그러나 철저히 경험에 만족하는 확실성"[2]을 이해하고자 하였다. 그러나 중요한 것은 이러한 비합리적인 확실성이 단순히 머리와 마음속으로만 소망하는 허구적인 것을 말하는 것은 아니라는 것이다. 그러므로 결단은 결여되어 있는 "이상"(Ideale)의 영역에 안착되어 있는 것이 아니고, 그 자신의 경험에 논증되어 있다는 사실인 것이다. 진리를 요구하는 어떠한 인식도 도출될 수 없는 경험이 존재하지 않으면 안 된다.

그러나 이 자리에서는 논증의 연관성을 역으로 바꾸어 놓는 것이, 즉 이러한 "비합리적 경험의 확실성"을 체계와는 생소한 요소로서 추가적으로 접목시키는 상태로 삼지 않고, 처음부터 비합리적인 경험의 확실성으로부터 출발하여 그러한 경험의 확실성을 인식의 가장 근원적인 형태로서 정초하고, 그러한 토대에서 비로소 다른 형태들을 발전시켜 나가는 것이 목적에 더욱 적합할는지 모른다.

2. 선이해(先理解)

본질적으로 겔렌의 그러한 "비합리적인 경험의 확실성"의 영역을 우리는 이전에는 기본적인 삶의 이해라고 표현하였고, 그 후에는 지배적인 의견의 영역으로서 더욱더 자세히 고찰하였던 것과 같이 설정해도 될 것이다. 이러한 개념들이 완전히 은폐되지 않는다면 하나의 통일적인 현상을 파악하는 여러 가지 방식들이 있을 것이다. 그러므로 좀더 정확한 개념적인 구별이 어떤 실효를 거두지 못함으로써 우

162

리는 그러한 구별을 포기할 수밖에 없는 것이다.

우리가 몇 번이나 주목하였던 것은 지식의 이러한 기층(Grund-schicht)이 엄밀한 의미에서 무의식적이지는 않다고 하더라도, 일상적으로 주의를 받지 못한 채 이면에 잔존하여 있다는 사실과 특수한 기회가 있을 때만 비로소 주의를 끌게 되있나는 사실이다. 그러므로 그러한 지식의 기층에 대하여 선이해라는 명칭을 우리가 붙이게 되었다. 선이해라는 명칭은 선이해가 본래 명백하고 자기 자신을 의식하는 이해 이전에 있는 이해이고, 아직 전개되지 않는 이해의 전형태(前形態)이며, 그러한 이해의 전형태란 아직 전개되지 않은 형태로 무력한 것이 아니고 바로 여기 은폐된 형태로 가장 강력한 작용을 전개한다는 사실을 말하는 것이다.

선이해의 개념은 하이데거(M. Heidegger)에게서 유래한다. 그는 다음과 같은 사실을 말하고 있다. 즉 존재자에 관한 모든 이해(그의 표현 방식에 따르면 "존재적 진리"(die ontische Wahrheit))는 "이미 언제나 그 이전에 존재자의 존재(존재 구조: 내용 존재와 방법 존재, Was-sein und Wie-sein) 이해를 통하여 밝혀지고 또 인도된다"[3]는 사실이며, 그러한 존재자의 존재 이해를 그는 "존재론적 진리"(die ontologische Wahrheit)라고 명명하였다. "존재자에 대한 이러한 모든 태도를 앞서서 밝히고 인도하는", [4] 그러나 "아직 개념화되지 않은" 존재의 이해를 하이데거는 "선-존재론적 존재 이해"(das voronto-logische Seinsverständnis)라고 표현하였다. 이 "선-존재론적 존재 이해" 후에 이루어지는 모든 이해의 근거가 존재하고, 그러한 근거가 존재론에서 전개될 수 있는 것이다.

이러한 의미에서 말할 수 있는 것은 모든 인간적인 세계 파악과 모든 지각 그리고 경험이 선이해로 인해 "이미 언제나 밝혀지고 인도된다"는 사실이다. 이러한 선이해는 훗설(E. Husserl)이 경험과 관계하여 개별적으로 전개하였던 것과 같이 그러한 개별적인 작용 능력이 발전하게 되는 "선험적" 지평을 형성한다. [5] 그러나 만일 우리가 선이해의 개념을 하이데거적 존재론의 체계적인 테두리에서 벗어나 자유

로운 의미로 사용한다면, 이러한 선이해의 개념은 곧바로 애매하게
되고 말 것이다. 그러한 애매성을 큠멜(F. Kümmel)은 문헌학적인 원
전 해석에 의거하여 "수반적 선이해"(das mitgebrachte Vorverständnis)
와 "선취적 선이해"(das antizipierende Vorverständnis)를 구별함으로써
밝히려고 하였다. 6) 이러한 구별 역시 우리의 문제를 해결하기 위해서
는 대단히 중요하다. "선취적 선이해"란 전체(예를 들면 시적인 작
품)를 먼저 예감적으로 파악하는 것이고, 그 다음 해석의 작업을 통
하여 점차적으로 그러한 파악이 좀더 정확한 규정성을 획득하게 되는
것이다. 이러한 "선취적 선이해"는 물론 사실과 접촉하는 가운데 비
로소 형성되며, 그러한 사실로부터 어느 정도 야기된다. 이것이 발전
적인 인식 과정 가운데 있는 최초의 작용 능력이다. 그러한 인식에
관해 언급한다는 것은 물론 언제나 특정한 작품에 관련된 하나의 의
미만을 가지는 것이다. 그러나 그것은 그와 동시에 이러한 인식에 있
어서는 이미 언제나 충분한 지식과 능력이, 즉 일반적인 세계 이해와
삶의 이해에 있어서는 대단히 효과적이라는 것이다. 그러한 이해를
큠멜은 "수반적 선이해"라고 명명하였다. 이러한 구별은 문헌학적인
예를 훨씬 초월하여 인식의 각 형식에 적용할 수 있는 것이다. 일자
는 언제나 동일하고 보편적이며 그리고 가장 상이한 대상에 적용할
수 있는 이해이고, 타자는 오직 특정한 대상과 관련해서만 그러한 특
정 대상을 파악하는 구체적인 이해 과정의 제일 선도적인 지체로서
타당하다.
　이러한 구별은 우리들의 논지 연관성에서 보면 대단한 성과이다.
왜냐하면 이 구별이 여기서 우리가 생각하고 있는 것을 명백하게 부
각시키는 데 도움을 줄 수 있기 때문이다. 여기서는 먼저 오직 수반
적 선이해가 중요하다. 다시 말하면 구체적인 인식 과정에 미리 정리
되어 있는 선험적인 것이 중요하다는 말이다. 이러한 수반적 선이해
는 인식하는 사람 자신이 자명한 확실성 내에서 활동하는 한 그 자신
에게 은폐되어 있을 수도 있다. 학문적인 연구 역시 그러한 무반성적
으로 받아들인 이해를 가지고 일말의 좋은 결과를 낼 수도 있을 것이

164

다. 그러나—역사적인 변천의 시기와 같이—무이성적인 것이 등장하여 그러한 자명성의 한계에 부딪치게 될 때는 사정이 다르게 된다. 이제 비로소 그러한 이해의 지평과 지평 내에 포함되어 있는 근본 개념을 분명하게 확인하고 또 그러한 이해의 지평을 비판적으로 논구 분석해야 하는 과제가 발생한다. 우리들은 이러한 과제를 이전의 고찰에 따라 선이해의 해석학(Hermeneutik des Vorverständnis) 과제라고 명명하고자 하는 것이다.

이러한 해석학은 무의식적으로 이미 언제나 모든 인식에 있어서 주도적이었던 것을 명백히 의식하도록 하는 과제를 가지고 있다. 그러나 우리가 해석학이 근원적으로 발전되어 나왔던 문헌학으로부터 해석학의 개념을 선이해의 해석으로 이해하게 되면, 문헌학적 해석학이 그러한 방식으로 알려지지 못했던 어려움을 알게 된다. 왜냐하면 이러한 문헌학적 해석학은 사전에 주어져 있는 특정한 원전을 취급해야 했기 때문이다. 그러한 원전은 해석을 필요로 하였던 확실한 소여성이었고, 그의 "저항"에 접하여 해석의 옳고 그름을 인식할 수 있었다. 그러나 선이해란 파악하기가 대단히 어려워 그러한 "사실의 저항"(Widerstand der Sache)을 제공하지 못한다. 사실상 해석을 검토하고 수정할 수 있는 어떠한 통제 기구도 존재하지 않는다. 그러므로 해석은 언제나 오직 근본적으로 "이미 언제나" 이해되었던 것의 의식화 또는 표현화인 것이다.

이것은 선이해를 무시간적이고 확고한 존립 상태로, 즉 인간에게 본성으로 함께 소여되어 있고 또 개개인의 생활과 인간 역사의 진행 과정 가운데서 전혀 변화하지 않는 엄격한 칸트적 의미에 있어서 선험적인 것으로 파악하도록 한다. 그래서 이러한 것을 하이데거는 자신의 "(인간) 현존재의 해석학"으로 파악하여 그 구조를 확실한 현존재의 존재론에서 연구하여 밝혀내었다. 그러나 이러한 발단 명제의 결과는 그러한 세계에서는 사실상 새 것이란 어떠한 것도 생겨날 수 없다는 사실을 말해 준다. 인간 현존재 역시 언제나 새로 "수행"할 수 있는 확고한 틀에 매여 있게 된다. 이러한 것이 본래적으로 무역사적인 역사 이론을 낳게 하였다. 이러한 역사 이론의 역설은 이미 미쉬(G. Misch)가 자신의 하이데거에 대한 연구서에서 지적하였던 것이다. [7] 물리적인 형상에는 물이 흘러가는 통로들이 분명하게 있는 것이고, 또한 그러한 통로들로 인해서 변화되지 않는 정지된 흐름이 있는 것이다. 궁극적으로 이러한 것은 미래 없는 세계이고, 이러한 세계에는 어떠한 변화와 진보도 존재하는 것이 아니고 오직 하나의 반복 가능성만이 존재하는 것이다.

3. 선판단이라는 개념의 복권(가다머)

이러한 결론을 하이데거의 제자인 가다머(H.-G. Gadamer)가 자신의 중요한 저서 《진리와 방법》(*Wahrheit und Methode*)[8]에서 명백히 끌어내었다. 가다머는 여기서 무전제적인 인식 구축의 불가능성과 선행적이고 주도적인 이해에 대한 의존성을 "모든 이해의 본질적인 선판단성"[8]이라고 명명하고, 거기에서 발생하는 결론을 "선판단이라는 개념의 복권"[9]으로 요식화하고 있다. 우리는 이러한 전향과 연관하여 논하고자 한다. 왜냐하면 이러한 전향은, 그는 올바르게 보았지만 (완고하고 도발적인 요식화에 대한 기쁨에서) 우리에게는 오해될 수 있는 방식으로 표현되거나 또한 복잡하게 얽힐 수도 있을 것이기 때문이다.

먼저 인식이란 결코 "아무런 전제 없이" 아래로부터 시작하는 것이 아니고, 언제나 이미 현전하는 이해 즉 "선이해"(Vorverständnis)에서 발단된다는 사실은 근본적으로 옳다. 그러므로 가다머는 하이데거와 연관하여 "이해의 선구조"(Vorstruktur des Verstehens)에 관해서 언급한다. 그리고 그는 다시 아주 바람직하게 그러한 이해가 어떻게 집단적인 현존재 속에 뿌리를 내리고 있는가를 밝힌다. 즉 "우리가 재반성 자체 내에서 우리 자신을 이해하기 훨씬 이전에, 우리는 우리 자신을 우리가 살고 있는 가정과 사회 그리고 국가에서 자명한 방식으로 이미 이해하고 있다. … 그러므로 개개인의 선판단은 개인의 판단 그 이상으로 그 개인 존재의 역사적인 현실이다."¹⁰⁾ 다시 말하면 개개인의 선판단은 기본적으로 집단적인 기층에 뿌리를 두고 있는 것이다.

그러나 선판단이라는 독자적인 개념과 "계몽주의도 인한 선판난의 격하 운동"에 대한 불필요하고 잘못된 공격으로 인하여 그 자체로는 정당한 발단 명제가 처음부터 빗나간 상태로 되고 말았다. 그래서 가다머는 다음과 같이 시작하고 있다. 즉 "개념사적인 분석은, 계몽주의로 인하여 비로소 선판단의 개념이 우리들에게 익숙하게 된 부정적인 의미를 제공하게 된다는 사실을 말하여 준다." 그리고 그는 계속해서 "자체적으로 선판단이란 사실적으로 규정되는 모든 요소의 궁극적인 시험 이전에 행해지는 하나의 판단이며, 그러한 판단을 수행하는 가운데 선판단은 본래적인 최종 판단을 내리기 이전에 법률적으로 선판결하는 것을 말한다"¹¹⁾라고 쓰고 있다. 이것은 물론 옳다. 그러나 이미 그렇게 요식화되는 한 거기에서 나온 결과는 더 이상 옳지 않게 된다. 우리는 현전하는 이해를 이미 현전하고 있는 판단(Urteil)이라고, 즉 선판단(Vorurteil)이라고 명명할 수 있다. 특히 우리가 법률적인 용어를 참조하면, 선판단이란 "다른 한 판단에, 특히 최종 판결에 선행하는 법정의 판단"을 의미한다.¹²⁾ 그러나 이러한 용어 사용은 법정적인 선판단이 언제나 이미 하나의 진정한 판단, 다시 말하면 명백한 의식에서 이루어진 결단일 경우에는 전용(轉用) 불가능하다. 그러한 반면에 여기서 언급되는 사실에서는 아직 전혀 규정되지 않은 막연한 파악으로 문제되는 것이다. 그러나 법률 용어 사용 이외의 영역에서는 선판단이라는 개념이 계몽주의로부터 "부정적으로 강조되어 왔을" 뿐만 아니라, 또한 전적으로 계몽주의로부터 비로소 도입되었다. 어떻든 그 이후로 선판단이라는 개념이 일반적인 언어 사용으로 확정됨으로써, 잘못된 방식의 감정적인 편견으로 이해되었고, 그러한 감정적인 편견이 자유로운 발전을 끊임없이 저해하여 왔다. 그러므로 이러한 편견은 명백히 인식함으로써 수정되지 않으면 안 된다. 이러한 선판단에 대하여 정당하고 또 언제나 다시 수용될 수 있는 계몽의 투쟁이 이루어져야 한다. 이러한 선판단이란 명백한 통찰로 인하여 검토되고 또 수정되는 일에서 벗어나 있는 선입견(Voreingenommen-heiten)이다.

이것은 한 단어에 대한 시시비비 그 이상이다. 왜냐하면 무해하게 보이는 한 단어의 교체 이면에서 사실의 이해가 바뀌게 되고, 이해되지 않으면 안 되는 방향으로 밀어 제쳐지기 때문이다. 판단이란 결정성에 대한 요구로서 이루어지는 결단이다. 그러한 판단은 변용되는 것도 보충되는 것도 아니나, 오직 전체로서만 지양될 수 있는 것이며 특히 고등 법정을 통해서 지양될 수 있는 것이다. 어떠한 법정도 한번 내린 그 자신의 판단을 지양시킬 자유를 가지고 있지 않다. 그러나 삶의 이해에 뿌리를 두고 있는 의견의 영역에서는 아주 다르다. 이러한 의견은 아주 심할 정도로 불구속적이고 유동적이며 새로운 경험을 통해서 변화될 수 있고 변용될 수 있는 것이다. 경험이 진행되는 가운데 선취적인 이해와 수정적인 현실간의 상호 작용이 이루어짐으로써 선이해 자체가 풍부하게 된다. 의견이란 결코 확정적이고 완결적인 소유가 아니고, 변화하며 성장하는 것이고, 그 중도(中道)에서 확실한 인식이 발생하는 것이다. 이에 반하여 선판단은 개방적이지 않고, 미리 처음부터 확정되어 있으므로 언급 불가능한 것이다. 이러한 선판단은 경험을 통해서만 입증될 수 있고, 또 경험은 후차적인 검증의 성격을 획득하게 되며 그리고 선판단의 강제성 여하에 따라 경험은 그러한 검증의 장치로 환원된다. (여기에서 우리는 다시 한번 … 한다는 사실을 아는 것이다.)

물론 선판단은 어디에나 존재한다. 의견은 선판단으로 확정될 수 있는 경향을 띠기도 한다. 그래서 우리는 이미 앞에서 선판단에 관해 언급한 바 있다. [13] 그러나 만일 가다머가 일반적으로 선이해를 선판단으로 해석한다면, 그러한 것은 (바라지는 않지만 불가피하게) 다음과 같은 결과에 이르게 된다. 즉 그로써 단어가 가지고 있는 부정적인 의미에 있어서 모든 선판단, 다시 말하면 자유로운 발전을 저해하

168

는 숨막히고 편협된 모든 선판단이 정당화된 것으로 나타난다는 사실에 이른다는 말이다. 선판단을 "합법성과 타당성"으로 검토하고 "이성의 인식"을 통하여 정당화될 수 있는, 특히 가다머에 있어서 철저하게 심오한 관계를 가지고 등장하는 가능성은 이미 자유로운 비판적인 거리를 전제하고 있으며, 그러한 비판적 거리는 현실적인 선판단의 힘으로 인해 곧바로 저지되는 것이다. 그러나 그러한 한에 있어서 "선판단에 대한 투쟁"은 결코 자기 편으로 보아서 선판단이 아니고, 그러한 강압에서 해방하려는 의지이므로, 계몽의 지속적이고 양도할 수 없는 권리에서는 불가결의 구성 요소인 것이다. 이러한 의미에서 가다머가 인용하고 있는 슈트라우스(L. Strauß)의 문장은 다음과 같다. 즉 "'선판단'이라는 말은 계몽주의의 위대한 의욕에 대한 그리고 자유롭고 사심 없는 시험을 하고자 하는 의지에 대한 가장 적절한 표현인 것이다."[14]

만일 우리가 선이해를 선판단으로 파악하고자 한다면, 우리는 언제나 새롭고 그 자체로 풍부하게 되는 경험의 개방성을 파괴하여 인간을 수반적인 선판단의 부동적(不動的)이고 폐쇄적인 순환 논법에 포함시키는 결과가 되는 것이다. 이때 선이해의 해석학은 단순한 설명의 결실 없는 과정이 되어 버린다. 여기에서는 오직 뒤로만 향하는, 특히 과거로 되돌아가 버려 미래에 대한 무개방성의 철학이 발생할지도 모른다. 그러나 이로 인해서 그러한 입장이 정치적인 의미에 있어서도 반동적으로 악용될 수 있는 위험에 빠지게 된다. 다시 말하면 현존하는 선판단은 그러한 입장으로부터 철학적 합법성의 가상을 가지고 있다는 말이다. 여기에 대해서 중요한 것은 해석학적 상황을 이해하는 것이고, 그러한 상황이 긍정적인 의미에서 외부로부터 해석학적 상황을 접하게 하는 새로운 계기에 대해 스스로를 개방하고 있다는 사실이다. 그러나 정확하게 선이해와 풍부한 새로운 경험간의 "대화"(Gespräch)—상황을 가다머는 참으로 이미 그 스스로 전통과의 관계에서 "해석학적 경험"이라는 개념으로 확신을 가지고 밝혀 내었고, 그러한 한에 있어서 숙고한다는 것이 그 자신의 해석학 자체에 해당

하는 것이 아니고, 오직 선판단이라는 개념의 부적절한 응용이 거기
에 해당하는 것이다. 그러나 새 것에 대한 이러한 개방은 아직도 여
전히 필요하게 된다. 특히 그러한 개방이 오직 과거에만 적용될 뿐만
아니라, 미래로부터 예측하지도 못하고 또 예측할 수도 없는 상태에
서 인간에게 나타나는 경우에 특히 그러한 것이다.

4. 착상으로 옮아 넣음(립스에 대한 여론)

아주 독자적으로 그러면서도 아주 생동적으로, 특히 하이데거의 철
학 근거로부터 많은 영향을 받은 전향의 계기가 립스(H. Lipps)의 저
서 《해석학적 논리학》(*Hermeneutische Logik*) [15]에서, 즉 인간을 선포착
(Vorgriff)에 "옭아 넣음"(Verstrickung)으로서 나타났다. 물론 그렇다
고해서 그에게 있어서 색다른 것은 그가 닫혀져 있는 이해 지평의 전
체에 대해서 관심을 가진 것이 아니고(그러한 것에 관심을 가지는 것
은 립스에게는 상당히 심사숙고해야 하는 체계학으로서 나타났다),
그때마다 오직 개별적인 착상에 대해서만 관심을 가졌다는 사실이다.
(우리가 가다머에게서와 같이 립스의 아주 중요한 저서에서 개별적
인, 그러나 우리들에게는 중요하게 보이는 한 단면을 찾아 밝혀낸다
는 사실을 기억할 수 있어야 할 것이다. [16]) 우리는 지금 당장 립스의
예리한 표현을 인용할 수도 있을 것이다. 왜냐하면 그러한 표현이 전
체 연관성에 대한 근본적인 반성에 아주 적절하기 때문이다.

우리는 이미 서론에서 해석학적 논리학이 해석학적으로 논증된 인
식 철학의 연구에 대하여 많은 유사점을 가지고 있음을 지적하였
다. [17] 그래서 우리는 그 점을 다시 한번 논하지 않으면 안 된다. 우
리는 여기서 물론 해석학적 논리학의 이념을 1920년대에 있어서 미
쉬가 어떻게 딜타이(W. Dilthey)의 발단 명제를 이어받아 더욱 전개
하였고 또 그 당시 괴팅겐에 있던 립스와 쾨니히(F. König) 그리고
이들과 긴밀한 관계를 가지고 있던 플레스너(H. Plessner) 역시 이를

어떻게 수용하였는지 상세히 논구할 수는 없다. 우리는 현재의 연관성만을 중요시하여 립스의 사상을 그 자신의 저서인 《해석학적 논리학 연구》(*Untersuchungen zu einer hermeneutischen Logik*)를 통해 고찰하고자 한다. 특히 우리는 그 저서 속에 나타나 있는 해석학적 논리학의 사상이 실존 철학적인 개념의 영향을 받아 역사적인 생철학에 뿌리를 두고 있는 근본적인 미쉬의 의도에 일치하였다기보다는 완전히 다른 방향에서 전개되었다는 사실을 알고 있다. 그러므로 미쉬의 논리학 강의가 지금까지 아직 출판되지 않고 있다는 사실은 고사하고라도 그의 사상을 파악하기란 대단히 어렵기 때문에, 립스를 밝히는 것이 우리들의 문제 설정을 해결하는 데 특히 생산적일 수 있는 특수한 전향이라고 할 수 있을 것이다. (전향이지 편협이라고 하지 않겠다.)

이 자리에서 우리가 취급하고자 하는 문제를 논증하기 위해서 우리는 일반적인 연관성을 먼저 아주 요약하여 밝히려고 한다.

(1) 해석학적 또는 철학적 논리학

립스는 마지막으로 해석학적 논리학이라는 명칭을 수용하였던 자신의 논리학을 10년 전에 구상하였던 짧은 논고에서 철학적 논리학(philosophische Logik)이라 명명하였다. [18] 그는 이 명칭을 그 후에 해석학적 논리학을 서술하면서 역시 그와 병행하여 쓰고 있다. [19] 립스는 그러한 것을 넘어서서 자신의 의도를 칸트(I. Kant)의 초월론적 논리학에 대한 관계로 설정하였다. 그는 자신의 논리학을 다른 것과 구별하여 "철학적"이라고 표현함으로써 자기에게는 전통적 논리학이 본래적으로 철학적이 아니라는 사실을, 다시 말하면 전통적 논리학이 형식에 그침으로써 그러한 논리학이란 본래적으로 철학적인 물음을 빠뜨리고 있다는 사실을 표현하고자 하였다.

이제 립스 자신의 의도를 바르게 파악하기 위하여 우리는 그 자신이 해석학적 논리학을 성격지우고 있는 주장에서부터 출발하는 것이 가장 바람직할 것이다. 그는 이미 언어 문제를 다루는 곳에서 다음과 같이 말하고 있다. 즉 "논리학을 하나의 체계로서 분석, 전개하는 대신에 그 의도 자체가 반성적으로 파악될 수 있는 것이다."[20] 우리가 형식 논리학에 있어서 "공리"(Grundsätze)로서 요식화할 수 있다고 믿는 것은 "사실적으로 생동적인 실제 행위 속에 들어 있는 것이다."[21] "실존이 실현되는 단계의 유형으로 대신할 수 있는 것은…판단의 형태학이다."[22] "차후적인 대상화"에 대하여 중요한 것은 "능동적인 사고 관계"이고, 우리는 그러한 사고 관계를 언제나 현실적인 실제 행위에서만 관찰할 수 있는 것이다. 궁극적으로 "어디에서나… 인간에 대한 물음이 중요하게 된다"[23]고 립스는 강조한다. 그러므로 그에게 있어서는 완성된 형상을 인간 삶 속에 있는 근원으로 환원시키고 또 그러한 인간 삶 속에서 실현되어야 하는 작용 능력에서 완성된 형상을 이해하고자 하는 일반적인 인간학적 물음이 가능한 것이다. 이러한 의미에서 립스는 "근원의 노출화"[24]에 관해서 말하고, "해석학적으로 발견하는 데" 타당한 "선포착"(Vorgriff)에 관해서 말하며[25] 그리고 "오직 차후적으로만…설명"될 수 있는 자명성에 관해서 말하고 있다.[26] 이때 특별히 논증되지 않은 가운데 한 "근원"에서 생성이 아주 특정한 방식으로 파악되므로, 바로 거기에 대해서 우리는 특별히 강조하여 지적하지 않으면 안 된다. 왜냐하면 그로써 그 밖의 사상 전개가 결정되기 때문이다. 립스는 은폐되어 있으나 그 후 비로소 명백하게 될 수 있는 단초를 통해서 이미 미래적인 작용 능력으로 규정되어 있다는 사실을 표현하기 위하여 "선포착"에 관해서 말한다. 그러한 단초는 발전사적인 고찰에서 해명될 수 있는 가운데 전개되는 맹아가 아니고, 거역 불가능한 방식으로 이미 내려진 하나의 결단이며, 그리고 뒤따르는 발전을 규정하는, 그러므로 모든 의식적인 행위 이전에 이미 한번 내려진, 그래서 확정되어 있으나, 아직 차후로 설명될 수 있는 하나의 선-결단(Vor-Entscheidung)을 규정하는 결정인 것이다.

172

(2) 착상의 개념

이러한 견해로부터 생기는 결과로 인해서 우리는 다음의 문제에 대한 두 가지의 아주 중요한 입장을 상세히 고찰하지 않으면 안 된다. 그 하나는 립스가 실천적 "착상"(Konzeption)에 관해서 말하고 있는 장(章) 속에 들어 있다. 착상이라는 개념은 립스의 특색을 잘 나타내 준다. 일반적으로 착상이란 그에게는 우리들이 정의(定義)할 수 있는 논리학에서 취급되는 개념과는 달리 근본 개념들의 특정한 양식이고, 오직 그러한 사용에서만 확증될 수 있는 특정한 방식이다. 립스는 우리가 현실을 파악하는 "포착"(Griffen)에 관해서 언급한다. 언어 철학적으로 아주 중요한 착상에 관한 이론은 여기서 더 이상 다룰 수가 없다.[27] 여기서는 립스의 의미에 있어서 "착상"이 자연적 세계 이해와 삶의 이해가 명백하게 나타나는 기본적인 언어 형식이라는 사실만을 지적하는 것으로 충분할 것이다. 그러므로 우리는 착상에서 가장 근원적인 형식으로 주도적인 선이해(또는 선판단, Vorurteil)를 경험하여, 그러한 착상에서 일반적인 문제를 상세하게 파악하기를 희망할 수 있다. 오직 이 자리에서 우리에게 중요한 것은 착상 속에 내포되어 있는 선이해가 어떻게 파악될 수 있는가 하는 물음이다.

립스는 이제 "착상"에서는 무엇보다도 "선포착"(Vorgriff)이 중요하고 "선결단"이 중요하다는 사실에서부터 출발하여, "그러한 선포착은 오직 해석학적으로 인식될 수 있다"[28]는 사실을 강조한다. "그러나 해석학적으로 인식되는 것이 그 자체로는 거기에 따른 선행성(Vorgängigkeit)으로 인해 알려지지는 않는다"[29]고 그가 언급함으로써 결국 "그러한 방식으로 장악하여 주도하고 있는 것에서는 우리가 다만 차후에 관계할 수 있을 뿐이다. 그래서 우리는 진행중일 때 정지할 수 있다"[30]고 말한다. 이것은 "해석학"이 차후적인 반성의 한 형태라는 사실을 의미하는 것이다. 해석학은 그 이전에 오직 무의식적으로 주도적이었던 것을 분명하게 밝히는 것이다. 그러나 이것은 그러한 인식에 대해서 무전제적인 단초가 존재하는 것이 아니고, 무의식적으로 이미 언제나 이해되었던 것이 되돌아보는 가운데에서만 분명하게 된다는 사실을 의미한다. 실제로는 그 이상일지도 모른다. 그러한 선포착을 우리는 결코 행위 이전의 직접적인 반성에서는 확정할 수가 없다. 우리가 행위하는 가운데 예기치 않은 방식 때문에 당황하게 되었을 때, 우리는 그러한 선포착을 오직 행위함 자체에서만 고찰할 수 있다. 만일 우리가 행위 속에 들어가 있다면, 우리는 일정한 조건하에서 그러한(선포착이라는) 개념을 사용하는 경우에 "해당"(betreffen)될 수 있을 것이다.

그리고 이에 대한 또 다른 중요한 입장은 다음과 같다. 즉 "예를 들면 일정한 의미에 있어서 그 이전에 일자에게는 무의식적이었던 것이 다른 일자에겐 새로 의식되는 것이다. 이 경우에 아직 분명하게 획득되지 않은 것이 무의식적인 것으로 표현되고, 그러한 것의 지도하에서 현존재는 바로 그 속에서 스스로를 이해하는 것이다."³¹⁾ 그러므로 이러한 것은 인간의 과제—그리고 특히 자기 생성의 과정—가 무의식적인, 다시 말하면 분명하지 않은 자기 이해를 분명하게 획득하는 데 존재한다는 사실을 의미한다. 자신을 분명하게 획득한다는 이러한 개념에는 해석학적인 발단 명제 자체에 생소한 다른 사상이 들어와 있다. 이것이 키에르케고르(S.A. Kierkegaard)와 하이데거의 의미에 있어서 인수(das Übernehmen)이다. 그래서 이러한 방향에서는 다음과 같은 내용이 이어질 수 있다. 즉 "본질적으로 선행하는 것으로서 찾아낼 수 있는 기초 작업을 하는 경우에 사람은 다만 자신에 관계할 수 있다는 사실, 사람은 언제나 자기 자신 속에 옮아 매어져 있고 근거의 주변에 사로잡혀 있다는 사실이다. 올바른 이해는 곧바로 다음과 같은 사실에서 알려진다. 즉 사람은 자기 근원에서 자신을 획득하기 위하여 다만 그러한 자기 이해 속에서 스스로를 유지하고 있는 것이다."³²⁾ 그러므로 인간은 자신 속에 이미 언제나 주도적이었던 선이해로 말미암아 자기 자신을 뜻밖에 만나게 된다.

이러한 것은 제일 먼저 일반적인 해석학적·인간학적 연관성에서 성립한다. 여기서 중요한 것은 우리가 인식하고 있는 무의식적인 근원을 밝혀내는 일이다. 인간은 자신의 근원과 그러한 근원 속에 내포되어 있는 선이해에 종속되어 있다. 그러나 이러한 선이해는 인간에게 직접적으로 인식될 수 있는 것이 아니고, 오직 그 결과로부터 회고하는 가운데에서만 차후에 발현(發顯)될 수 있는 것이다. 그러나 이러한 일반적인 발단 명제가 립스에 있어서는 곧바로 아주 특수한 그리고 그에게는 특징적인 방식으로 바뀌어 나타난 것이다.

(3) 자신의 포착

이러한 것을 밝혀나가기 위하여 우리는 립스가 그러한 관계의 특징을 밝히는 데 사용하고 있는 단어를 정확하게 주시하지 않으면 안 된다. 인간은 자신의 착상을 적용할 때 자신을 "포착"하게 되고, 자신의 선이해에 있어서 자신을 "포착"하며, 자신이 거기에 대해서 주의하게 됨으로써 정지하게 된다. 그래서 인간은 그러한 한에 있어서 "해당되는(betroffen) 당사자"인 것이다. 이러한 표현법은 대단히 특징적이다. betreffen(불행 등이 "엄습"하다, 현장을 "급습"하다, 관계하다)이라는 말은 그 본래의 의미에 따르면 먼저 "뜻밖에 만나다"(antreffen), "적중하다", "맞히다"(treffen), "찾아내다", "발견하다", "인정하다"(finden)와 같이 많은 것을 의미하여, 19세기까지 중성적인 의미로 쓰여져 왔다.[33] 그러나 일상적으로 이 말은 어떤 사람이 어떤 행위를 하는 현장을 찾아낼 때 사용된다. 특히 대체로 "나쁜 행위를 당하게 된다"는 의미에 한정되었다. 비인칭적인 의미에서 이러한 표현법은 "나에게 관계된다"(es betrifft mich)와 같이 쓰인다. 그래서 이 말은 특히 "인간을 엄습하는 예기치 않은 그리고 불쾌한 변화"에 대해서 사용된다. 그러므로 여기서도 불쾌한 의미에서 그러하다. 그러나 인칭 용법에 있어서도 다음과 같이 이 말은 사용되고 있다. 내가 어떤 사람을 무엇에 있어서 포착하다(ich betreffe jemand bei etwas), 즉 나는 그를 현장에서 찾아낸다(ich treffe ihn bei etwas), 나는 그를 현장에서 급습한다(ich überrasche ihn bei etwas), 특히 중요한 사실은, 이러한 말들은 대다수의 사람들이 만나고 싶지 않은 어떤 것(현장)과 관계된다는 것이다. 그래서 언어의 표현법은 본래적으로 "범죄적인" 성격을 띠게 되어 범인을 금지된 행위의 현장에서 체포 (betreffen, 포착)한다라고 되는 것이다.

인간이 자기 자신을 어떤 것(현장)에서, 다시 말하면 어떤 태도에서나 또는 오직 어떤 사상에 있어서 포착한다면, 그러한 배경이 유지되어 있는 것이고, 그러한 한에 있어서 자기 자신에 해당하는 것이다. 인간은 그가 자신에 관해서 기대할 수 없었던 어떤 것에서 또 그가 두려워하고 부끄러워하는 어떤 것에서 자신을 발견한다는 사실은 분명해진다. 인간은 한 범인을 그 범인이 비밀로 덮어 두고자 하였던 어떤 행위의 현장에서 체포하는 것과는 달리 자기 자신을 포착하지는 않는다. 사람은 그가 자기 자신에 관해서 생각하지 않았을 어떤 것에서 즉 그가 자기 자신에 관해서 스스로 이룩하였던 표상에 대립하는 어떤 것에서만 포착될 수 있는 것이고, 사람이 스스로 부끄러워하는 어떤 나쁜 것에서만 포착될 수 있는 것이다. 이로써 사실에 있어서는 립스의 《해석학적 논리학》과 《인간의 본성》(*Die menschliche Natur*)[34] 에 있는 수치와 당혹감에 관한 심층적인 인간학적 분석을 내적으로 결합시키는 것이 참으로 윤리적인 문제와 논리적인 문제의 연관성에서와 같이 보편적으로 두드러지게 된다.

(4) 옭아 넣어 있는 존재

또 다른 하나의 표현 방식은 더욱 심층적이다. 립스는 인간과 오직 해석학적으로만 파악할 수 있는 인간의 근원에 대한 관계를 앞에서 지적한 곳에서도 다음과 같이 표현하고 있다. 즉 "사람은 언제나 자기 자신 속으로 옭아 넣어져 있고, 자기 근거의 테두리 내에 사로잡혀 있다"[35]고 하는 사실이다. 이것은 다시금 본래 염세적으로 들리는 일종의 표현 방식이다. 인간은 자기 스스로가 벗어날 수 없는 무거운 짐의 구속처럼 "자기 자신 속에 옭아 넣어져 있고", 자기 이해 속에

"사로잡혀" 있어서 그 자신이 벗어나올 수가 없다. 이러한 모든 것은 자유에 대한 결함의 표현들이다. 그러나 이러한 표현은 어떻게 인간이 자기 자신의 근원과 그러한 근원 속에 내포되어 있는 표현 불가능한 선이해에 결부되어 있는가에 대한 일방적이고 또한 왜곡적으로 첨예화된 방식의 설명일 수 있다. 왜냐하면 이러한 표현은 선이해를 인간이 감금되어 있어 그 자신이 원칙적으로 결코 벗어나올 수가 없는 일종의 감옥으로 파악하고 있기 때문이다. 이러한 상태에서 인간에게 남아 있는 유일한 것이란 인간이 "자신을 자기 근원 속에서 획득하기 위하여 그러한 존재 이해 내에서 오직 자신을 유지할 수밖에 없다"[36] 는 사실, 다시 말하면 인간이 표현하지 못하는 이해를 스스로 표현하도록 한다는 사실을 말하는 것이다.

이것은 대단히 엄밀하게 요식화한 입장으로 그러한 입장의 효력 범위를 우리는 무엇보다 먼저 더욱 정확하게 논하지 않으면 안 된다. 왜냐하면 얼핏 보면 모르기는 해도 어떤 자기 독자적인, 그러나 전체적으로는 아주 명백한 진술처럼 들리는 그러한 것을 좀더 정확하게 고찰하여 보면 전체적인 인간의 인식 가능성에 대한 이해를 하기 위해 결정적인 것임이 증명되기 때문이다. 여기서 그 밖의 전개 방향을 규정하는 중대한 기로가 제기된다. 그러므로 우리는 특히 조심스럽게 주목하지 않으면 안 된다.

사고의 과정은 전적으로 우리들 자신의 발단 명제라는 의미에서 시작한다. 대단할 정도로 언어를 정위하고 있는 립스의 고찰 방식에는 언어가 미리 처음부터 세계로의 접근을 매개하기 때문에, 인간은 자기 자신의 언어 속으로 "짜여져 들어가 있다"고 하는 훔볼트적인 인식이 내재하여 있다. [37] 인간은 언어를 자명한 것으로 사용함으로써, 미리 처음부터 언어로 인해 이미 소여되어 있는 이해 가운데에서 활동하게 된다. 립스는 하이데거의 표현 방식을 수용하면서도 착상 속에 내포되어 있는 "선이해"에 관해서 언급하고 있다. 그러한 선이해 속에 인간은 이미 언제나 내재하여 있는 것이다. 이러한 의미에 있어서 그는 인간이란 "자기 자신의 단초를 처리하지 못한다"[38]는 사실을

강조한다. 인간이란 자유로이 무전제적으로 미리 앞서 시작할 수 있
는 것이 아니고, 언제나 이미 그 전에 주어져 있는 이해에 결부되어
스스로를 발견하는 것이다. 그러므로 그러한 한에서 립스는 독자적인
시각을 가지면서도 주로 딜타이에 의한 발단 명제와 일치하고 있다.
그러나 결정적인 차이는 단초에 대한 이러한 결부, 즉 특수한 경우에
서는 "착상" 내에서 주도적인 이해에 대한 결부가 립스에 있어서는
인간이 "옭아 매어 있고" 또 "사로잡혀" 있는 속박으로 이해된다는
사실에 있다. 만일 이러한 언어 사용이 우연한 부주의가 아니라고 하
면, 이해의 그러한 의존성에 대한 미리 처음부터 잘못된 파악이 그러
한 언어 사용에서 나타나게 된다. 설령 언어적인 착상이 인간에게 미
리 주어져 있다고 하더라도, 그러한 착상은 아무런 방해가 되지 않는
다. 오히려 그와는 반대로 언어적 착상은 어떤 것을 성취할 것이고,
삶을 지배하는 데 중요하고 유용한, 참으로 불가결한 수단인 것이다.
그래서 근본적으로 립스 자신은 착상을 "할 수 있었던 포착"(ge-
konnte Griffe)으로서 특징지움으로써 착상을 그렇게 이해하였던 것
이다.

　정신적인 기관으로서의 착상은 육체적인 지체와 다른 어떤 것이 아
니다. 즉 사람은 자신의 손과 발에, 전적으로 자신의 육체와 불가분
하게 결합되어 있다는 말이다. 그렇다고 우리는 사람이 그 자신의 손
과 발에 사로잡혀 있다거나 옭아 매어 있다고 말할 수 없다. 어떻든
사람이 손과 발을 자연적인 사용에서 의미심장하게 사용할 수 있는
한에 있어서는 그렇지 않다. 그러나 혹시 여기에서 심지어 이해를 하
기 위해서는 결과로서 증명되는 어느 정도의 유비(類比)가 가능할지
도 모른다. 즉 인간 역시도 자기 자신의 발에 걸려 넘어질 수 있고,
그러한 한에 있어서 자신의 발에 사로잡힐 수가 있다. 그러나 그러한
것은 발이 그에게는 생소하게 되었거나 그가 발에 대해 자명한 처리
를 하지 못했을 때 비로소 생기는 것이다. 그러한 어떤 것이 언어에
있어서도 가능하다. (그래서 그것은 많은 정당한 언어 비판의 출발점
이 되기도 한다.) 만일 사람이 사실을 폭로하지 않고 오히려 사실을

은폐시키는 조작술에 능하다면, 사람은 어떤 구호나 화술 그리고 일반적으로 전체의 공담 속에 사로잡혀 있을 수가 있다. 이러한 스스로 사로잡힘(Sich-verfangen)은 그 속에 매어 있음(In-ihr-befangen-sein) 그 이상이다. 이것은 인간이 자신을 거기로부터 벗어날 수 없는 옭아매어 넣음(Verstrickung)이다. 그러나 바로 언어 속에 내포되어 있는 위험의 그러한 예에서 때때로 등장하는 타락 상태를 언어와 그러한 언어 속에 내포되어 있는 선이해의 본래적인 본질과 동일시해서는 안 된다는 사실이 명백하게 된다.

우리들이 이미 밝힌 바와 같이, 만일 인간이 언어 속에 내포되어 있는 이해에 대하여 주목해야 하거나 립스가 말하는 바와 같이 이해에 있어서 자신을 "포착"하여야 한다면, 인간은 외부로부터 오는 사건을 비로소 필요로 한다는 사실에 대해 바로 본 것이다. 그러나 관계가 어떻게 "포착된" 존재로서 이해되는가 하는 방식은 언제나 이미 일정하고 일면적이며, 그것이 나타나는 그대로 불충분한 방식으로 규정되어 버린다. 특히 인간은 자신이 어떤 것에서 스스로를 포착하는 충격으로 인해서 변화된다는 사실이 립스에 있어서도 마찬가지이다. 인간은 그가 그 전에는 보지 못하였던 어떤 것을 갑자기 보게 된다. 인간은 그때까지 무의식적이던 것을 스스로 의식하게 되고, 그로 인해서 그에 대하여 새로운 자유를 획득하게 된다. 해당―존재(das Betroffe-Sein)의 사태는 지금까지의 삶의 "중단 = epoché"을 의미한다. 인간은 "여기서 자기 자신 속에 사로잡혀 있음에서 벗어나 자유로 된다." 그러나 이러한 자유는 립스로 말미암아 곧 다시금 특정한 방식으로 이해되는가 하면 제한되기도 한다. 립스에게 있어서 무의식적인 것은 "현존재가 그 주도 아래 스스로 이해한 것을 아직 분명하게 동화하지 못한 것이다."[39] 그러므로 의식으로 고양시키는 것은 하나의 분명한 "동화"(Aneignung)로서, 키에르케고르적인 의미에 있어서는 수반적인 이해의 자유로운 "인수"로서 파악되는 것이다. 그러나 이러한 자유는 오직 변화된 입장을 의미할 뿐이다. 즉 인간이란 자유로운 가운데에 스스로를 자신의 착상과 일치시키는 것이다. 그러나

이때 인간은 착상을 확장시킬 수 있거나 또는 정정할 수 있도록 변화
시키지 않은 채 있는 그대로 받아들이지 않으면 안 된다.

(5) 실존의 수행

여기서 우리는 립스의 표현 방식을 잘 드러내어 주는 그 밖의 개념
하나를 취급하지 않으면 안 된다. 그는 기꺼이 강조하여 실존은 "스
스로를 실현시킨다"는 사실을 말하고, 실존은 착상 가운데서 "할 수
있었던 포착으로서 자기 자신을 실현한다"[40]는 사실을 말하며, 그리
고 더 나아가서 "실존은 한걸음 한걸음씩 자신을 실현시킨다"[41]고 말
한다. 실현한다(Vollziehen, 수행하다)라는 개념과 더불어 인간 실존
의 해석이 수용되었고, 그러한 해석은 한편으로 실존 철학적 인간 이
해의 일반적 바탕 위에서 대두하게 되었으나, 그러한 실존 철학적 인
간 이해는 특수한, 그리고 립스에게는 독특한 방식으로 변형되었던
것이다. 왜냐하면 "실현하다" 또는 "수행하다"는 것은 무엇을 말하
며, 인간 삶의 어떤 파악이 거기에 (암묵적으로) 주어져 있는가 하고
묻고 있기 때문이다.
우리는 이해를 확실히 하기 위해 다시 사전(辭典)의 안내를 받을 필요
가 있다. "실현하다"(vollziehen)라는 말은 성숙하다(vollbringen), 완
성하다(vollenden), 완결하다(vollführen), 집행하다(vollstrecken) 등
과 같은 어군(語群)과 연관되어 있는 말이다. 이러한 말 전체는
"완성"(vollends)이라는 의미의 "voll"과 함께 구성되어 있고, 해당하
는 활동성을 완전히(vollständig) 그리고 마지막까지 완수한다는 것을
의미한다. 그래서 "실현하다"라는 말은 근원적으로 각 행위에 언급될
수 있는 것이다. 즉 사람은 뜻밖의 행동 예를 들면 도주, 증여 등을
실현하고 여행을 실현하게 된다. 그러나 이러한 개념에는 편협된 경
향성도 있다. 만일 "결혼을 실현하다"(eine Heirat vollziehen)라는 표
현이 그 전에는 "결혼하다"(heiraten)와 같은 것을 의미하였다면, 그
후에는 결혼을 실현시켜야 하는 것은 목사의 과제였다. 결혼 서류가

완성(실현) 즉 서명되어야 한다. 법원의 판결이 이루어져야(실현되어야) 하고 또는 흔히 이야기되고 있는 것과 같이 집행되어야 한다. 법원의 집행자는 지불 명령을 수행한다. 그래서 우리는 국가의 생활에서도 일반적으로 입법부에 대해서 행정부의 권력 행사(실현)에 관해 언급하며, 바로 그 예가 행정부란 다른 부서가 확정한 것만을 오직 실행할 뿐이라고 하는 것으로서 많은 것을 말해 주고 있다.

이러한 일반적인 유래로부터 "실현하다"라는 말의 의미를 밝히고자 시도한다면, 세 가지의 규정이 명백하게 나타나게 된다.

(1) 행위는 실현되고, 다시 말하면 끝까지 수행된다는 것.

(2) 이때 그 전에 확정되어 있는 행위의 도식이 실현된다는 것. 실현되어야 하는 것은 그 전에 확립되어 있는 것이며, 그리고 오직 중요한 것은 결정된 것을 수행하는 일이라는 것.

(3) 이때 강조된 의미에 있어서 실현의 개념은 어떤 종교적인 영역에 내포되어 있다는 것. 법률적인 분야와 함께 특히 종교적인 분야도 있다. 즉 희생이나 속죄의 행위 그리고 주술의 요식 행위 역시도 실현된다는 것.

이러한 경우에 있어서 언제나 실현한다(Vollziehen)는 것은 그 전에 먼저 지정된 것을 수행하거나 충족시킨다는 특수한 의미를 가진다. 실현한다는 것은 미리 처음부터 해당하는 행위의 형식을 결정한다. 즉 어떠한 자발적인 행위도, 특히 표현의 운동(어떤 웃음이나 분노에 찬 몸짓) 또는 목적 운동(기계의 생산이나 산책 역시)도—적어도 오늘날의 언어 감각으로는—실현될 수 없는 것이다. 실현(수행)하다에 속하는 것은 언제나 어떤 축제적인 것이고 의식적(儀式的)인 것이다. 이제 이 말을 실존의 "실현"에다 적용시킨다면, 실현한다라는 말은 그렇게 강조된 축제적 행위를 의미하는 것이 아니다. 그러나 이러한 말은 실존의 본질과 그러한 실존의 현실화(Verwirklichung)에 관하여 적용하는 것을 말하는 것이다. 즉 실존이 무엇이고 또 무엇이 실현되어야 하는가 하는 것은 그 이전에 규정되어 있으며, 그리고 인간의 행위는 창조적 발전이라는 의미에서 그러한 본질의 산출이나 증가에

관계하는 것이 아니고, 오직 처음부터 무시간적으로 미리 주어져 있
는 그러한 본질, 바로 실존을 현실화(실현)하는 하나의 과제만을 가
지고 있는 것이다. 이것은 깊숙이 실존 이해에 기초하고 있다. 즉 생
철학적인 의미에 있어서 "삶"(生, Leben)과는 달리 실존이란 그 본질
에 있어서 증가될 수 있거나 또는 변화될 수 있는 것이 아니고, 오직
언제나 새로운 긴장에서만 실현될 수 있는 어떤 것이다. 그래서 궁극
적으로 무역사적인 인간 실존의 그러한 이해에서도 선이해를 주도하
는 착상의 이해가 기초하고 있는 것이다. 이러한 착상 역시, 일반적
으로는 언어 속에 주어져 있는 말의 의미도 같은 방식으로 "실현"되
어야 한다. 다시 말하면 착상 속에 미리 제시되어 있는 이해는 사용
하는 가운데에서 구체적으로 충족되며 그리고 인간이 자신을 어떤 동
기에서 그렇게 사용할 때, "포착"하는 한에 있어서 그 자체로서 분명
한 의식을 가지게 될 수 있는 것이다.

5. 닫힌 선이해와 열린 선이해

　그러므로 이러한 견해에 따르면 선이해는 인간에게 어떤 불변적인
것으로서 미리 주어져 있는 것이다. 이것은 립스의 논리학적 고찰과
언어 철학적 고찰의 연관성에 특히 관계하고 있는 착상에 관한 그의
견해에 해당할 뿐만 아니라, 동시에 그의 일반적 형식에 있는 선이해
에서 보면 하이데거의 발단 명제에도 해당한다. 왜냐하면 이러한 선
이해란 하이데거에 있어서도 인간 현존재를 근본적으로 파악하는 경
우 선험적으로 주어져 있는 것이기 때문이다. 이것은 같은 방식으로
분명하게 밝혀질 수 있는 것이다. 참으로 이러한 선이해는 그 개념을
통해서 이미 분명하게 밝혀진 일종의 견해이다.
　물론 이것은 인간이 그러한 견해에 따르면 어떠한 새로운 것도 경
험할 수 없으나, 그러한 새로운 것은 선이해가 준비하고 있는 수단으
로서만 언제나 파악될 수 있다는 사실을 의미하지 않는다. 선이해 자

체는 변화되지 않는다. 선이해는 언제나 동일한 세계의 영역을 나타
낸다. 생기(生起)하는 모든 것은 이 세계 안에서 발생한다. 그러나
세계 자체는 변화하지 않는다. 인간은 실제로 자신의 변화 불가능한
선이해의 감옥 속에 감금되어 있다. 만일 우리가 그 가운데서 미리
제시된 이해의 테두리 안으로 들어가지 아니하고, 오히려 그러한 테
두리를 전체에서 타파하여 버리고 근본적인 수정을 하도록 하는 어떤
것을 이해하게 된다면, 인간에게는 현실적으로 새로운 것이란 아무
것도 존재하지 않을 것이다. 그것은 진정한 미래가 없는 하나의 닫힌
세계이다. 이것은 사실상 모든 인식 작용을 선행적으로 주도하고 있
는 인간다운 이해의 특성을 어떻게 명백하게 하였는가 하는 하나의
파악인 것이다. 우리는 그러한 파악을 닫힌 선이해(das geschlossene
Vorverständnis)라고 명명한다.

　　그러나 이러한 파악은 단순히 잘못된 것이 아니다. 이러한 파악은
구체적인 결론에 이르기까지는 대단한 심사숙고를 요하는 것이다. 왜
냐하면 그로써 모든 근본적인 결단을 언제나 이미 일어난 선결단으로
서 과거 속으로 되돌려 놓을 수 있을 것이기 때문이고, 좀더 정확하
게 말하면 무시간적인 본질 영역으로 되돌려 놓을 수 있을 것이기 때
문이다. 참으로 인간은 과거로 인도되어 있는 줄도 모르고, 미래의
새롭고 예견하지 못하는 그리고 예견할 수도 없는 가능성으로의 어떠
한 개방성도 가지고 있지 않은지도 모른다. 그러나 만일 그와는 반대
로 진정한 미래가 존재해야 한다면, 인간은 자신에게 삶을 제공하여
주는 새로운 것과 예측할 수 없는 것을 위해 개방된다는 사실이 가능
하지 않으면 안 된다. 그래서 새로운 경험 역시 변화하면서도 선이해
에 역작용할 수 있어야 한다. 이러한 결과로 우리는 역사 속에서 증
대하고 성장하는 선이해에 도달할지도 모른다. 우리는 열려 있는 선
이해의 가능성으로서 그러한 가능성에 관해서 말하는 것이다.

　　이로써 이러한 모든 것은 다음과 같은 물음으로 집약될 수 있을 것
이다. 즉 한편에 있어서는 원칙적인 무단초성이라는 의미에 있어서
모든 구체적인 개별 경험에 대하여 삶의 이해의 선행성을 주장한다는

것이 어떻게 가능하며, 또 다른 한편에 있어서는 인간의 폐쇄성이 선
이해의 주관성으로부터 벗어나게 되고, 더욱이 그러한 삶의 이해가
새로운 것과 예견하지 못했던 것을 경험하기 위해서 개방되어 있으
며, 그래서 미래로 향하여 개방되어 있는 완전한 인간의 역사성이 인
간의 인식을 위해서도 비로소 실현된다는 사실을 파악할 수 있는가?

□ 註 ▬▬▬▬▬▬▬▬▬▬▬▬▬▬▬

1) A. Gehlen, *Der Mensch* (Berlin, 1940), 330면.
2) 같은 책, 331면.
3) M. Heidegger, "Vom Wesen des Grundes", in *Wegmarken* (Frankfurt a.M., 1967), 28면.
4) 같은 책, 28면 이하.
5) E. Husserl, *Erfahrung und Urteil. Untersuchungen zur Genealogie der Logik*, hrsg. von L. Landgrebe (Hamburg, 1948).
6) F. Kümmel, *Verständnis und Vorverständnis. Subjektive Voraussetzungen und objektiver Anspruch des Verstehens*, Neue Pädagogische Bemühungen. H. 22 (Essen, 1965), 36면 이하.
7) G. Misch, *Lebensphilosophie und Phänomenologie. Eine Auseinandersetzung der Diltheyschen Richtung mit Heidegger und Husserl*, 제 2 판 (Leipzig/Berlin, 1931), 16, 43, 277면.
8) H.-G. Gadamer, *Wahrheit und Methode* (Tübingen, 1960), 254면.
9) 같은 책, 261면.
10) 같은 책, 같은 면.
11) 같은 책, 255면.
12) *Trübners Deutsches Wörterbuch* 참조.
13) 같은 책, 96면 이하 참조.
14) Gadamer, 앞의 책, 255면.
15) H. Lipps, *Untersuchungen zu einer hermeneutischen Logik* (Frankfurt a.M., 1938), 이하 *L*로 약칭함.
16) 립스에 대한 보충적인 설명은 O.F. Bollnow, *Sprache und Erziehung* (Stutt-

184

gart, 1966) 참조.
17) 같은 책, 29면 참조.
18) H. Lipps, *Die Verbindlichkeit der Sprache. Arbeiten zur Sprachphilosophie und Logik* (Frankfurt a.M., 1944), 이하 *V* 로 약칭함.
19) *L* 53면.
20) *V* 195면.
21) *V* 195면.
22) *L* 12, 134면 참조.
23) *L* 12면.
24) *L* 13면.
25) *L* 59면.
26) *V* 195면.
27) Bollnow, *Sprache und Erziehung* (Stuttgart, 1966), 138면 이하 참조.
28) *L* 59면.
29) *L* 60면.
30) *L* 60면.
31) *L* 21면.
32) *L* 21면.
33) *Trübners Deutsches Wörterbuch* 참조.
34) H. Lipps, *Die menschliche Natur* (Frankfurt a.M., 1941).
35) *L* 21면.
36) *L* 21면.
37) *L* 21면 참조.
38) *L* 24면.
39) *L* 21면.
40) *L* 68면.
41) *L* 69면 등 참조.

제 8 장

사 태

이로써 문제가 어떤 새로운 것에 대한 경험이 어떠한 방식으로 선이해의 닫힌 세계로 밀고 들어갈 수 있는가 하는 물음으로 요약된다면, 그러한 물음은 경험의 가능성에 대한 물음으로 바뀌게 된다. 왜냐하면 우리는 현전적인 이해로부터, 특히 어느 정도 내부로부터 전개될 수 있는 것이 아니고, 인간에게서 독립되어 있는 것이 어떤 새로운 것으로서 인간에 대하여 나타나는 것을 경험이라는 개념으로 이해하기 때문이다.

모든 인간적인 소망과 표상에서 벗어나 있는 현실이 이미 언제나 이해된 세계의 범위 안에서 나타나는 가장 직접적이고 적극적인 형태는 우리가 부딪치게 되는 사태(Tatsache)이다. 모든 의견과 사태에 대하여, 사람이 표상하거나 생각하여 내는 모든 것에 대하여 그리고 공담의 회의적인 전세계(全世界)에 대하여 여기에는 그 이상 의심할 수 없는 어떤 궁극적인 것이 존재한다. 사태를 증거로 끌어들임으로써 논란이 되는 문제가 의심의 여지없이 결정되어 버린다. 그러므로 사람들은 의견의 대립 가운데에서 아직 정리되지 않은 사태로 되돌아

186

가려고 한다는 사실은 분명하며, 그러한 사태에 관한 모든 의견과 해석은 그 사태의 반영일 뿐이다. 그러므로 (교육학과 같이) 그 역사적인 유래에 따라 자신을 무구속적인 사변에 빠지게 하지 않을까 하는 의심에 찬 학문이 곧 사태(사실)의 학문(Tatsachen wissenschaften)으로서 스스로를 정초하려고 시도하고 또 그 수행을 사태(사실)의 연구(Tatsachenforschung)로서 이룩하려고 시도한다. 외부로 향하는 사태 연구는 내부로 향하는 철학적 반성과 대립하여 나타난다.

그러나 사태가 무엇인가 하는 것은 이때 자명한 것으로 전제되어 있다. 내가 이 현실 속에서 먼저 발견하게 되는 모든 것은 사태이다. 사태적이라는 말과 현실적이라는 말은 같은 의미이다. 우리는 현실(Wirklichkeit)을 바로 사태의 전체성으로서 표현한다. 그러나 "현실에 있어서"(만일 우리가 이 말 자체를 지금 그 특징적인 방식에서 받아들인다면) 그것은 전혀 자명한 것이 아니다. 그래서 사태의 개념을 좀더 자세히 고찰하는 것이 바람직한 일일 것이다. 이미 그 말 자체가 상대적으로 아주 최근에 부각되었다는 사실이 우리로 하여금 신중을 기하도록 한다. 사태(事態, Tatsache)라는 말은 라틴어 사실(factum)의 번역어이고, 행하여진 것 그리고 일반적으로는 현실적으로 일어난 사건을 의미한다. 그래서 우리는 사실 또는 사태라고 말하고, 독일에서는 팍트(Fakt)라고 말한다. 사태라는 말은 번역의 어려움으로 인해서 제약적이고 인위적으로 새로 만들어 낸 말에 불과하다가 1756년에 비로소 영어의 "matter of fact"라는 번역으로서 나타나게 되었다.[1] 그러므로 만일 피히테(J.G. Fichte)가 1794년에 출판된 《지식론》(*Wissenschaftslehre*)에서 사태(事態, Tatsache)라는 말에 대해 사실 행위(事實行爲, Tathandlung)라는 말을 대립시켰다면, 피히테는 이때 임의적으로 새로 만들어 낸 말을 다른 더 적절한 말로 대신하고자 하는 생각을 가졌을 것이다. 1806년에도 아델룽(J.C. Adelung)은 사태라는 말이 "부적당한" 조어(造語)라고 지적하고 나섰다. 그러므로 우리는 이 사태라는 말을 좀더 정확하게 고찰할 이유를 가지게 되는 것이다.

1. 제1의 개념 규정

일반적으로 우리는 언어의 사용으로부터 출발한다. 사태는 언제 이야기되며 사태를 증거로 끌어들이는 전형적인 상황들은 어떠한 경우인가? 우리는 먼저 두 가지의 예에서 출발하고자 한다. 우리는 특정한 상태에서 어떤 사람이 사태의 바탕에 처해 있다고 말한다. 우리는 여기에서 사태의 본질에 대해 무엇을 배울 수 있는가? 이것은 어떤 일상적인 태도가 아니며 상대적으로 대단히 드물지만 특정한 삶의 상태에서만 나타나는 하나의 태도이다. 이것은 통상적으로 인간에 대한 요청으로 나타나게 된다. 그래서 이러한 것은 인간이란 새롭고 불편한 소여성에 적응하도록 해야 한다는 사실을 말한다. 인간은 그러한 소여성을 반대해야 하는 것이 아니고, 그러한 소여성을 용인하여야 한다. 때때로 그러한 것은 잘못된 용서로도 사용된다. 그래서 사태의 바탕에 처해 있다는 것은 그러한 바탕을 넘어서 가는 발전을 용인한다는 사실을 의미하고, 그러한 발전에 장기적인 저항을 계속한다는 사실을 포기하여 그러한 발전 가운데에서 적응하고자 시도하는 것을 의미한다. 확신에 찬 군주 제도의 제창자는 그가 군주제의 붕괴 이후 공화국과 타협하여 심지어 그 공화국에서 공동 작업을 할 용의를 가지고 있을 때, 사태의 바탕에서 처신하게 되는 것이다. 어떻든 사태의 바탕에 처하여 있다는 것은 새로운 또는 지금까지 알려져 있지 않은 소여성으로 인하여 필연적으로 되어 버린 자기 태도의 수정을 실현하는 것을 의미하는 것이다.

사태는 용인되기를 바란다. 이것은 사태가 단순히 주목되거나 또는 인식되는 것이라고 하는 사실 그 이상이다. 이에 대해서는 태도나 전체 자세의 변화가 요구되며 단순히 의견과 참으로 간주함의 변화가 요구되지는 않는다. 그래서 사태의 용인은 인간에게 제기되어 있는 윤리적인 요청이 되는 것이다. 우리는 사태를 진정으로 주시하지 않으면 안 된다. 사태의 감각은 세계에 생소한 몽상과 대립되어 있다. 몽상적인 사람 또는 환상적인 사람은 사태를 용인하지 않고, 사태를 바로 보려고 하지 않으며, 결국 자기 꿈의 세계에만 매몰되어 있는 사람이다. 사태는 언제나 냉혹(hart)하다. 사태는 지금까지의 생활 질서를 유해하고 폭력적으로 파괴하는 어떤 것이다. 사태는 논구 분석을 요구한다. 그러나 한편에서는 논구 분석을 요구하는 사람은 너무 이른 때에 소여되어 있는 사태와 타협하는 약자인 것이다.

사태란 어떤 방해 요소로서 우리들이 신뢰하는 습관적인 세계에 돌출하게 되는―또는 더욱 정확하게 말한다면―터져 나오게 되는 어떤 요소라고 요약할 수 있을 것이다. 왜냐하면 사태는 결코 처음부터 현존하는 것이 아니기 때문이다. 그러므로 습관적이고 믿을 만한 세계에는 어떠한 사태도 존재하지 않는다. 이러한 사태는 탐탁하지 않은, 그리고 통상적으로는 갑작스러운 전개로부터 비로소 생기게 되거나―또는 어떻든 기대하지 않은 새로운 전개로 인해서 비로소 일어나게 된다.

우리는 사태에 직면한다라고 말한다. 한 국가가 타국의 약점을 지목하여 현존하는 협정을 파괴하고 일방적인 행동을 기도할 때, 정치적인 생활에서 그러한 것이 나타나게 된다. 예를 들면 히틀러는 돌변적이고 예기치 않았던 그러한 행동을 좋아했다. 그러나 그러한 것은 딸이 자기 부모들에게 사전의 통보도 하지 않은 채 전혀 바라지도 않은 어떤 남자와 결혼하겠다고 청첩장을 보내온다면, 개개인의 생활에서도 그러한 것이 나타나는 것이다. 우리는 많은 예를 그 이상 더 제시할 필요가 없다. 왜냐하면 본질적인 내용은 이미 이러한 암시를 통해 분명할 것이기 때문이다. 어떤 사람을 이미 이루어진 사태에 직면시킨다는 것은 우리가 문제를 논의하여 일치할 수 있는 거기에서도 사물이 유동적이라는 사실, 그러한 논의의 여지가 이미 처음부터 지양되어 버린 일방적인 행동을 취한다는 사실, 그러므로 논의의 여지가 극단으로 또는 단절로, 그래서 정치적인 것에 있어서는 전쟁으로 되지 않게 하려고 하며 다른 사람에게는 이미 이루어진 사태와 타협

하는 길 이외에 다른 어떤 것이라고는 아무것도 남아 있지 않는, 다
시는 돌이킬 수 없는 상황을 만들어 낸다고 생각하는 거기에서 가능
한 것이다. 따라서 인간간의 대화는 이미 이루어진 사태와 단절되고
마는 것이다.

여기에서는 사태의 본질에 대한 중요한 내용이 밝혀진다. 각 사태
는 그 본질에 따라 이미 언제나 이루어진 하나의 사태이고, 이미 이
루어져 있는 사태 이외의 다른 사태는 존재하지 않는다. 다시 말하면
각 사태는 그 본질에 따라서 끝난 것이고 확정된 것이며, 자기 완결
적인 것이고 더 이상 변화될 수 없는 것이며, 이러한 변화될 수 없는
것은 그로 인해서 생기(生起)의 끊임없는 흐름으로부터 멀리 떨어져
있는 것이다. 생성의 영역에는 어떠한 사태도 존재하지 않는다. 언어
적인 유래 역시 그러하다. 우리가 이미 언급한 바와 같이 사태라고
하는 말은 무엇보다도 전문적인 법률 용어로 사용되는 라틴어 사실
(factum)의—이미 언어 형태에 따라서 완료형임—번역어로서 자기
완결적인 행위를 지칭한다. 우리는 거기에서 사태가 근원적인 의미에
있어서 이미 자기 스스로 등장하는 것이 아니고, 인간 행위를 통해서
비로소 창출된다는 사실을 지적하고자 한다. 그래서 파생적인 의미에
서 인간이 창출하지 않은 현실 역시—그러한 현실이 인간의 소망에
대립하여 있는 한—"사태로서" 지칭될 수 있는 것이다.

2. 사태의 냉혹성

이로써 우리는 최초의 물음으로 되돌아올 수 있다. 즉 인간이 사태
에 직면하게 되는 상황은 어떠한 경우인가? 이 경우는 대체적으로
대화의 상황이다. 좀더 정확하게 말하면 그로 인해서 상대방의 견해
를 수정하도록 하기 위하여 우리가 사태를 증거로 제시하는 논구 분
석의 상황이다. 사태란 사실–문장(Daß-Satz)의 형태로 요식화되는
것이다. 즉 무엇무엇이 사실이라고 하는 것이 사태라는 말이다. 그러

나 그와는 반대로 모든 사실－문장이 하나의 사태로 표기되는 것은 아니다. 만일 어떤 사람이 자신은 지금 피곤하다는 사실을 하소연한다면, "그가 피곤하다"고 하는 사실은 참일 수 있다고 하더라도 사태가 아니고, 자기 상태의 표현이며 자기 태도의 근거인 것이다. 또는 더욱 간단히 말하면 "튀빙겐은 넥카 강변에 있다"는 사실은 결코 사태가 아니라는 것이다. 이에 대해서 우리는 전혀 의심하지 않는다. 만일 어떤 사람이 그러한 사실을 아직 모르고 있다면, 우리는 그런 사실에 대해서 그에게 알려 줄 수 있고, 그로써 그 사실은 끝이 나는 것이다. 사태에 대한 언급은 어떤 논쟁의 상황 논거로 비로소 등장하게 된다. 예를 들면 우리는 튀빙겐 대학에는 2만 5천 명(1991년도)의 학생이 재학하고 있다는 사실을 의미 있게 강조할 수 있다. 그러나 좀더 정확하게 보면, 우리가 그러한 사실을 강조할 수 있는 상황이란 어떠한 것인가 하는 것이다. 어떤 사람이 그러한 사실을 의심하게 되었다는 사실은 만족스러운 일이 아니다. 왜냐하면 그에게 우리가 그것이 "참"이라는 사실을 대답할 수 있기 때문이나 그것이 하나의 사태라고 하는 사실은 아니기 때문이다. 학생 수가 우리에게 불편을 주게 되고 우리의 일상적인 생활을 방해하게 되어 바꾸어 놓아야 한다고 할 때 비로소 학생 수라고 하는 것은 사태로 되는 것이다. 만일 은폐되어 있는 소망에 대하여 다를 수 있다면, 즉 쟁점이 될 수 없는 사정의 불용납성이 가시적으로 되고 또 거기에 상응하는 행위에 있어서 우리들에게 하나의 해답을 요구하게 된다면, 학생 수라는 것은 사태로서 등장하는 것이다.

사태는 심사숙고되기를 바라는 것이다. 우리는 사태를 고려하지 않으면 안 된다. 바로 사태는 우리를 방해하는 현실의 압도 불가능한, 특히 그 적나라한 현사실에 있어서 이해하기 어려운 한 부분이기 때문에, 우리로 하여금 사태의 논구 분석을 하도록 강요한다. 사태는 오솔길 중간에 있는, 그래서 우리가 길에서 치워야 하는—또는 돌아가야 하는—바위 덩어리와 같은 것이다. 우리는 그러한 사태를 어떤 방식으로든 우리들의 태도에 관계시키지 않으면 안 된다.

사태는 이러한 방식에서 언제나 "냉혹한" 사태이다. 쾌적한 사태란 존재하지 않는다. 왜냐하면 (처음부터 끝까지 존재하는) 쾌적한 것이란 사태의 방식으로는 우리에게 나타나지 않기 때문이다. 이것은 그와 동시에 현실적인 것 모두가 하나의 사태가 아니고 사태란, 현실이 우리에게 용납되지 않는 것으로서 그리고 변화되지 않는 것으로서, 또한 경직되고 확정된 것으로서 나타나는 그리고 어떤 생소한 것과 몰이해적인 것이 알려져 있고 이해되어 있는 우리들의 세계로 열고 들어오는 하나의 특수한 방식이라는 사실을 의미하는 것이다.

3. 실상, 사정 그리고 사태

그러므로 실상(實狀, Tatbestand)이라는 것이 자체의 측면으로부터 중립적인 현실에서 단순히 현존하게 되지는 않는다고 하더라도, 사태라는 그러한 실상(또는 어떤 사정(事情, Sachverhalt))과 의사(醫師)의 진단(Befund)은 역시 동일시될 수 없다. 예를 들면 지형(地形)의 서술은 아직 어떠한 실상의 기록이 아니다. 우리는 실상을 기록하여 두었다가 이후의 처리를 위해, 즉 자동차 사고와 같은 것을 처리하기 위해 그러한 실상을 준비해 둔다. 이후에 내릴 수 있는 결단을 고려하여 명백하게 될 수 있는 혐의의 관점에서와 결단에 관계해서만 비로소 어떤 것이 실상으로 되는 것이다. 여기에서 어떤 실상의 확정에 대한 필연적인 요청이 생기고, 그러한 실상의 확정은 모든 가치평가의 입장으로부터 벗어나 있는 것이다.

이러한 한에 있어서 실상은 사정과 구별될 수 있다. 우리는 사정을 묘사할 수 있거나 또는 설명할 수 있으며, 그로 인해서 (현상학적 이론에 따라) 그러한 사정을 표현하는 판단을 마련할 수 있다. 사정이란 그 사정의 묘사 없이는 그 사정이 무엇인지를 전혀 알지 못한다. 사정은 묘사하는 가운데에서 비로소 형성되는 것이다. 그러나 우리는 어떤 실상을 오직 확정할 수 있거나 또는 기록할 수 있으며, 여기서 기록한다는 것은 해석하지 않고 확정하는 것을 말한다.

실상은 의학적인 검사와 같은 어떤 상태(Befund)와 동일한 의미도 아니다. 왜냐하면 의학적인 검사의 상태에서는 제기될 수 있는 검사의 방향을 통해서 이미 무엇이 해당할 수 있고 해낭할 수 없는시가, 예를 들면 염증의 부위와 같은 것은 이미 확정되어 있기 때문이다. 상태는 이미 일정한 이해의 테두리 내에서 유동적인 것이다.

그러나 나에게 사태로서 직면하게 되는 것은 일종의 이물질(異物質)로서 나의 해석된 세계로 스며들어 오는 것이다. 그것은 나를 어떤 폭력성으로 포착하고, 그러한 폭력성은 우리가 실상이나 또는 사정 그리고 상태를 분석할 수 있는 침착성을 불가능하게 한다. 참으로 그것은 나를 대단히 비상한 불가항력으로 포박하고 있다. 그것은 모든 기대를 타파하는 무뢰한 사실(factum brutum)의 성격을 가지고 있다. 그러므로 그것은 모든 해석을 거부하는 순수한 "무엇무엇이라고 하는 사실"(daß …)로서 나타난다. 그래서 길(K. Giel) 교수[2]는 (그 밖의 문헌을 제시하면서) 정당하게 사태(Tatsache)란 사태가 표현되는 언어적인 요식화와 독립하여 존재한다는 사실을 강조한다. 이미 어떠한 서술도 언제나 (이미 하나의 해석에 포함되어 있는) 언어에 기여해야 하기 때문에, 어떤 해석에서 벗어나 순수한 사태 서술에 대한 요청은 엄밀하게 보면 실현 가능성이 전혀 없는 것이다. 오직 접근의 정도만 가능할 뿐이다. 사태는 오직 해석된 세계 내에서만 존재하나, 그러한 세계의 한계로서도 존재한다. 사태는 생소한 것으로서 해석된 세계로 두드러져 나타나는 그것이다. 그러나 사태를 명명할 필요 때문에 이미 나는 해석된 세계의 수단을 참조하게 되었다. 이것은 사태가 무엇인가 하는 것이야말로 언제나 해석된 세계에 관계해서만 밝혀질 수 있다는 사실을 의미한다.

사태 자체는 우리를 놀라게 하는 어떤 이해할 수 없는 것이다. 그러나 사태 자체는 사태의 극복을 요구하고 나선다. 그래서 이것은 다시 우리가 사태를 설명하고자 시도한다는 사실을 의미한다. 여기가 모르기는 해도 설명이란 내적 필연성을 가지고 삶의 연관성에 기인하게 되는 장소일 것이다. 예를 들어 한 아이가 낮은 점수의 성적표를 가지고 집으로 왔다는 사실, 더욱 심하게는 그로 인해서 그 아이가 상급반으로 진급하지 못한다는 사실은 아이에게나 부모에게 있어서 그들 스스로가 의논하지 않으면 안 되는 서글픈 일종의 사태이다. 그래서 이러한 사태로 인해 수치감에서 어떻게 아이가 그렇게 될 수 있었고(그렇게 되기란 쉬운 것이 아닌데), 전에는 우수한 재능을 가졌음에도 불구하고 그러한 일이 어떻게 가능했던가 하는 물음이 생긴다. 그들이 그 이유를 찾아 들어감에 따라 이해하지 못했던 사태가 이해될 수 있고 해석된 세계로 공감되어 들어올 수 있는 것이다. 이러한 의미에서 우리는 사태란 극복되지 않으면 안 되는 것이라고 말할 수 있다. 이것은 현실이 이해를 통해서 변화된다는 사실을 의미하는 것은 아니다. 그러나 현실에 대한 우리의 관계는 변화되는 것이다. 그래서 우리는 단념함으로써 냉혹한 사태와 타협할 뿐만 아니라 그러한 사태를 우리들의 해석을 통해서 신뢰하고 이해된 세계로 받아들일 수 있다.

길 교수는 그것을 대단히 의미심장한 요식으로 다음과 같이 주장한다. 사태란 스핑크스(Sphinx)가 우리의 생명을 자신에게 내어 놓고 우리가 수수께끼를 풀지 못할 때 우리를 잡아 삼키겠다고 위협하는 수수께끼와 같은 것이다. 사태를 극복한다는 것은 적합한 수수께끼의 말을 찾아냄으로써 달성할 수 있는 것과 같이 수수께끼로부터 해결되는 구조를 가진다는 말이다. 다시 말하면 이 경우에 있어서 몰이해적으로 우리의 삶 속으로 들어와 나타나는 것은 그러한 삶을 정초하는 연관성을 찾아내는 가운데 생산적인 작업 능력을 통해서 "동화된다." 즉 우리 삶의 의미심장한 연관성으로 들어와 포함된다는 사실을 의미하는 것이다. 물론 새로운 사태는 아무런 단절 없이 현전하는 세계 이해의 연관성에 포함될 수 있다. 그래서 세계의 폐쇄성이 다시 산출되었다는 의미에서 어느 정도 수수께끼가 "해결"될 수 있는지 혹은 사태가 어느 정도 이러한 세계상을 타파하여 버리고 근본적인 수정을

194

하도록 할 수 있을 것인지 하는 것은 우리가 후에 다시 취급하지 않
을 수 없는 문제인 것이다.

4. 사태의 지식

만약에 우리가 평가를 절하하는 의미에서 단순한 사태의 지식
(Tatsachenwissen)에 관해서만 말한다면, 우리는 좀더 다르게 생각하
게 된다. 우리는 학교를 단순히 배우는 곳으로서 사태(사실)의 지식
만을 전달하고 있다고 비난하고, 그러한 지식은 오직 외적으로만 배
우고 내적으로는 이해되지 않는, 그래서 그 자체로서는 아무런 가치
도 없는 지식이라고 생각한다. 이제 우리는 사실상 많은 사태의 지식
을 필요로 한다. 그러한 것 자체가 바로 우연적인 것이기 때문에, 우
리가 그러한 것을 이해한다는 것은 전혀 불가능하고 의미조차도 없다
는 사실을 알지 않으면 안 된다. 잘 알려져 있는 대로 이미 라이프니
츠(G.W. Leibniz)는 사태(사실)의 진리(vérité de fait)와 이성의 진리
(vérité de raisonnement)를 구별하고, 그 일자를 필연성에서 파악하고
자 하였고, 거기에 대하여 그 타자는 아무런 근거 없고 우연적인 것
이라고 하였다. 그러나 사태의 지식 역시 그렇게 필연적일 수 있어
그 자체로 충족되는 것이 아니므로 사태의 지식도 역시 이해되기를
바라는 것이다.

그러나 이때 사태라는 개념은 이 개념이 구체적인 상황에서 벗어나
서 지금은 임의적으로 미리 현전할 수 있고 계속해서 전달할 수 있는
소여성이 됨으로써, 그 개념의 직접적이고 "실존적인" 의미를 상실하
였다. 그러나 그것은 이미 중성화되어 버린, 더구나 그 근원적인 힘
을 박탈당하여 버린 사태의 개념이고, 그래서 사람들은 그러한 사태
의 개념을 단순한 정보(Imformation)로서 취급하여 버릴 수 있다. 만
일 우리가 오늘날 프로그램화하는 방식으로 사태 연구(Tatsachenfor-
schung)에 관해서 말한다면, 그러한 것을 눈으로 보듯 할 것이다.

이로써 우리는 다시 한번 최초의 물음인 무엇을 우리가 의미 있는 방식으로 "사태 연구"라는 개념으로서 이해할 수 있는가를 수용할 수 있는 것이다. 만일 우리가 사태의 개념으로부터 실존적인 의미를 벗겨 버리고 그 개념을 아주 중성화시켜 현실적으로 존재하는 모든 것을 하나의 "사태"라고 명명한다면, 사태 연구라는 개념은 일종의 중복 개념(Pleonasmus)일 것이다. 왜냐하면 연구가 현실에 관계하지 않는다면 도대체 그 외의 무엇에 관계할 수 있단 말인가 하고 물을 수 있기 때문이다. 그래서 그 반대 개념은 비현실적인 것이나 단순한 이념 또는 소망과 같은 것에 사유적으로 종사하는 것일는지도 모른다. 그러나 이러한 영역에서의 심사숙고(Nachdenken)를 우리는 반성(Besinnung), 숙고(Überlegung) 또는 사색(Spekulation)이라고 명명할 수 있다. 어떻든 이러한 것은 우리가 그러한 개념을 어느 정도 엄밀한 의미에서 받아들인다면 결코 연구가 아니다. 그러므로 오늘날 사태 연구에 대한 요청이 고무된다면, 그것은 연구라는 개념 속에 단적으로 이미 내포되어 있는 것을, 즉 사심 없이 현실을 고수하려고 하는 요구를 다시 한번 강조하여 밝힌 정열적인 표현 방식으로서만 이해할 수 있을 것이다.

만일 우리가 사태라는 개념을 밝히려고 시도하여 진지하게 받아들인다면, 사정은 더욱 어려워질 것이다. 왜냐하면 우리가 말의 엄밀한 의미에서 목적 지향적이고 체계적이며 그리고 계획적인 작업(특히 학문적 작업)을 연구로 이해하고 있는 한에 있어서 사태 일반이란 연구될 수 없는 것이기 때문이다.³⁾ 사태는 오직 연구의 동인(動因)일 수는 있으나 연구의 대상일 수는 없다. 왜냐하면 우리는 예기치도 않았고, 더구나 우리의 뜻과는 반대로 사태에 부딪치기 때문이다. 우리는 사태를 연구할 수 없으며 더욱 정확하게 말하면 우리는 사태에 대해 연구할 수 없다. 사태란 방법적으로 선행하는 의도적인 연구의 시야에서는 결코 등장하는 것이 아니다. 왜냐하면 사태는 이미 언제나 연구 이전에 주어져 있기 때문이다. 그래서 연구란 사태를 고려해야 하는 것이고, 사태를 가능성에 따라 설명해야 하는 것이며 그리고 이해되도록 해야 하는 것이다. 그러나 사태가 그 연구의 대상으로 삼는 것은 더 이상 뚫고 들어가는 것이 아닌, 그 목적을 위해서 중성화된 현실 영역 전체인 것이다. 그래서 만일 우리가 이 사태 연구라는 말의 두 구성 부분(사태와 연구)을 진지하게 받아들인다면 그러한 사태 연구는 오직 일정한 투쟁 상황으로부터 벗어나서 심리적으로는 이해되나 사실적으로는 정당하지 못하기 때문에 미래에서는 좀더 바람직하게 피할 수 있어야 하는 하나의 자기 모순인 것이다.

□ 註 ━━━━━━━━━━━━━━━━━━━

1) *Trübners Deutsches Wörterbuch* 참조.
2) K. Giel, "Studien zu einer anthropologischen Didaktik"("인간학과 교육"이라는 총서로 출판 예정임). 앞서 제시된 이 기본 저서는 불행하게도 하나하나 아직 평가될 수가 없다.
3) 같은 논문, 140면 이하 참조.

제9장

경 험

   그러므로 사태와의 만남이란 어떤 새로운 것이 부딪치면서 인간 생활의 폐쇄적인 세계로 뚫고 들어오는 형식이다. 사태는 그 생소함 때문에 인간을 위협하는 최초의 이해 불가능한 것으로 될 수 있다. 사태는 인간에게서부터 극복되어 세계 이해의 테두리 내로 포함되기를 바란다. 언제나 반복되는 사태를 논구 분석하는 가운데서 우리가 인간 삶의 경험이라고 부를 수 있는 것이 생기고, 그와 동시에 그러한 삶의 경험이 진전하는 가운데 인간을 다시금 새로운 경험으로 수용하도록 주도하는 세계의 이해가 전개된다. 삶의 경험과 세계의 이해라는 이 두 개념은 우리가 새로운 경험을 주도하는 선이해를 불변적으로 이미 주어져 있는 존립으로 고찰하는 것이 아니고, 생동하는 발전 속에서 파악된 존립으로 고찰한다는 점에서는 서로가 일치한다. 그러므로 우리는 경험의 발생에 대하여 특별한 주의를 기울이지 않을 수가 없는 것이다.

   경험이라는 개념 역시 대체적으로 대단히 유동적인 의미로 사용된다. 경험이란 개념은 무엇보다도 먼저 근대 과학의 근본 개념이다.

그래서 통상 근대 과학으로부터, 다시 말하면 과학적인 관점에서 이해된다. 경험을 증거로 제시함으로써 근대 과학은 그 독특한 기풍(Ethos)을 획득하게 되고, 그러한 기풍을 통해 근대 과학은 순수한 사고로부터 획득할 수 있다는 학문으로서의 형이상학의 권리 주장에 대항하게 되었다. 로크(J. Locke)는 "경험 속에 우리들의 모든 시식이 기초해 있고, 그러한 경험으로부터 우리들의 모든 지식이 궁극적으로 연역된다"[1]라고 쓰고 있다. 이러한 문장은 대단히 확신에 찬 것처럼 들리나 최근에 쿤(H. Kuhn)이 새로 밝힌 바와 같이 경험의 개념이 허용 불가능한 방식으로 왜곡되고 편협하다는 사실을 주장하고 나옴으로써 비로소 비참하게 되어 버렸다. 경험은 일면적인 방식에서 순수한 감각 지각으로 환원되고, 그래서 그러한 순수 감각 지각에 근거하는 물리학은 학문 일반의 전형적인 형태로서 나타나게 되었던 것이다.

그러나 우리가 이미 제시한 바와 같이 이러한 길이 이미 단순한 지각에 있어서는 통용 불가능하다는 것이 증명되기 때문에,[2] 경험으로부터의 출발은 경험주의적인 편협화에 대하여 더욱 완전하고 더욱 근원적인 경험의 개념을 획득하는 데 성공하고 그러한 경험의 개념으로부터 포괄적이나, 더 이상 인위적으로 편협화되지 않는 지식을 정초하는 데 성공하게 될 경우에만 성과를 낼 수 있는 것이다. 이러한 의미에서 쿤 역시 "경험주의에 반대하는 경험의 이름으로 이의를 제기할 시기에 이르렀다"[3]고 주장한다. 그러므로 여기에서 제시된 것은 경험의 개념이란 결코 그러한 개념이 경험주의자들의 관점에서 제기되었던 것과 같이 일의적인 것이 아니고 오히려 무엇보다도 제일 먼저 철저한 해명을 필요로 한다는 사실이다. 그러므로 가다머(H.-G. Gadamer)가 경험의 개념이"—역설적으로는 들리나—가장 해명할 수 없는 개념에 속한다"[4]고 강조한 것은 전적으로 옳다. 그래서 우리는 여기서 다시 경험이 무엇인가라고 묻지 않으면 안 된다.

1. 경험이라는 말의 유래

만일 우리가 경험의 개념을 충분하게 근원적으로 밝히려고 한다면, 우리는 특정한 철학적 전통으로 전하여 내려오는 추상적인 경험의 개념 이면으로 되돌아가서 그 개념이 근원적인 언어 이해에 있어서 아직도 왜곡되고 유동적으로 소여되어 있는 거기에서, 구체적으로 이해하기 위하여 경험의 개념을 새로이 받아들이지 않으면 안 된다. 이러한 이해를 위해서 아주 흥미진진하고 많은 것을 예시하여 주는 것은 (길(K. Giel) 교수가 강조하여 지적하고 있듯이[5]) 순수한 이 개념의 역사이다. 먼저 이 개념의 역사에 주의하게 된다면, 우리는 다음과 같이 그러한 개념의 역사를 쉽게 잊을 수가 없을 것이다. 즉 "경험한다"(erfahren)는 말은 단순한 "타고 가다"(fahren)로부터 유래한다. 여기서 "fahren" 자체는 그 이전에 아직 더욱더 일반적인 의미를 가졌던 것으로 자동차에서 뿐만 아니라 발로 끄는 공간에서의 모든 전진 운동을("편력하는 학생"에 있어서도 마찬가지로) 나타내었던 것이다. 그래서 "erfahren"의 전철(前綴) "er"가 일반적으로 목적을 달성하는 종말까지의 관통함을 의미함과 같이("langen"으로부터 "erlangen"이 그리고 "fassen"으로부터 "erfassen"이 유래함과 같이), "경험하다"(erfahren)라는 말은 먼저 아주 구체적인 의미를 가지고 있다. 다시 말하면 차를 타고 목적지에 도달한다, 그러므로 차를 타고 가면서 어떤 것을 가져온다, 어떤 것을 먼저 순수 공간적인 의미에서 달성한다, 또는 어떤 지역을 관통하여 여행한다라는 것이 그 말의 의미였다. 예를 들어 "시골에서 말(馬)과 물을 경험하였음과 같이 사람들은 그러한 것을 안다"[6]와 같은 것이다. 여기에서 "Fahren"에서나 "Fahrt"에서와 같이 접촉하게 된다는 사실을 통해서 어떤 것을 알게 된다는 의미에서 "erfahren"의 전의적인 의미가 생기고, 그래서 참는 노력과 위험 그리고 도중에서 일자에게 부딪치게 되는 사고(事故)에 대한 기억이 함께 어우러져 움직이며, 그 후에도 말을 완전히 다 하지 못한

200

아주 특정한 의미 배경이 그러한 말 속에 함께 주어져 있는 것이다. 이것은 그러한 말이 단순히 알게 된다(Kennen-lernen)라는 퇴색되어 버린 의미에 있어서 정보를 단순한 지식으로 수용함(Zur-Kenntnis-nehmen)에까지 전개될 때 그러한 것이다.

그러나 우리는 여기서 구전(口傳)으로 또는 신문에서 "경험"하는 것을 아직 "경험"(Erfahrung)이라고 명명하지는 않는다. 오히려 경험에 속하는 것은 우리가 경험 자체를 "우리 자신의 신체에서" 이룩한 것을 말하는 것이다. 나는 경험을 오직 나 자신의 경험으로서만 가지며, 그러한 경험을 획득하기 위하여 나는 근원적인 상(像)에 머물면서 내 자신을 여행(Fahrt)하도록 노력하지 않으면 안 된다. 사람은 자신의 경험에 관하여 다른 사람에게 이야기할 수는 있으나 그러한 경험을 다른 사람에게 전의시킬 수는 없다. 나의 경험에 대한 다른 사람의 지식은 결코 내 자신의 경험이 될 수 없는 것이다. 그러므로 인간은 다른 사람의 경험으로부터 조금도 배우려고 하지 않는다. 다른 사람이 이야기하는 거기에 관해서 사람들은 논쟁할 수는 있으나 어떻든 내가 직접적으로 언급하지는 못한다. 여기에 반해서 내 자신이 경험한 바에 관해서는 내가 나 자신을 배제할 수가 없다. 이러한 것은 확고부동한 것이다.

그러므로 유명한 격언에 따르면 화상을 입은 아이는 불을 두려워한다. 그러나 그 아이는 그 이전에 손가락에 화상을 입어야 한다는 것이다. 화상에 관계되는 이러한 모든 경고는 아이를 그러한 고통스러운 경험으로부터 보호할 수 없다. 그래서 일반적으로 아이를 키우는 부모들은 아이들에게 자신들의 생활 경험을 말해 주어도, 아이들을 피해로부터 보호할 수 없다고 생각한다. 부모들은 아이들이 어떻게 그러한 고통스러운 경험을 당하게 되는가를 함께 주시하지 않으면 안 된다. 부모들은 최선을 다하여 그러한 경험을 이미 해보았던 고통스러운 지자(知者)로서 아이들을 위로하면서 도와줄 수 있다. 그래서 역사가들이 한탄하고 있듯이, 전체로서 인류도 역사의 파국에서는 놀라울 정도로 별로 배우지 못하였고, 오직 가장 긴박한 자신들의 필요성만이 인류를 이성으로 되돌아올 수 있도록 하였던 것이다.

2. 경험의 고통스러움

"여행"에서 파악된 인간의 직관적인 출발점에서 이미 이해되었듯이, 우리가 이야기하게 되는 "경험"은 대체적으로 그렇게 유쾌하지 못한 종류의 것들이다. 인간은 자신의 생활 속에서 "많은 부정을 경험하였다"[7]는 사실에 대해 한탄한다. 그러므로 경험이란 인간이 자기 자신의 신체에서 이루어진 것이고, 또 어느 누구도 그러한 것을 자신에게 피하게 할 수 없는 일반적으로 쓰리거나 고통스러운 경험인 것이다. 유쾌하거나 즐거운 경험은 존재하지 않는 것처럼 보인다. 어떻든 사람들은 그러한 경험에 관해서 이야기할 줄 모른다. "대체적으로 여기에서 중요한 것은 어떤 불쾌한 것이다"라고 튜르브너 사전도 그 말의 사용을 그러한 방향에서 총괄하고 있다.

경험의 이러한 어두운 면을 가다머도 분명하게 밝히고, 그와 동시에 그러한 경험의 어두운 면을 필연적으로 경험의 본질과 연관되어 있는 그 어떤 것으로 파악함으로써 더욱 심오한 이해로 유도하였다. 즉 "경험이라는 것이 특히 고통스럽고 유쾌하지 못하다는 사실은 어떤 특수한 흑색을 의미하는 것이 아니고, 그 본질로부터 직접적으로 스스로 통찰하게 하는 것이다. 오직 부정적인 법정을 통해서만 우리는… 새로운 경험에 도달한다. 이러한 이름에 기여하는 모든 경험은 하나의 기대를 어긋나게 한다. "[8] 삶이 아무런 저해를 받지 않고 진행되어 모든 기대가 이루어지는 한 모든 것은 좋으며 어떠한 충격도 우리에게 주지 않는다. 기대가 무너지게 될 때 그리고 기대하지 않았던 방해가 도중에 등장할 때 비로소 인간은 자신의 경험을 "(이룩)한다" (machen). 참으로 인간은 많은 지식을 획득한다. 그러나 인간은 경험을 (이룩)한다. 그렇게 "(이룩)한다"는 성격을 좀더 상세하게 우리가 고찰하는 것은 바람직한 일이다. 왜냐하면 그러한 것은 본래적인

202

행위(Tun)가 아니고, 오히려 일종의 해야 함(Machenmüssen)이고, 고통함(Erleiden)이며 그리고 삶의 어려움에로 인도된 존재(Ausgeliefertsein)이기 때문이다.

"견디다, 괴로워하다"(leiden)라는 말의 의미를 내용적으로 접근하여 보는 것도 의미 있는 일이다. 왜냐하면 "leiden"은 근원적으로 "타고 가다"(fahren)와 "걸어 가다"(gehen)를 의미하고(능동태의 "이끌다"(leiten), 가게 하다(gehen-machen), 인도하다(führen가 의미하는 것과 같이), "통하여 가다"(durchgehen)와 같은 중간 단계를 넘어서 오늘날 쓰고 있는 "곤란한 것을 통과시키다"(Schweres durchmachen)라는 의미로 전개되었기 때문이다. 그러므로 경험하다(erfahren)와 당하다(erleiden)라는 두 말은 근원적인 어휘의 의미에서 보면 거의 동일한 의미이다. 그래서 모르기는 해도 지적으로 파악될 수 있는 것은 경험한다(Erfahren)는 것 또한 "곤란한 것을 통과시키다"와 같은 정도를 의미한다는 사실과 그러한 경험을 하는 가운데 "당하다"(Erleiden)라는 수동적인 성격이 규정하면서 존재한다는 사실이다.

그러므로 경험은 모든 계획과 전망에서 벗어나 있다. 경험은 계획과 전망의 모든 의도에 역행하여 인간에 대립되는 어떤 운명적인 것이다. 만일 사람이 "자신의 경험"을 (이룩)하였다고 말한다면, 그가 그것을 고통스럽게 경험하지 않을 수 없었다는 사실을 생각하게 된다. 아주 중요하게 받아들이는 경험의 성격은 참으로 이론적인 고찰에서는 경시되어 우리들은 거기에 대해서 전혀 주시하지 않는다. 그러나 그 배경에 대해서는 퇴색된 의미에서라도 우리들이 경험에 관해 말할 때 비로소 그러한 성격이 작용하게 되는 것이다.

여기서 "경험하다"(erfahren)와 "체험하다"(erleben)라는 두 말의 관계는 특이하다고 할 수 있다. 이 두 말은 많은 영역에서 상호 중복되기도 하지만, 여기서는 대립되는 면의 관계를 고찰하고자 한다. 만일 "경험하다"라는 말이 냉혹한 사고의 근본 개념이라고 한다면, "체험하다"라는 말은 대단히 강하게 감정을 강조하고 있는 것이다. 체험

이란 낭만주의와 생철학 그리고 20세기초 청년 운동에서 나타났던 전
형적인 개념이다. 만일 우리가 같은 방식으로 어떤 것을 경험하고 체
험한다고 말할 수 있다고 하더라도 체험이 훨씬더 강하게 주관에 관
계된다. 만일 우리가 어떤 것을 체험한다면, 그것은 체험하는 사람이
이때 중심점이 되고, 그로써 훨씬더 기쁨에 찬 방식으로 풍부하게 된
다는 사실을 의미한다. 체험하는 사람은 체험된 것을 전적으로 자기
자신 속에다 끌어넣어 바로 자신과 용해하여 버리고 완전히 자신의
체험으로 채우게 된다. 그러므로 체험은 언제나 주관적인 것에 빠질
위험성이 있고, 그로 인해서 오해될 수 있는 위험성이 있다. 그래서
모르겐슈테른(C. Morgenstern)은 다음과 같이 조롱할 수 있었다. "그
러므로 그는 그 자신의 주간지에다 체험이란 꿀과 같이 감미로움으로
꽉 채울 수 있는 또 하나의 것이라고 썼다."⁹⁾ 이에 대하여 경험한다
는 것은 아주 구체적인 사실과 관계하는 개념이고, 경험된 것을 객관
화하는 것이다. 경험을 하는 것은 인간이 아니고, 인간이 거기에서
경험하는 사실이며 이것은 주의라고 하는 시각에 들어 있다. 그러므
로 이러한 경험의 개념은 냉냉하고 냉혹하며, 사람이 체험의 개념을
주관적으로 파악하는 위험을 피하려고 할 때 이 경험이란 개념을 사
용한다. 사실성의 냉혹함은 경험의 개념에서 표현되는 것이다.

여기에서 분명하게 밝혀져야 하는 것은 인간이 "경험"한다고 했을
때 경험이라는 말을 복수로 사용하고 있다는 사실과 또한 인간이 관
찰하는 개별적인 사건 자체는 아직 어떠한 경험이라고도 할 수 없으
며 거기에서 하나의 보편적인 이론을 이끌어 낼 때 비로소 개별적인
사건이 그러한 경험으로 된다는 사실이다. 경험은 언제나 인간이 경
험에서 배우는 보편적인 연관성에 관계한다. 그러므로 개개의 관찰
역시 충분하지는 않다. 인간에게 어떤 것이 되풀이되어야 하고, 그러
한 방식으로 인간을 놀라게 하는 것은 곧 인간이 규칙적인 회귀
(Wiederkehr)를 추론한다는 사실이다. 그러므로 하나의 사태를 확정
하는 것 자체는 역시 아직 경험이 아니다. 그래서 튀빙겐은 넥카 강
변에 있다라고 하는 진술을 누구나 그 자신의 눈으로 확인한다고 하

더라도, 그것이 어떤 경험의 표현으로 간주되지는 않는다고 하였다. 그러나 분명히 남풍(南風)의 날(Föhntage)이 있다고 하는 확인은 경험의 표현인 것이다.

이것은 다른 면에서도 경험을 체험과 구별할 수 있는 것이다. 체험은 전적으로 자기 자신 속에 깃들어 있어서 자기 자신을 초월하여 나아가지는 않는다. 그래서 결국 체험에 대한 기억만이 남게 되는 반면에, 경험은 해당하는 사람을 지속적으로 변화하도록 작용하는 것이다. 그러므로 체험은(여기서는 논란이 될 수 없는 한계 속에서) 되풀이될 수 있으나, 경험은 오직 확증될 수 있을 뿐이다. 그러나 인간이 이룩하는 개개의 경험으로부터 포괄적이고, 언제나 성격상 기분적이며 그리고 해당하는 사람에게는 의미 있는 생활의 경험이 이루어지는 것이다.

3. 경험의 경직화

그러므로 언제나 여기에서는 경험이 다음과 같은 사실을 의미하게 된다. 즉 사람이 스스로 생각하였던 그대로는 어떤 것도 되지 않는다는 사실, 그리고 특히 인간이란 우리가 기대하였던 것처럼, 세계는 악이다라고 요식화하여 버렸던 것처럼 그렇게 자명하지는 않다는 사실을 의미하는 것이다. 그러므로 경험은 인간의 이상주의적인 기분에 제동을 걸어 인간으로 하여금 지치도록 하는 어떤 것이다. 경험의 종말에는 체념이 존재한다. 세계를 개조하겠다고 하는 모든 시도에 인간 자신이 좌절하고 만다는 사실을 우리는 언제나 주시하고 있으므로 결국 인간은 그러한 사실을 단념하여 버리고, 통상적이고 관행적으로 시도된 수행에 한정하여 버리게 된다. 인간은 자신의 경영에만 매몰되고 만다. 그러므로 경험은 현존하는 것을 개선하려고 하는 인간적인 모든 노력에, 다시 말하면 발전에 대한 인간적인 모든 노력에 대한 저해이고 저항인 것이다. 그러므로 인간은 언제나 다시금 정신을

차리지 않으면 안 된다. 인간이 새로운 것과 더욱더 좋은 것을 창조
하려 한다면 인간은 경험의 압력에 대하여 투쟁하지 않으면 안 된다.

 젊은 기분으로 어느 때인가 한 번은 자신의 직업이나 또는 새로운
직장(활동 영역)을 찾아나서는 사람은(그리고 여기는 경험이라는 말
이 아무런 제한 없이 쓰이는 특징적인 상황이다) 그가 어떤 것을 바
꾸어 보려고 할 때 기존의 선배들이 그에게 한편으로는 좋게 생각하
는 충고를 그리고 또 다른 한편으로는 불손한 충고를 해준다는 경험
을 자주 하게 된다. "그대로 두어요 ! 우리도 그러한 것을 시도했었
소. 그러나 아무것도 새로워지지 않았다오. 당신도 그러한 경험을 이
제 하게 될거요. "그래서 그 이면에는 대체로 직접 표현이 되지 않았
다고 하더라도 경고가 숨어 있는 것이다. "차라리 그러한 시도를 바
로 포기하고 원치 않는 당신의 개혁 제안 때문에 우리를 방해하지 마
시오 ! "—이렇게 관행(慣行)을 고수하려고 증거를 끌어대는 일은 절
실하고 확고하며 모든 새로운 것을 저해하는 요소이다. 경험은 인간
을 지치게 만든다. 경험은 체념하는 노인의 일이다. 이와 관련해서
헤르바르트(J.F. Herbart)의 유명한 명제(그의 《일반 교육학》(*All-
gemeine Pädagogik*)의 서문에서 나오는)가 있다. "90세의 한 시골 학교
교장은 90년간 관행의 경험을 가지고 있다. 그는 길고 긴 세월 동안
그 자신이 애써 온 노력의 감정을 가지고 있다. 그러나 그는 자신의
업적과 방법에 대한 비판을 하는가"[10]라고 헤르바르트는 자기 사상을
비판적으로 전개한다.

 젊은이의 기분은 언제나 똑같이 그러한 경험의 형태에 대하여 반대
한다는 사실은 이해할 만하다. 2차 세계 대전 때 전사한 록게(E.
Rogge)[11]는 언젠가 "경험으로 인해서 사람은 멍청이로 된다"는 논쟁
적인 제목으로 책을 쓰려고 하였다. 그는 그러한 제목을 사람이란 피
해로 인해서 현명하게 된다는 일상적인 표현 양식의 도전으로 대치하
려고 하였다. 여기서 그가 생각하였던 것은 경험으로 삶을 자동화시
키는 고정적인 습관이 형성된다는 사실이다. 인간은 자신의 경험으로
인해서 우둔하게 되어 어떠한 새로운 것을 시작하려는 모험을 하지

206

아니하며, 더 나아가서는 새로운 가능성에 대하여 전혀 심사숙고하려
고 하지 않는다. 인간은 참으로 긴 경험을 통해서 그러한 것이 바람
직하지 못하다는 사실을 알고 있다. 그러므로 경험은 창조적인 삶의
범위를 한정시킨다. 인간이란 그러한 경험의 영향하에서는 실제로 둔
하게 되는 것이다.

이로부터 인간은 자신의 경험을 증거로 삼고 있는 전형적인 상황을
이해할 수 있다. 증거로 삼는다는 것은 통상적으로 논쟁적이고−방어
적인 성격을 가지고 있다. 그러한 것은 새롭게 기대하지 않으면서 인
간에게 등장하는 요청을 거부하는 데 기여한다. 경험을 증거로 삼는
것이 새로운 경험을 할 수 있는 가능성을 단절시키는 데 기여한다는
사실은 주목할 만한 역설이다. 인간은 새로운 요청에 대하여 자신의
경험 속에 경직되어 있다. 인간은 더 이상 수정할 준비가 되어 있지
않으므로, 내적으로 경직되어 있고 자기 삶의 생동성을 상실하고 있
음을 증명한다.

그러므로 젊은이의 정열은 많은 경험의 이면에 보루를 쌓아 두고
있는 선임자들의 박식에 반대한다. 그러한 것을 헤르바르트도 다른
유사한 자리에서 다음과 같이 설명하고 있다면, 그는 이미 그러한 사
실을 파악했을 것이다. "단순한 실천은 본래 오직 관행과 극단적으로
한정되어 있어 어떠한 결정도 하지 못하는 경험만을 줄 뿐이다. …자
기 생의 마지막에 있는 백발의 한 교사와 언제나 동일한 또는 약간
상이한 궤도에 서서 상호 병존하고 상호 전후하여 나아가는 한 세대
전체 또는 수세대의 교사들이 젊은 신임 교사가 첫 수업에서 행복한
구상을 가지고, 그와 동시에 올바로 계산한 실험을 통해서 그리고 아
주 명확하게 경험할 것에 대해서는 아무런 예감도 하지 못한다는 사
실은 있을 수 있는 것이다."[12] 그러므로 여기에는 "극단적으로 한정
되어 있어 어떠한 결정도 하지 못하는 경험"에 대립하여 "올바로 계
산한 실험"에 기초를 두고 있는 경험의 다른 형태가 있다. 그러나 다
른 한편에는 실험이, 더구나 일련의 실험들까지도 아무런 경험으로
되지는 않는다. 우리는 경험을 구할 수가 없다. 경험은 개개 사건의

반복 속에서 비로소 점차적으로 형성되는 것이다.

4. 어떤 것"과의" 경험

그러나 우리는 더 나아가 일상적인 언어 사용에서 이러한 물음을 밝히기 위하여 되묻고자 한다. 왜냐하면 여기에는 경험에 관해 말할 수 있는 완전히 다른 가능성이 아직도 존재하기 때문이다. 즉 우리는 "어떤 것과의"(mit etwas) 경험을 하였다는 사실을 기꺼이 말하며, 그리고 사람이 경험을 하게 되는 대상은 대체로 도구, 수행 방식 그리고 그와 유사한 것이고, 드물게는 인간도 해당된다. 그래서 그러한 경험들이 수공업자 등으로서 도움을 구하는 특정한 수행 방식을 지배하고 있는 한에 있어서만은 분명히 그러하다. (내가 다시 길 교수에게서 빌려 온) 예를 들면 자동차를 모는 사람은 그들이 자신의 자동차와 이런 경험을 하였는지에 대해, 특히 아직 시승하지 않은 새로운 모델이 문제로 될 경우 대단히 즐겨 이야기를 나눈다. 만일 그러한 두 사람이 그들 차종(車種)의 우위에 관해서 토론을 벌인다면, 대체로 그들은 자동차와의 (물론 제한을 가지고서) 좋은 경험을 하였다는 사실을 지적하기 일쑤이다. 어떤 사람이 차종에 대해 회의적이어서 자기 차종에 관해 경멸적으로 말한다면, 그들은 곧바로 끙끙 앓게 마련이다. 무엇이 여기에서 일어나고, 또 어떤 의미에서 사람들은 무엇 "과"(mit etwas) (그리고 대체로 무엇에 "있어서"(an etwas)도 또는 무엇에 "대하여"(über etwas)도 아니고) 경험을 하는가? 이것은 계획적인 검토도 아니고 또 자동차를 몰아 보는 시운전도 아니다. 이러한 "좋은 경험"은 오직 차에 종사하고 긴 교섭을 하는 가운데 비로소 생기게 된다. 이러한 무엇"과의"(mit)라고 하는 것은 어떤 상호 소통적인 관계를 지시한다. 그것은 스스로 연습하는 것을 말하고 떨어질 수 없는 유착을 말하며 바로 자동차와 자기가 일치되는 것을 말한다. 그래서 이로부터 그들이 비판에 대해서 민감하다는 것이 이해될 수도

있다. 그러므로 어떤 것과 경험을 한다는 것은 어떤 것과 관계한다
(mit etwas umgehen)는 것을 의미한다. 이러한 것은 어떤 것을 객관
화하는 지식을 목표로 삼는다기보다는 오히려 직접적인 자신의 능력
(Können)을 목표로 삼는 것이다.

5. 경험 있는 실무자

"경험 있는"(erfahren)이라고 하는 형용사 역시 동일한 방향에 있는
말이다. 이미 겔렌(A. Gehlen)은 자신의 훌륭한 초기 논문에서 이러
한 사실에 대해 주의를 환기시켰다. 그는 거기서 현행의 철학적인 경
험 개념을 반대하여 다음과 같이 강조하고 있다. 즉 "철학이 거의 배
타적으로 (의식의 사태로서) 사용하고 있는 경험이라고 하는 바로 이
개념은 허용할 수 없을 정도로 편협되어 있고 일면화 되어 있다."[13]
그래서 그는 거기에 반하여 행위를 수행함에 있어서 경험과 능력간의
긴밀한 관계를 주시하도록 하였다. 이러한 연관성에서 만일 우리가
어떤 강조된 의미에 있어서 인간을 "경험이 있는"(erfahren)이라는 말
로 표현한다면, 그것은 무엇을 의미하는가? "만일 우리가 어떤 사람
을 경험 있는 교육자, 정치가 또는 어부라고 표현한다면, 우리는 이
러한 관점에서 그에 관해 최고의 것을 진술하는 것이다. 그래서 그
이상의 어떠한 칭호도 존재하지 않는다"라고 그는 답한다. 겔렌은 그
리스어 엠페이리아(empeiria)를 언급하고, 바로 그 말 속에는 장기간
의 연습, 숙련성, 전문 지식, 시련 그리고 통찰하는 유능성에 관한
어떤 것이 포함되어 있는 것이어서, 그는 전문적인 일면성을 초월하
는 생활 경험이라는 개념을 상기하도록 한다. "이러한 종류의 사람은
삶을 규칙적으로 그리고 우리를 놀라게 하면서도 삶을 투사하는 다양
한 요구와 요청에 굴복하는 것이 아니고 성장하는 것이다."[14]
그러므로 만일 우리가 (예를 들어) 어떤 경험 있는 의사에 관해서
말한다면, 우리는 무엇을 생각하는가? 그것은 많이 알고 또 자신의

학업을 아주 좋은 성적으로 끝낸 의사를 말하는 것이 아니다. 오히려 그것은 장기간의 의사 생활을 하는 동안 언제나 새로운 연습을 통해서 비로소 획득한 자신의 직업을 수행하는 특별한 능력을 말하는 것이다. 이러한 것은 많은 개개의 사례로부터 알게 되고 지금에는 많은 가능성을 묵과하여 버리는 통찰의 보장을 요구하며, 이때 그러한 가능성을 구별할 줄 알고 많은 숙고를 하지 않고서도 옳은 것을 찾아내는 것이다. 여기에는 독특한 박자가 분명히 있다. 이러한 것은 측정할 수 없는 개별적인 사례의 뉘앙스(Nuance)를 파악할 줄 아는 손가락 끝의 감각이고 또한 장기간의 연습을 통해서만 획득할 수 있는 감각이며 그리고 다른 사람들이 힘들게 진찰을 해도 결정을 내릴 수가 없어 그저 시간만을 낭비하고 있는 데 반하여 곧 올바른 결정을 내릴 수 있도록 하는 판단의 확실성이다. 여기에 비하여 초심자 또는 미경험자(Greenhorn)는 자기 지식을 아무것에도 이용하지 못하는 어떤 사람이다. 왜냐하면 그는 자기 지식을 응용하는 것을 이해하지 못하므로, 예를 들면 사업 실무에 있어서는 쉽게 잘 속으며 또한 자기 상대방의 술책을 알지 못하기 때문이다.

그러나 인간을 둔하게 하고, 새로운 모든 것에 대하여 눈을 감게 하는 무감각한 경험과는 달리 획득한 모든 경험이 그와 동시에 파악의 새로운 가능성을 열어 주는 또 다른 경험도 있다. 더구나 언제나 깨어 있는 수용 태세는 경험 있는 실무자를 육성하게 한다. 경험은 언제나 다시 새로운 경험을 이룩하게 하고 내면적으로 동화하게 하는 생동적이면서도 부단히 발전하는 성장 과정이다. 그러므로 대단히 특징적으로 말할 수 있는 것은 해당하는 사람이 "어떤 것에서"(in etwas) 경험하게 된다는 사실이지 그 당사자가 특히 많은 경험을 했다는 사실이 아니다. 왜냐하면 경험이란 그에게는 그가 처리할 수 있는 외적 소유가 아니기 때문이다. 경험은 전적으로 인간의 행위 속에 들어와 있고, 인간이 거기에서 살고 거기로부터 사는 하나의 특수한 능력으로 되는 것이다. 겔렌도 "경험과 능력은 구별될 수가 없다"[15]고 강조하고 있다. 모든 새로운 경험은 지식을 풍부하게 할 뿐만 아니라, 그와 동시에 새로운 작용 능력으로 효력을 발생하게 한다. 그래서 경험은 인간이 활동하는 매체로 인해서 자기 스스로가 완전히 혼용되어 있음을 의미한다. 그러므로 실제로 경험 있는 사람이 다른 사람에 대하여 자기 경험을 증거로 끌어대는 것은 드문 일이다. 자신의 경험은, 그 경험이 능력으로 되었기 때문에 지식에는 진혀 현존히지 않는다. 그래서 자신의 경험은 결코 완료되는 것이 아니고, 언제나 자신의 경험을 수정하는 새로운 경험에 대해서 개방되어 있다. 그렇기 때문에 경험 역시 다른 사람에 대하여 지금까지의 범위를 벗어나는 새로운 제안에 반대하는 이의로서의 역할을 할 수 없게 된다.

이렇게 부단히 전진하고 심화되어 가는 경험 가운데에서 그리고 새로운 것을 수용하고 사용하려고 준비하는 가운데에서 우리가 경험 있는 실무자의 인간적인 특징으로서 감탄하고 또 어느 정도의 연령이 되지 않고는 결코 이룩할 수 없는 탁월한 성숙성이 점차적으로 형성된다. 이러한 성숙성은 현명함과 소질 그 이상이고, 지식과 재능의 영역 그 이상이다. 여기서 우리가 이전에 경험의 고통스러운 성격에 관해서 말하였던 것이 다시 한번 작용하게 된다. 이러한 것은 고통스러운 심연의 경험이고, 인간만이 그러한 궁극의 성숙에 도달할 수 있는 자기 능력의 한계에 대한, 더구나 그러한 고통스러운 경험 속에 포함되어 있는 지식인 것이다. 성숙함을 추구하는 사람은 그러한 경험의 고통에 대해서도 예스(Yes, 긍정)라고 말하지 않으면 안 된다.

6. 경험에 대한 용기

만일 우리가 지금까지 얻은 결과를 요약한다면, 경험의 두 가지 다른 형태 또는 좀더 엄밀하게 말하면 경험의 두 가지 다른 측면이라고 할 수 있을 것인데, 그 하나를 부정적인 판단에서 그리고 그 다른 하나를 긍정적인 판단에서 언급할 수 있을 것이다. 즉 그 한편의 경험은 인간을 확고히 이루어진 습관 속에서 무디게 하고 경직되게 하여, 결국 밖의 새로운 경험에 대하여 스스로를 폐쇄하는가 하면, 그 다른 한편의 경험은 결코 완료되는 것이 아니고 개방된 수용 태세로 부단히 계속 발전되는 것이며, 또 경험 있는 사람으로서 표현되기도 하는 인간의 우수한 성숙성에로 이르는 것이다. 우리는 올바르게 이해된 경험의 본질에서 나온 두 측면을 경험의 내적인 연관성에서 파악하도록 시도하지 않으면 안 된다. 왜냐하면 경험의 이 두 측면은 개방적으로 상호 밀접히 연관되어 있기 때문이다. 인간이 이룩하는 풍부하고 새로운 모든 경험에는 지속적인 고착화의 위험이 존재한다. 인간은 새로운 것의 출현을 저지하기 위하여 그러한 고착화의 위험 이면에다 스스로의 보루를 마련하고자 한다. 그래서 인간은 일반적으로 자신의 가능성 배후에 언제나 잔류하게 될 위험 속에 존재하고 언제나 새로운 긴장에서만 타성(惰性)에로의 유인을 극복할 수 있는 어떤 본질임과 마찬가지로, 새로운 경험에 대한 준비 태세 역시 반대 작용을 하는 고착 세력의 새로운 극복을 요구하고 있다. 새로운 것에 대한 개방성은 자연의 시여(施與, Gabe)가 아니고, 노력하여 획득할 수 있는 인간의 덕성(德性, Tugend)인 것이다.

이 점을 이해하기 위하여 우리는 인간이 점차적으로 자기 자신의 경험을 획득하는 과정을 좀더 상세히 고찰하지 않으면 안 된다. 우리가 그 이전에 인간 자신의 경험을 계획적으로 수행할 수 없으므로 자신으로부터 강요할 수 없다는 사실에 대하여 주의를 환기시켰다고 한다면, 인간은 경험을 수집할 수 있다. 다시 말하면 인간은 경험을 발견하고 조작하는 가운데 자신의 사업에서 경험을 얻은 사람의 성숙성에 도달할 때 경험을 비로소 우연히 얻게 된다는 말이다. 이제 이러한 경험의 수집을 계획적으로 마련하고자 시도하는 경우에는 불가능하다. 이러한 것은 외부로부터 인간에게 나타나는 사건들의 우연성에 들어 있음을 의미하는 것이다.

그럼에도 불구하고 경험의 획득은 특별한 도박을 요구한다. 실제로 인간은 경험을 강제적으로 획득할 수 없다. 그러나 인간은 오직 경험만이 나타날 수 있는 상황에 자신을 내세울 수 있다. 말의 근원적인 의미로부터 다시 출발하기 위하여 우리는 외국으로 가는 "여행" 길에 오른 사람의 경험을 말하고자 한다. 왜냐하면 그러한 경험이 잘 알려져 있는 지역에서는 너무나 편협되기 때문이다. 인간은 집과 알고 있는 지역의 세계에서는 아무런 경험도 하지 못한다. 그러므로 우리는 자신의 교회 탑이라고 하는 좁은 범위를 넘어서 나오지 못하는 사람을 경멸한다. 경험이란 어떤 확실한 입장으로부터 전혀 존재하지 않는다. 또한 완성된 학문적 문제 제기의 입장에서가 아니고, 특히 경험을 하기 위하여 우리 스스로가 참여하지 않으면 안 되고, 또 우리는 기대하지 않은 것에서 일자를 향하여 다가오는 것에 스스로를 내놓지 않으면 안 된다. 경험은 기대하지 않고 있는 일자(一者)에게 나타나는 것에 대하여 단지 개방적일 때에만 존재한다. 그러나 여기에는 용기와 도박의 각오가 필요하다. 왜냐하면 경험을 획득한다는 것은 고통스러운 일이고 위험스러운 일이기 때문이다. 불안에 떠는 사람은 아무런 경험도 하지 못한다. 왜냐하면 그러한 사람은—그래서 종종 자기 "경험"을 증거로 삼아서—미리 처음부터 경험을 할 수 있는 상황을 회피하여 버리기 때문이다. 그러므로 그러한 사람들은 자기 자신들이 언제나 이미 이해하고 있는 세계의 좁은 범위 안에 갇혀 있어서 우물 안의 개구리가 되고 현실적으로 어떠한 새로운 것도 배우지 못한다. 그들의 삶은 결국 정지 상태에 이르고 만다.

모험가 역시 특별한 방식으로 경험을 하는 사람은 아니다. 길 교수는 이것을 이미 여러 번 지적하고 있다. 모험가에게는 사건들이 외적으로 있을 뿐이다. 그러므로 모험가는 언제나 되풀이해서 모험으로부터 모험에 지속할 수가 있다. 모험가는 변신하지 않고, 자기 자신의 체험으로부터 아무것도 "배우지" 않으며, 그래서 가극 돈 죠반니(Don Giovanni)처럼 사건을 오직 외적으로만 반복할 수 있고 그 수를 과시할 수 있는 것이다. 그러므로 그의 체험에서는 어떠한 경험도 발생하지 않는다. 오히려 경험이란 인간이 외부에서 자기에게 대하게 되는 것을 내면적으로도 획득할 줄 알고, 경험과 더불어 자기 자신이 변화하며 자신의 경험에서 성숙된 인간의 탁월성에 도달하는 방식에서 비로소 성장하는 것이다.

7. 행복한 체험

이 자리에서는 경험의 고통스러움에 관한 견해에 대하여 특별히 제기될 수 있는 이의를 한번 생각해 보아야 한다. 즉 이러한 견해가 일면적으로 염세주의적인 편견이 아닌가? 아름다운 것과 행복한 것의 경험도 마찬가지로 존재하는 것이 아닌가? 여기에서 분명히 인정할 수 있는 것은 삶이 오직 고통스러운 경험만을 제공해 주는 것은 아니라는 사실이다. 삶이란 분명히 어떤 만족스러운 새로운 것이 인간에게 다가오게 되는 행복한 시간도 갖는 것이다. 직관과의 연관에서도 우리 자신은 그러한 행복한 체험을 하게 된다. 다만 우리는 그러한 사건을 (언어의 모순이 있다고 하더라도) 경험으로 표현할 수가 없다. 그래서 그러한 개념을 무색(無色)의 의미로 평준화하여 버렸던 것이다. 행복한 사건을 고통스러운 경험과 대비할 수 없는 완전히 다른 종류가 이로써 은폐될 수 있을 것이다. 그래서 이러한 것은 다시금 그 특수한 방식으로 밝혀져야 할 것이다. 이미 지적한 체험과 경험의 구별은 어떻게든 그러한 대립 명제를 언급하고 있는 것이다.

이러한 행복한 사건이 고통스러운 경험과 공통되는 것은 그러한 양자가 기대하지도 예측하지도 않은 가운데 인간에게 들이닥친다는 사실이다. 그러나 고통스러운 경험이 외부로부터 삶 속으로 침입하여 와서 인간의 기분이 어떠한지를 묻지 않는 반면에, 행복한 사건은 내적인 준비를, 즉 사물이 자신으로부터 개시하는 것에 따라 인간은 자신을 개방하는 어느 정도의 명랑한 기분을 전제로 한다. 그리고 경험이 궁극적으로 언제나 실천적인 행동에 관계하고 있는 반면에, 행위와 욕구의 영역은 여기에서 중단된다. 그래서 인간은 자기 자신에게로 흘러가는 삶과 세계의 풍부성에 대해서 자유로워진다. 그러한 것을 오해하는 것은 생(生)의 보시(布施)에 대한 배은망덕일는지도 모른다. 우리가 서론에서 인식의 기본적인 의존성에 관해서 말했을 때, 이미 그러한 연관성이 우리들의 논지에 들어와 있던 것이다. [16] 그와 꼭 마찬가지로 우리들은 하이데거(M. Heidegger)와 연관해서 이론적인 인식이 실제로 실천적 교섭의 "탈락적 양태"(defizienter modus)로서만 이해될 수 있는지 어떤지 물었을 때도 그러하였다. [17]

그러나 이러한 심연의 연관성은 무차별적이고-중립적인 경험 개념으로 인하여 은폐되므로 전혀 눈에 띄지 않는다. 그러한 연관성은 무차별적이고-중립적인 경험 개념을 논구 분석하는 가운데 비로소 다시 자유롭게 되지 않으면 안 된다. 그러나 우리는 그것에 대해 이 자리에서 더 이상 밝힐 수가 없다. 왜냐하면 우리는 그것을 다른 연관성으로 확대하여 인식하게 될 것이기 때문이다. 생겨날 수 있는 오해를 막기 위해서 이러한 점만을 지적하여 두는 것으로서도 충분할 것이다.

8. 경험과 탐구

측정 불가능한 성격과 우연성을 통해서 인간이 이룩한 경험과 마찬가지로 행복한 체험은 분명한 시행의 결과와도 구별되고 확실하게 설정된 실험과도 구별된다. 이와같이 헤르바르트는 이미 "올바로 계산된 실험"을 시골 학교 교장의 무감각한 경험과 비교하게 되었다. 이러한 대립 명제는 대단히 불명확하게 된다고 하더라도, 소원한 의미에서 경험 과학에 관해 언급된다면 중요하게 된다. 실험의 결과를 경험이라고 말할 수는 없다. 적어도 우리가 경험이라고 하는 말에다 어느 정도 분명한 의미를 첨가시키고자 한다면, 더욱 그러할 것이다.

실험이란 인간이 자기 자신으로부터 자연에 제기하는 일종의 물음이다. 그래서 이러한 물음은 문제 제기로 인해서 지시하게 되는 일종의 답이기도 하다. 현대 자연 과학의 의미에서 실험의 결백성에 속하

는 것은 일정하게 요식화된 물음을 가지고 자연에 접근한다는 사실과
실험이 제기하는 조건들이 아주 정확하게 규정된다는 사실, 그리고
실험이 임의적으로 반복될 수 있다는 사실 등이다. 이러한 의미에서
실험은 계획적으로 설정되고 수행되며 일정한 결과를 내어 놓는다.
인간은 그러한 결과에서 자기가 추구하는 특정한 지식을 얻게 된다.
그러므로 인간은 실험 가운데 있는 주역이고 의식적으로 행동하는 사
람이다. 어떠한 우연도 인간의 의도를 방해해서는 안 된다.

　우리는 실험의 개념을 연구라는 개념을 통해서 더욱 보편화할 수
있을 것이다. 연구가 언제나 실험에 기여할 필요는 없다. 그러나 연
구란 항상 의식적인 물음이고, 명확한 검토(Untersuchung)이다. 우
리는 은폐되어 있는 연관성에 대해 연구한다. 예를 들면 경찰은 범인
(犯人)을 찾기 위하여 연구(조사)를 한다. 연구한다(forschen)는 것은
지속적으로 어떤 것을 구한다(suchen)는 것을 의미한다. 그러나 연구
한다는 것은 체계화도 될 수 있는 것이다. 그래서 연구는 효과적으로
되기 위하여 바로 체계화를 요구한다. 그러므로 연구는 특히 학문의
중요한 요건인 것이다. 자연을 연구하는 사람과 역사를 연구하는 사
람 그리고 다양한 연구에 종사하는 기구들이 존재한다. 학문이란 그
본질에 따라 전체로서나 또는 적어도 본질적인 부분으로는 연구인 것
이다. 그래서 학문의 성격을 전적으로 보장하지 않는 학문이 그 작용
능력을 연구로서—또는 강조된 의미에 있어서는—경험적 연구로서
강조한다는 사실이 생기는 것이다.

　이러한 모든 것은 중요하다. 그러나 만일 우리가 설정하는 연구와
이룩하는 경험을 엄격하게 구별하지 않는다면, 그리고 이 양자를 아
무런 구별도 하지 않는 가운데 경험 과학의 개념에 포괄해 버린다면,
우리는 사물을 오류의 관점에서 고찰하게 된다. 왜냐하면 그 일자인
연구는 계획적인 형성의 영역에 속하고, 인간이 자유로이 처리하는
영역에 속하나, 그 타자인 경험은 인간이 인도하여 내는 삶의 생기
(生起)이기 때문이다. 이러한 생기를 인간은 자기 자신으로부터 처리
할 수 있는 것이 아니고, 오직 인간이 그러한 생기의 손에 들어가 있

는 것이다. 그러므로 의도적인 구별의 의미에 있어서 연구는 근본적으로 폐쇄적인 선이해의 테두리 내에 존재한다. 그러한 테두리 내에서만 전적으로 특정한 문제가 제기될 수 있다. 이에 대하여 경험은 앞에서 제시한 기대의 테두리를 넘어서는 어떤 것이고, 생산적인 새로운 정위를 하도록 강요하는 어떤 것이다.

그러나 만일 우리가 경험론적 학문(die empirische Wissenschaft)에 관해서 말하고 또 그러한 경험론적 학문을 경험에 기초하고 있는 학문으로 이해한다면, 그러한 관계는 사라지고 말 것이다. 왜냐하면 경험(Empirie)이라는 말이 그리스어 동사 "peirao"에서 유래하며, 이 말은 "시도하다"(versuchen), "시험하여 보다"(erproben)와 같은 것을 의미하기 때문이고, 여기에서 비로소 파생되어 "자신의 경험으로 알고 있는" 것을 의미하기 때문이다. 이러한 말 속에는 우리가 연구(Forschung)라는 개념 속에서 부각할 수 있는 것과 같이 자기 탐구(Untersuchen)의 능동적인 성격이 훨씬 강하게 들어 있으나, 독일어인 경험(Erfahrung) 속에 풍기는 것은 고통스럽게 (어떤) 일을 당하다와 같은 의미는 들어 있지 않는 것이다.

그러므로 우리는 엠피리에(Empirie)라는 개념과 에어파룽(Erfahrung)이라는 개념을 똑같은 의미로 고찰해서는 안 된다. (이것은 프랑스어와 영어의 이해 지평에서 당장 두드러지게 되고 또 우리가 독일어의 경험론(Empirismus)이라는 영어식 개념을 경험 "Erfahrung"에다 정초하려고 할 때 당장 나타나게 된다.) 오히려 우리는 이 두 개념을 분명히 구별하지 않으면 안 된다. 엠피리에라는 개념에는 계획적으로 설계된 연구라고 하는 능동적인 성격이 훨씬더 강한 반면에, 독일어인 에어파룽이라는 개념에는 의지에 역행해서 감수한다고 하는 수동적인 특성이 대단히 강하게 풍기고 있는 것이다. 그러므로 우리는 이 이후부터는 더욱더 분명하게 경험론적 학문(die empirischen Wissenschaften)이라는 개념을 사용하는 한편, 애매 모호한 경험 과학(Erfahrungswissenschaften)이라는 개념은 피하고자 한다.

이러한 고찰에 대해 물론 이의가 제기될 수 있다. 즉 그렇게 구별함으로써 무슨 소득이 있단 말인가? 이러한 것은 언어의 우연적인 가능성에 대한 유희적인 숙고가 아닌가? 아무런 현실적인 결과도 없거나 또는 기껏해봐야 언어 사용이 새로운 것이나 다시금 자의적인 확정에 대한 제안이 아닌가? 이에 대하여 답할 수 있는 것은 다음과 같다. 즉 지속적인 연구(Erforschung)와는 달리 경험의 근원적인 성격에 대한 고찰은 비로소 인간 인식의 발생에 대한 심오한 통찰에 이르게 함으로써, 그러한 통찰은 경험주의적인 경험 개념(empiristischer Erfahrungsbegriff)의 일면성을 간파하도록 하고, 경험의 다른 근원적인 형태의 소여성을 인식하도록 하며, 그리고 거기로부터 경험주의적 연구의 배타성 요구에 대항하도록 한다는 사실이다. 이로써 엄격한 사태 연구의 의미는 어떠한 방식으로도 논쟁거리로 되지는 않는다. 오직 중요한 것은 그러한 사태 연구를 올바른 방식으로 인간 인식의 전체에 포함시키는 일이고 또 그러한 구성을 하면서 경험과 연구라는 두 측면간의 공동 작용을 상호 의존성에서 서로가 올바르게 인식하도록 하는 일이다. 그래서 이 자리에서도 인식 문제의 일반 인간학적인 논거가 주축을 이루게 된다.

□ 註 ----------------------------

1) J. Locke, *An Essay concerning Human Understanding*, 제 2 권, 1 면 ; H. Kuhn, "Was heißt Erfahrung?", in *Zur Bedeutung der Empirie für die Pädagogik als Wissenschaft. Neue Folge der Ergänzungshefte zur Vierteljahresschrift für Wissenschaftliche Pädagogik*, 제 5 호, 9면에서 인용.
2) 이 책, 17면 이하 참조.
3) Kuhn, 앞의 책, 13면.
4) H.-G. Gadamer, *Wahrheit und Methode* (Tübingen, 1960), 329면.

5) K. Giel, "Studien zu einer anthropologischen Didaktik".

6) 트뤼브너 독일어 사전 (*Trübners Deutsches Wörterbuch*)은 언제나 어휘사에 충실하고 있다.

7) 같은 책 참조.

8) Gadamer, 앞의 책, 338면.

9) C. Morgenstern, *Sämtliche Werke* (München, 1965), 241면.

10) J.F. Herbart, *Sämtliche Werke*, hrsg. von K. Kehrbach, 제 2 권, 7면.

11) 이에 대해서는 E. Rogge, *Axiomatik alles möglichen Philosophierens* (Meisenheim/Glan, 1950) 참조.

12) Herbart, 앞의 책, 제 1 권, 284면 이하.

13) A. Gehlen, "Vom Wesen der Erfahrung" (1936), in *Anthropologische Forschung. Zur Selbstbegegnung und Selbstentdeckung des Menschen* (rde 138), (Reinbek, 1961), 27면.

14) 같은 책, 26면.

15) 같은 책, 28면.

16) 같은 책, 10면 참조.

17) 같은 책, 51면 참조. 우리는 준비중인 이 저서의 속간에서 상세하게 이러한 연관성을 논구해야 할 것이다. 그때까지 나의 이전의 저서를 참조하기 바란다. O.F. Bollnow, *Das Wesen der Stimmungen* (Frankfurt a.M., 1956), 특히 제 7 권, 112면 이하.

제 10 장

생활 경험

1. 생활 경험의 형성

우리가 개개 경험 과정의 본질을 밝히고자 시도한 후에는 반드시 인간 삶에 있어서 경험의 효과를 연구해야 할 과제가 생긴다. 사람이란 자신의 경험에서 배우게 된다고 흔히들 말한다. 배운다(Lernen)는 것과 경험한다(Erfahren)는 것은 분명히 밀접하게 연관되어 있다.[1] 그러나 그렇기 때문에 이러한 것들은 결코 동일시되어서는 안 된다. 만일 우리가 경험의 개념을 완전한 의미로 받아들인다면, 이미 모든 배움이 경험을 의미하지는 않는다. 예를 들어 우리가 학교에서 배운 것이 아직 경험은 아니다. 그것은 단순히 배운 지식일 뿐이다. 이렇게 배운, 즉 다른 사람에 의하여 매개된 지식은 자신의 경험과는 대립하여 있는 것이다. 우리는 경험이란 언제나 자신이 이룩한 것이라는 점을 다시 한번 강조하여 받아들이지 않으면 안 된다. 경험에는 자기 자신이 참여한 존재(das eigene Beteiligt-Sein)가 반드시 속해 있다. 그러나 다른 사람에게서 듣지 않고 자기 자신의 눈으로 보았다

하더라도 아직 경험은 아니다. 그것은 단순히 지식으로 받아들인 것으로 있을 뿐이다. 경험이 생기기 위해서는 여기에 사람이 직접적으로 참여하여야 하는 것이다. 사람은 지식을 받아들일 뿐만 아니라 그 자신의 인격과도 관계되어 있다. 사람은 경험을 통해서 변화된다. 우리는 다시 한번 경험이란 언제나 동시에 일종의 능력이라는 사실을 기억할 필요가 있는 것이다.[2]

그러므로 경험으로부터의 배움은 배우려고 하는 의욕의 의도에서 생길 수 있는 것이 아니다. 이러한 것은 인간이 사건을 통해서 마침내 어떻게 할 도리가 없는 배움의 한 형태이다. 그러므로 그러한 배움은 사건의 후에 비로소 생기게 되는 어떤 사후적인 것이다. 이러한 배움은 태도를 통제하며 지속적으로 무의식적인 층(層)이나 또는 반(半)의식적인 층에서 이루어질 수 있다. 그러나 또한 있을 수 있는 것은 일어난 일이 더욱 심오하게 그리고 더욱 저해하면서 습관적인 삶 속으로 침투하여 분명하고 의식적인 논구 분석을 하도록 한다는 사실이다. 그래서 특히 여기에서 사후적인 그리고 과거의 사건으로 되돌아가는 성격이 분명하게 나타난다. 경험은 해명을 요구하면서도 먼저 몰이해적으로 나타나는 사건을 되돌아보는, 그러므로 의욕하지도 않고 미리 예견하지도 않는 가운데서 인간을 상면하는 어떤 것의 처리와 획득의 반성에서 생긴다. 이러한 사후적인 처리와 획득에서, 다가오는 행위에 적용하는 가운데 그리고 일반적으로 자기 자신의 삶 속으로 수용하는 가운데 마침내 사건은 경험이 된다. 인간은 경험을 한다고 우리는 곧잘 말한다. 그러나 인간이 상면하는 것은 무엇보다 의미 없는 사실(Faktum)이고, 우리가 지금까지 밝혀 온 의미에 있어서, 인간이 단순히 받아들여야 하는 사태(Tatsache)인 것이다. 인간이 그러한 사실을 스스로 사고하면서 획득하게 되고 또 자신의 장래 삶을 위한 하나의 "학설"(Lehre)을 거기에서 이끌어 냄으로써, 비로소 사실은 경험이 된다. 이것은 격언이 다음과 같이 말하고 있다면, 완전히 학설의 근원적인 본질에서 파악된 경험의 본래적 원음에 일치한다. 즉 사람은 손해를 입음으로써만이 현명해진다. 여기에서 현명

(賢明)이란 (providere(예견)에서 파생된 라틴어 prudentia의 의미에서) 다시금 단순히 이론적인 능력이 아니고 조심스럽게 결과를 곰곰이 생각하는 실천적인 태도이다. 그러므로 경험으로부터의 배움은 그이후에 있어서는 실천적인 삶의 활동성으로서 작용한다.

그래서 인간이 이룩하는 여러 가지 다른 개개의 경험으로부터 세월의 흐름 속에서 당사자의 “경험” 또는 더 좋게 말해서 “삶의 경험”이라고 부를 수 있는 것이 생기게 된다. 이러한 삶의 경험은—적어도 제일 먼저—의식적으로 선행하는 구성의 개별적인 경험의 비교를 통해서라든가 “귀납적인” 수행의 보편화를 통해서 점차적으로 이루어지는 것이 아니다. 오히려 그러한 경험은 저절로 이루어지는 것이고, 의식되거나 관찰되지 않으면서 거의 유기체적이라고 부를 수 있는 성장 과정 속에서 전개되는 것이다. 마치 이러한 성장 과정은 이미 언젠가 괴테(J.W. Goethe)가 유기체적인 것의 유추에 대한 명백한 지적에서 다음과 같이 서술하고 있음과 같다. 즉 “관대한 섭리는 모든 개개인들에게 이렇게 또는 저렇게 행동할, 그래서 각자에게도 세계를 통해서 도울 수 있는 충동을 주었다. …그러므로 인간이 위(胃)를 가지고 있다는 사실을 생각하지 않고도 먹고 마시며 소화하는 것과 같다. 그래서 인간은 보고 인지하며 행동하고 자신의 경험을 본래적으로 의식하지 않고도 결합시킨다.”[3] 그러므로 우리는 경험의 발생을 과학적인 관찰에 따를 수만도 없는 것이다. 오히려 우리가 관찰을 통해서, 특히 우리 자신에 대한 자기 관찰을 통해서 확인할 수 있는 것은 언제나 이미 형성되어 있는 경험일 뿐이다. 경험의 발생 근원을 추적해 내기 위해서 이미 형성되어 있는 경험 이면으로 되돌아갈 수 있는 가능성이란 존재하지 않는다. 그 자체로 형성된 경험은 지식 속에 대상적으로 소여되어 있지 않다. 경험을 자기 자신의 능력 속에 현재 가지고 있다고 하더라도, 인간은 무엇보다 먼저 자신의 경험에 관해서는 알지 못한다. 인간은 분명한 역경 속에서 스스로를 자각하는 경우에 비로소 과거의 경험이 부상하게 되고, 그래서 되돌아와 경험을 포착할 수 있는 것이다.

인간이 자신의 행위 속에서 뒷받침을 받고 있는 이러한 삶의 경험은 우리가 지금까지 얻은 결과를 요약하여 학문 이전의 세계 이해와 삶의 이해, 그래서 계속하여 선이해(Vorverständnis)로서도 표현하였던 것의 기능을 확장시켰다. 우리가 이미 서론에서[4] 엄밀하게 상호 연관시켰던 이러한 개념들의 관계를 더욱더 정확하게 규정할 필요가 있다. 우리는 일반적인 삶의 이해를 단순히 삶의 경험과 동일하게 취급할 수는 없다. 왜냐하면 전자인 삶의 이해에는 인간이 언어와 문화를 가지고 자신의 환경으로부터 받아들였던 많은 것, 모르기는 해도 인간이—우리는 이러한 문제를 여기서 결정할 필요가 없다—자연적인 소질로서 세계에 함께 수반하여 가지고 온 많은 것이 포함되어 있기 때문이다. 그러나 삶의 경험은 이러한 일반적인 삶의 이해와는 다음과 같은 점에서 구별된다. 즉 인간은 그러한 경험을 스스로 했어야 한다는 사실이다. 이러한 한에 있어서 경험은 인간이 자신의 직관과 자신의 삶을 가지고 점차적으로 실현하는 일반적이고 전통적인 이해로부터 나오는 편협된 단면이다. 인간은 어느 정도 점차적으로 일반적인 이해 속에서 예시(豫示)된 가능성을 현실화하여, 그러한 가능성을 구체적인 자료로서 실현시키며 그리고 그 속에서 막연하게 예시되었던 것을 명백한 구체성으로 제시한다.

그러나 삶의 경험은 무규정적으로 미리 주어져 있는 삶의 이해를 점차적으로 구체화하는 것 그 이상이다. 그래서 그러한 경험은 내용적인 것에서는 그러한 삶의 이해를 초월하여 가게 될지도 모른다. 완전한 의미에 있어서의 경험은 그 경험이 신뢰의 세계로 들어오게 되는 어떤 새로운 것에 관계할 때 비로소 경험이 되는 것이다. 그래서 어떻게 그러한 새로운 것이 지금까지 이해된 세계에 관계하는가라는 물음이 제기될 수 있다. 그러나 이에 대하여 무엇보다 먼저 새로운 것 자체의 개념이 더욱 상세히 규정되어야 한다. 우리는 이른바 이중적 의미에서 "새로운 것"(Neues)에 관해서 말할 수가 있다. 새로운 것을 미리 결론적으로 말한다면 상대적으로 새로운 것과 절대적으로 새로운 것이 있다고 할 수 있을 것이다. 만일 새로운 것이 단절 없이 지금까지의 이해 전체에 적합하게 되면, 우리는 상대적으로 새로운 것이 있다고 할 수가 있다. 내가 알게 된 새로운 식물이나 내가 방문한 새로운 도시는 상대적으로 새로운 것이다. 수학적인 비유를 들면 단순한 새로운 자료로서 이해된 세계의 좌표 체계에로 정리될 수 있는 것은 상대적으로 새로운 것이다. 미리 주어져 있는 이해의 테두리 내에서 지식의 성장은 그 이상 문제가 되지 않는다.

이와는 반대로 새로운 것이 지금까지의 인식 지평에 더 이상 속할 수 있는 것이 아니고, 오히려 그러한 인식의 지평을 전체적으로 깨어 버린 후 근본적으로 새로운 성찰을 하도록 강요할 때, 우리는 그러한 것을 절대적으로 새로운 것이라 할 수 있다. 다르게 표현하면 역작용 하면서 이해의 지평 자체를 변화시키는 것이라고 할 수 있다. 그러므로 여기에는 절대적으로 새로운 경험이 가능하다는 사실뿐만 아니라 이해의 지평(또는 선이해)이 불변적인 것이 아니고, 삶의 과정 가운데에서 확장될 수 있고 변화될 수 있다는 사실을 전제로 하고 있다. 그러므로 삶의 경험은 인간이 그 밖의 경험으로 다가가는 선이해의 범위를 항구적으로 확대시켜 나가는 것이다. 만일 우리가 이러한 이해의 전체를 다른 연관성에서 모든 개별적인 새로운 경험의 선험적인 것(Apriori)으로 표현하였다면, 우리는 지금 성장하고 스스로 발전하며 변화하는 선험적인 것에 관해서 말하지 않을 수가 없다.

2. 생활 경험의 불비성

그러나 삶의 경험(Lebenserfahrung) 역시—일자에 있어서는 더 많이 또는 타자에 있어서는 더 적게—지속적인 성장 속에서 파악되었다고 하더라도, 그리고 이때 개인적인 출발점의 우연성이 새로운 경험의 수용을 통하여 어느 정도까지는 평균화가 된다고 하더라도, 언제나 특정한 개개인간의 아주 인격적인 경험이 존재하게 마련이다.

그래서 어느 정도로 경험이 개개인의 경험을 초월하여 초개인적인 타당성에 대한 요구를 할 수 있으며 그리고 어느 정도로 우리가 경험에다 보편 타당한 지식을 정초할 수 있는가 하는 물음이 제기된다.

이제 우리가 무엇보다 먼저 지적할 수 있는 것은 이러한 경험이란 참으로 처음부터 언어의 상호 주관적인 수난 내에서 형성되었다는 사실과 아주 어렸을 때부터 항구적인 상호 소통 안에서 그러한 형태를 획득하였다는 사실이다. 그러나 개별 경험이 언어적 형태를 띠게 될 때 모든 개별 경험 속에서도 보편적으로 어떤 인간적인 것이 작용할 수 있다면, 한 인간이 이룩한 경험의 범위, 즉 우리가 이러한 특정 인간의 구체적인 삶의 경험이라고 표현할 수 있는 것은 우연적이고 불비한 것이며 한정되어 있는 것이다. 그래서 어느 정도로 우리가 자기 자신의 경험으로부터 포괄적이고 체계적인 지식을 획득할 수 있는가 하는 물음이 생긴다. 여기서 먼저 자기 삶의 편협된 한계가 주목될 수 있다. 오직 제한된 범위의 경험만이 각 사람에게 통용되는 것이다. 그러나 만일 우리가 경험이라는 말을 엄밀한 의미에서 받아들인다면, 인간이 자신의 경험을 의도적으로 동반할 수 있는 것이 아니고 경험이 이루어지는 대로 경험을 받아들이지 않으면 안 되기 때문에, 경험의 범위는 우연적이고 불비한 것이다. 만일 인간이 학문을 경험에 정초하려 한다면, 그는 그러한 불비한 결함을 메꾸도록 시도하여야 하고 또 자기 경험의 범위를 완성하도록 시도하지 않으면 안된다. 그러나 이러한 것은 다시금 아주 제한된 정도에서만 가능하다.

인간은 문제의 사실에 있어서 자기 자신의 삶으로부터 자기가 무엇에 기여할 수 있는가를 그 스스로 먼저 심사숙고할 수 있다. 이때 인간의 긴장된 노력은 먼저 자신의 기억 속에 현존하지 않았던 많은 것을 다시 상기하게 된다. 그래서 어느 정도의 보충이 가능하다. 그러나 곧 이러한 시도에 있어서는 자기 삶의 경험에 있는 한계와 우연성이 더욱 고통스럽게 눈에 띠게 될 것이다. 그러므로 인간은 생소한 삶의 경험 역시 보충으로 받아들이도록 시도하지 않으면 안 된다. 그렇게 해야 사람은 직접적으로 자기 자신의 경험에 정초하여 있지 않는 지식에 자유로이 도달하게 되는 것이다.

그래서 인간은 계속해서 그러한 채집 활동에서 쌓게 된 경험의 소재를 선별하고 정리하도록 시도하지 않으면 안 될 것이다. 만일 베이컨(F. Bacon)이 어떤 특정한 경험주의적인 이론으로 아직 아무런 저해받지 않은 공평성에서 탐구될 수 있는 영역에 이미 여러 가지로 존재하는 경험을 위해 가능한 한 완전한 목차를 제시하도록 요구하였다면, 그러한 경험의 소재를 베이컨은 여러 가지로 오해하고 있었던 것이다. 그러나 우리가 그러한 영역을 확장한다고 하더라도, 언제나 경험은 현존하는 소재(素材)에 한정되어 있고 우연적이고 불비스러운 것이며 그리고 그러한 불비의 결함을 메꾸고자 시도하는 경우에 있어서도 우연에 달려 있게 된다. 실제로 경험은 회의적이고 불분명하며 생소한 경험을 검토할 가능성을 가지고 있지 않다. 언제나 체계적인 지식을 획득하고자 하는 시도는 현사실적(現事實的)인 경험의 우연성과 결부되어 있다. 그러므로 생소한 삶의 경험을 수용하는 것 역시 근본적인 것에 있어서는 그 이상 진전이 있을 수 없다. 여기에 있어서도 미리 주어져 있는 그리고 임의로 확장될 수 없는 경험의 존립에 대한 교시가 남아 있는 것이다.

만일 우리가 이렇게 잔존하는 우연성을 극복하기 위해 경험의 결함을 메꾸려고 하면서도, 우연한 행운이 따르지 않는 경험을 스스로 유도해 낼 때까지 기다린다는 것은 불충분한 일이다. 오히려 우리는 적절한 시행을 통해서 잔존하여 있는 물음에 대한 원만한 답이 가능하도록 하지 않으면 안 된다. 그러므로 여기에서는 내적인 필연성을 가지고서 명백하고 계획적으로 설계된 연구의 과제(특히 관계의 수량적 파악과 의식적으로 이루어진 실험의 과제)가 제기되며 우연적인 결함이 계획적인 탐구를 통해서 보충될 뿐만 아니라, 그 밖에 인식 역시 방법적인 준비 수단을 통해서 이전에는 알려지지 않았던 확실성을 확보하게 된다. 통계학적인 결과는 확고하고 주관적인 선판단에서 벗어나 있는 기반으로 되며, 계획적으로 설정된 특수 실험은 임의적인 반복성을 용납한다. 다시 말하면 언제나 재생산할 수 있는 결과를 허용한다는 말이다. 이로써 이제 비로소 엄격한 검증과 반증의 가능성이 주어지게 되는 것이다. 이와같이 이미 헤르바르트(J.F. Herbart)는 분명하게 예측된 실험을 수세기 동안 지속되어 온 경험의 관행(慣行)에 대립시킬 수 있었다. 이제 비로소 우리는 우리들 발 아래 확고한 토대를 확보하기 시작하였으며 또한 방법적으로 보장된 학문의 영역에 이르게 된 것이다.

오직 우리가 분명하게 밝혀야 하는 것은 이렇게 의식적으로 제기된 연구가 자연적인 경험의 직선적인 "연장"(延長, Verlängerung)으로 이해될 수 있는 것이 아니고, 새로운 문제 제기와 새로운 방법을 가지고 근본적으로 새로 시작하는 단초(端初)로 이해될 수 있다는 사실이다. 이것을 명백히 밝히기 위하여 우리는 앞서 자연적이고 학문 이전적인 경험과 명료하고 학문적인 연구를 아주 날카롭게 구별하였던 것이다.

3. 경험론적 연구

만일 이제 완전히 확실한 인식을 우리가 획득하고자 한다면, 우리는 그것을 지금까지 논술하여 온 자연적 삶의 경험 영역에 적합한 수행을 통해서 방법적으로 보장된 과학적 연구의 형태로 환원시키지 않으면 안 된다. 그러나 이러한 시도를 하는 경우 우리는 자연적 삶의 경험이라고 하는 전체 영역을 방법적이고 경험론적인 연구의 수단으로 보장할 수 있는지 그리고 어느 정도로 보장 가능한지를 먼저 묻지 않으면 안 된다. 학문론적인 토론에 있어서, 다시 말하면 자연적인 삶의 경험에서 얻은 결과가 어느 정도로 학문적으로 사용 가능한지를 묻는 경우에는 오늘날 소위 말하는 경험주의적 의미 기준이 결정적인 역할을 하게 된다.[5] 가장 단순한 형식에서 보면 이것이 의미하는 것은 만일 하나의 진술이 하나의 경험론적 검토나 하나의 진리의 검증 또는 반증이라 할 수 있다면, 그런 진술은 오직 그래서만이 의미심장한 것으로서 타당하다는 사실이다. 이러한 발단 명제는 자명한 것처럼 보인다. 즉 왜냐하면 그러한 검토를 할 수 없다는 것은 불구속적인 하나의 사변 이외에는 아무것도 아닐 수 있기 때문이다. 그러나 이러한 발단 명제는 그 자체로 하나의 임의적인 선취인 것이다. 이러한 발단 명제는 가상적인 명증으로 인하여 은폐되어 있고—우리는 여기서 다시 모든 것을 명증으로 끌어대는 의문점을 보게 된다—문제의 중요한 측면으로 인하여 은폐되어 있으며 그래서 문제 설정을 믿을 수 없는 방식으로 단순화하여 버린다. 이러한 명제의 명백한 결정은 오직 가상적일 수 있다. 왜냐하면 검증 가능성이라는 것이 무엇을 말하고 또 어떤 의미에서 그러한 검증 가능성이 가능한지 하는 물음은 이미 처음부터 아주 특정하고 암묵적이면서 자명한 것으로 전제된 방식으로 제기되기 때문이다. 검증 가능성(확증 가능성)은 관찰 가능한 실상(實狀)으로 환원됨으로써 매순간 동일하게 가능한 통제의 가능성을 의미한다. 이러한 방식에서 관찰 가능한 실상으로 환원될 수 없는 것은 학문적인 의미가 없는 단순한 사념(私念)에 불과하다. 검증 가능한 사태와 불구속적인 사념간에는 명백한 모순적인 대립이 존재한다.

그러나 이에 반하여 제기될 수 있는 물음은 그렇게 파악된 의미 기준에서 벗어나 있는 진정한 경험은 존재하지 않는가 하는 것이다. 왜냐하면 단순하게 그러한 경험은 매순간 동일하게 조작할 수 있는 것이 아니기 때문이고, 그럼에도 불구하고 모든 것은 불구속적인 사념과는 다른 사념이기 때문이다. 오히려 진정한 그리고 어떤 상황하에서는 심지어 대단히 고통스러운 경험이기를 바라기 때문이다. 예를 들어 아주 친한 사람의 죽음을 보고 아연실색하게 되는 의미 공백의 경험이나 또는 자기 자식의 출생으로 인하여 인간 전체 삶의 풍요로움이 그러한 방식으로 검증 가능한 것인가? 이러한 경험이 실험적인 일로서는 용납되지 않는다는 사실이 분명하다. 그러나 경험에 대해서 가능한 한 많은 수의 사람에게서 검증을 받아내는 것이 용인될 수 있는가? 만일 우리가 많은 수의 사람이 경험에 관해서 언급하지 않는 상태로 있다는 사실을 확정해야 한다면, 어떤 모순이 되는가? 그래서 우리가 그러한 물음의 의미를 용인한다고 하더라도, 그러한 물음에서 주도하고 있는 이해가 먼저 자기 삶의 경험 속에서 획득되어 있을 것임에 틀림없다. 그러므로 여기서는 앞에서 규정한 것이 중요하게 된다. 즉 이러한 경험은 "숙명"으로 인하여 모든 계획적인 행사나 경험주의적인 의미 기준의 모든 적용에서 벗어나 있다는 말이다.

그럼에도 불구하고 이러한 경험은 통제 불가능한 것이 아니다. 경험은 상응하는 상태에 이르게 되는 각자에 따라 반복될 수 있는 것이다. 이러한 것 역시 순수 개인적이고 개별적인 체험은 아니다. 왜냐하면 일자는 타자와 함께 경험에 대해서 의사 소통을 할 수 있기 때문이다. 그러므로 이러한 진술은 완전히 검증 가능하다. 그러나 그러한 검증 가능성은 언제나 처리되는 것이 아니다. 또한 우리는 그러한 검증 가능성을 계획적인 일로서 의도적으로 유도할 수 있는 것도 아니다. 우리는—자연적인 경험 개념의 의미에서—언제 그러한 사건들이 삶에서 등장하는지에 대하여 지시할 수 있고, 또 그러한 사건들을 오직 차후적인 반성에서만 파악할 수 있는 것이다. (왜냐하면 순간 자체에서는 대체로 일자가 그러한 명제의 검증에 따라서 기분을 내지 않기 때문이다.) 그러므로 우리가 알고 있는 것은 확증 가능성의 개념이 결코 단순하지는 않다는 사실과 그러한 개념이 여러 가지 상이한 영역에서 대단히 상이한 변용을 일삼는다는 사실 그리고 이때 검증 가능한 경험과 검증 불가능한 경험간의 첨예한 대립 대신에 검증 가능성의 상이한 정도와 그러므로 상이한 정도 역시 지식의 신뢰성 내에 존재한다는 사실이다.

4. 한 예(例)로서의 만남

나는 이러한 관계를 명백히 하기 위하여 내 자신의 연구로부터 얻어낸 다른 개념인 "만남"(Begegnung)[6]에 관해 언급하고자 한다. 이

러한 만남의 개념이란 엄밀한 학문적인 연구의 영역에서는 무의미한
것이라는 사실은 최근에도 주장되었다.[7] 사실 우리가 물을 수 있는
것은 어떻게 이러한 개념으로 표현된 과정을 학문적으로 검증하여야
하는가 하는 물음이다. 왜냐하면 만남이라는 것이 운명적으로 인간에
게서 이루어지는 것이지만 임의로 이루어질 수 있는 것도, 계획적으
로 관찰될 수 있는 것도 아니기 때문이다. 일반적으로 만남이란 깊고
내적인 충격의 과정을 표현하는 것이고, 그러한 과정은 그 자체로서
외부로부터의 모든 관찰에서 벗어나 있으며, 그러한 충격의 과정 자
체를 스스로 경험한 내용을 서술하는 가운데에서만 접근 가능하게 되
는 것이다.

　그러나 우리가 학문적인 인식에 있어서 이러한 "비학문적인" 개념
의 사용을 포기하여도 되는가? 포기한다는 것은 바로 인간을 가장
내면적인 것으로 뒤흔들어 놓는, 그리고 인간의 모든 현실 관계를 규
정하는, 그래서 결정적인 경험이 주관적인 것으로서 처리되고 학문적
인 취급으로부터는 배제된다는 사실을 의미한다. 만일 우리가 이러한
결론을 끌어내지 않으려고 한다면, 그러한 결론에서도 적절한 방식으
로 만남에 관해서 말할 수 있는 다른 길이 아직 있어야 하는 것이다.
이를 위해 우리는 먼저 그 자체로 진정한 만남의 과정을 체험한 내용
을 자기의 경험으로 환원시켜야 하고, 그러한 과정을 자기 자신의 경
험에서 서술하여야 하며 해석하여야 한다. 그러나 여기에서는 우연한
주관성의 고려가 생길 수 있기 때문에, 제 2 단계로서 동일한 것을 경
험한 다른 사람의 증언에서 자신의 경험을 검증할 수 있는 가능성이
생긴다. 그러나 그와는 반대로 자신의 체험이 다른 사람의 진술로 인
해서 주도되고 해석된다면, 그러한 자신의 체험은 어느 정도로 아직
맹목적이기 때문에, 그와 동시에 그 역방향으로 되어 버린 방도의 필
연성이 생긴다. 즉 우리는 지난 수년 동안 언어 사용에 있어서 "만
남"에 관한 논의가 점차적으로 많아지고 있다는 사실에서부터 출발하
여(이러한 것은 우리가 말하고자 한다면, 경험론적 확인인 것이다),
이러한 현상에 이르게 되었던 근거에 대해서 묻게 된 것이다. 이러한

만남에 관한 논의는 경험에 해당하는 증언에서(증언 자체에는 무의식적으로) 표현된 것을 해석하는 것이 그 과제이다. 그로 인해서 우리는 우리가 그러한 논의를 알지 못하고서도 이미 오랫동안 우리 자신의 삶 속에서 역할을 하여 온 어떤 것을 주목하게 된다. 우리는 그러한 논의를 우리들 자신의 삶의 경험에서 입증할 수 있고 또 인간 발전을 이해하기 위해서 필수적인 과정을 발견하게 된다. 그러므로 만남(Begegnung)이라는 개념은 학문적 가치가 없는 무의미한 개념과는 전적으로 다른 것이다. 이 만남의 개념은 인간의 삶 가운데서 결정적인 의미를 가지며 오직 이러한 개념과 더불어(이러한 개념 속에 수반되어 있는 이해의 지평과 더불어) 적절하게 파악될 수 있는 과정을 나타낸다. 그러므로 만남의 개념을 방법론적인 근거에서 배제하려고 한다는 것은 사람다운 삶의 현실상(現實像)을 부당한 방식으로 단순화시켜 버린다는 것을 의미할는지도 모른다.

5. 선이해와 새로운 것의 경험이 함께 엮어짐

이러한(여기서는 오직 간단하게 암시만 된) 예는 오직 객관적인 인식의 논거에 대한 모든 노력이 제기한 근본적인 난점을 명백히 하는 데 기여하여야 했다. 즉 만일 우리가 인식의 확실성 때문에 경험주의적인 의미 기준에로 되돌아간다면, 확실한 지식에 이르는 경험의 범위를 너무나 극단적인 방식에 따라 단절하지 않을 수 없으므로 오직 훼손된 그리고 궁극적으로 어느 누구도 그 이상 관심을 갖지 않는 현실의 상(像)만이 남게 될 뿐이다. 그러나 만일 우리가 현실을 그 풍부함에서 파악하고자 한다면, 그래서 오직 인위적으로 단편화된 풍자화만을 파악하려고 하지 않는다면, 우리는 학문에 있어서도 경험 개념의 경험주의적 편협화와 그러한 경험 개념에서 정위된 의미 기준의 지배에서 벗어나야 하고 또 적절하고 근원적이며 자유로운 경험 개념을 기초로 삼지 않으면 안 된다. 딜타이(W. Dilthey)가 인간에 관한

학문에 있어서 "전체적이고 완전하며 훼손되지 않은 경험"[8]을 기초로
삼도록 요구했을 때, 이미 딜타이는 그러한 경험 개념을 자기 시대의
실증주의와 논구 분석을 하는 가운데에서 파악했던 것이다. 그는 이
러한 경험 개념을 대단히 함축성 있는 표현으로서 "경험이지 경험주
의는 아니다"[9]라고 하였던 것이다.

그러나 우리가 인식함에 있어서 "전체적이고 완전하며 훼손되지 않
은 경험"을 기초로 삼으려고 한다면, 그러한 경험은 분리할 수 있는
특정한 개별 작용 능력으로 환원될 수가 없다. 모든 개개의 새로운
경험도, 의식적으로 설정된 방법적 연구의 모든 결과도 삶의 전체 연
관성과 그러한 삶의 전체 연관성에 내포되어 있는 삶의 이해에 역으
로 관계되어 있다. 의식적으로 이루어진 연구 역시 아무런 전제가 없
는 단초의 가능성에는 결코 도달하지 못한다. 이러한 단초의 가능성
은 현전하는 선이해에 의존되어 있는 문제 설정의 발단 명제 속에 이
미 존재해 있는 것이며 인식 작용의 선-구조(Vor-Struktur)로부터 결
코 벗어날 수가 없다. 그러나 경험에 대한 좀더 엄밀한 탐구는 결정
적인 방법으로 지금까지의 선이해를 취급하는 가운데에서 발생한 어
려움을 극복하게 된다. 왜냐하면 그러한 탐구는 자기 완결적이고 확
실한, 다시 말하면 인간의 삶과 더불어 주어져 있고 또 인간의 삶을
의식화하여 개념적으로 설명하는 데에 타당하도록 하는 선이해의 표
상을 흩뜨려 버리기 때문이다. 오히려 그러한 탐구는 한편으로는 직
접적으로 삶 자체에서부터 나오고, 다른 한편으로는 학문적인 연구의
결과로서 나와 주어진 새로운 경험을 통해서 지속적으로 변화되고 증
가되며 입증되는 성장의 선이해를 인정하도록 한다. 그러므로 이것은
경험을 주도하는 선이해가 다시금 예견할 수 없는 새로운 경험에 의
존하고 있는 하나의 지양 불가능한 순환 과정인 것이다. 이러한 의미
에서 우리는 앞에서 열려 있는 선이해에 관해서 언급하였던 것이
다.[10]

만일 앞에서 선이해에 포함되어 있는 것을 개념적으로 명백하게 하
는 언급이 선이해의 해석에 대한 필연성에 관련이 있었다면, 지금의

과제는 새로운 것의 경험 역시 해석에 함께 포함되어 있는 필연성으로 인해서 확대될 것이다. 우리는 이러한 의미에 있어서 경험의 해석학(Hermeneutik der Erfahrung)에 관해서 언급할 수 있고, 그 과제는 생산적인 작용 능력으로 새로운 결과를 이해의 전체에로 모두 연관시키는 일이다. 이때 아무런 단절 없이 선이해의 현선적 테두리 내에서 접목될 수 있는 "작은 경험들"이 중요한 것이 아니고, 선이해로부터 즉시 지배될 수 없는, 그리고 지금까지 이어 온 이해를 정정하도록 하여 새로운 파악의 형태와 이해의 형태를 형성하도록 하는 "큰 경험들"이 중요한 것이다. 그러므로 해석학적인 수행은 선이해로 이행하는 경우에 사라질 수도 있는 확실성을 다시 확보하는 일이다. 수반되어 있는 선이해의 해석에는 "사실의 저항"이 결여되어 있고, 그러한 해석에는 더 나아가 자신의 언어 감각과 세계 이해의 우연성에 맡겨져 있어 주관적인 편협성의 위험이 항존하는 반면에, 경험 속에서 대립하여 등장하는 "새로운 것"과 더불어 지금은 세계에서 창조될 수 없는, 그래서 확대된 이해 속에서 관리될 수 있는 어떤 확고한 것이 소여되어 있는 것이다. 그러므로 새로운 경험과 항구적인 논구 분석을 하는 가운데에서 내용적으로 지식의 범위가 확장될 뿐만 아니라 그 가운데에서 인간의 인식 양식이 확장되고, 따라서 인간이 그 후의 경험에 접근하는 선이해가 그와 동시에 확장되는 것이다.

이러한 해석과 더불어 비로소 우리는 인간의 인식 작용 능력을 전적으로 인간 본성의 역사성에다 포함시킬 수 있다. 파악하는 형태는 언제나 새로운 경험의 영향하에 역사의 흐름 속에서 변화되고 성장된다. 그래서 우리는 수반되어 있는 선이해와 새로운 것의 경험에 있는 풀기 어려운 연계를 인식할 수 있는 것이다.

□ 註 ▬▬▬▬▬▬▬▬▬▬▬▬▬▬▬▬▬▬▬▬

1) G. Buck, *Lernen und Erfahrung. Zum Begriff der didaktischen Induktion* (Stuttgart, 1967) 참조.
2) 같은 책, 135면 이하 참조.
3) 헬렌(E. von der Hellen)이 책임 감수한 라바터(J.K. Lavater)의 인상학적 문헌집 제 1 권에 들어 있는 괴테의 인용. G. Misch, *Der Weg in die Philosophie. Eine philosophische Fibel* (Leipzig/Berlin, 1926), 2,400면 참조.
4) 같은 책, 31면, 104, 118면 이하, 145면 참조.
5) W. Stegmüller, *Hauptströmungen der Gegenwartsphilosophie* (Stuttgart, 1965), 382, 409, 456면 참조.
6) O.F. Bollnow, *Existenzphilosophie und Pädagogik. Versuch über unstetige Formen in der Erziehung* (Stuttgart, 1959), 87면 이하.
7) K. Mollenhauer, "Das Problem einer empirisch-positivistischen Pädagogik", in *Zur Bedeutung der Empirie für die Pädagogik*, 58면.
8) W. Dilthey, *Gesammelte Schriften* (Leipzig/Berlin, 1923 이하), 제 5 권, 171면.
9) 같은 책, 서문, LXXVI면.
10) 같은 책, 118면 이하 참조.

옮긴이 해제
이름찾기

볼노오 철학 사상의 형성과 인식의 해석학

1. 볼노오 철학 사상의 형성과 전개

1903년에 출생한 볼노오(O.F. Bollnow) 교수는 철학자로 활동하기 이전에는 물리학을 전공한 자연 과학자였고, 철학자로서는 딜타이(W. Dilthey)를 전문 연구의 대상으로 삼은 정신 과학자였으며, 1953년 이후에는 튀빙겐 대학의 교육학과와 철학과의 정교수를 역임하였다. 1970년 이후 그는 튀빙겐 대학의 명예 교수로서 1991년까지도 그의 제자들인 큐멜(F. Kümmel) 교수와 길(K. Giel) 교수 그리고 슈바이츠(H.M. Schweizer) 교수와 함께 고급 세미나를 정규적으로 열고 있던 현대 독일 철학계와 교육학계의 거장 중의 한 사람이다.

그가 대학에 진학할 무렵인 1920년대 초에는 독일 역시 경제 위기로 인해 학자로서 대학에서 자리를 얻기란 그에겐 거의 불가능하게 보였다. 그는 1982년 괴블러(H.P. Göbbler)와 레싱(H.U. Lessing)과의 대화에서 그러한 사실을 밝히면서 현실적인 직업을 구하기 위하여 대학에서의 첫 학기에는 건축학을 공부하였다고 했다. 그러한 시도 역시 그에게는 우연이 아니었던 것은 그가 재학중 언제나 수학과 물리학의 성적이 아주 좋았기 때문이었다. 이러한 사실은 결국 그가 1925년 괴팅겐 대학의 보른(M. Born) 교수에게서 이론 물리학 박사 학위[1]를 취득할 수 있는 계기가 되었다. 이뿐만 아니라 고교 시절에 이미 그는 라틴어와 그리스어 그리고 고전주의 독문학에, 더 나아가서는 인상주의 그림에 대한 깊은 관심을 가짐으로써 물리학의 한계를 자신의 본래적 관심인 철학으로 극복하는 데 성공하였다. 그러나 철학은 지금과 마찬가지로 그 자신의 장래를 전혀 보장할 수가 없음이 분명하였다.

그럼에도 불구하고 그 자신의 청년 운동(Jugendbewegung)[2]에 대한 체험이 그로 하여금 대학을 찾게 하였고, 드디어 신세계를 경험하게 하였다. 여기에서의 청년 운동은 마침내 외적인 사회 질서는 물론이고 진지하고 근원적인 삶에 대한 요구를 하고 나섬으로써 그로 하여금 아주 새로운 삶을 전개하도록 하였다. 특히 그가 철학적 관심을 직접적으로 가지게 된 동기는 미쉬(G. Misch)와 놀(H. Nohl)의 강의를 청강하면서부터였다. 놀은 1770년부터 1830년 사이의 독일 정신사를 강의하여 청년 운동의 무산으로 인한 삶의 문제를 제기하였다. 이러한 연관성 속에서 놀은 볼노오로 하여금 개념적 사유와 생동적 삶의 관계를 교수 자격 취득 논문으로 작성하도록 제안함으로써 볼노오는 하만(J.G. Hamann)을 읽었고 헤르더(J.G. von Herder)를 탐독하였으며 괴테(J.W. Goethe)를 읽었고 페스탈로치(T.H. Pestalozzi)를 탐구하였으며, 더 나아가서 헤겔(G.W.F. Hegel) 역시 탐독하는 동안 야코비(F.H. Jacobi)의 생철학이 독자적임을 확신하게 되어 결국 철학의 길로 들어서게 되었다.

볼노오의 그 첫 결실이 바로 개념과 삶을 하나로 묶는 《야코비의 생철학》(Die Lebensphilosophie F.H. Jacobis, 제1판, Stuttgart, 1933 / 제2판, 1966)으로 인간학적인 문제를 다분히 내포하고 있었다. 이로써 그는 삶의 근원적인 힘으로서 "덕성"(Tugend)과 삶의 구조로서 "경외"(Ehrfurcht)[3]에 관심을 가졌으며 그리고 인간의 실천성에 근거하는 윤

리적인 관점에서 정신 과학적인 방법에 대단한 관심을 가졌었다. 이
로써 자연히 생동성과 경직성의 문제가 제기됨으로써 그는 야코비의
신앙 철학을 경직성으로부터 유래하는 철학으로 간주하여 삶의 직접
성과 생동성 그리고 근원성을 야코비의 생철학에서 강조하게 되었다.
그러나 그는 그러한 삶의 직접성과 생동성 그리고 근원성을 생물학적
인 실증주의 관점에서 구가하지 아니하고, 삶을 일상성과 역사성에
연관시키는 정신 과학적인 방법을 통해 정신 과학의 객관성을 추구하
였다. 그 결과 그의 《야코비의 생철학》에 관한 연구는 딜타이 연구로
이어지게 되어 결국 그는 스스로 인정하듯이 딜타이 학파에 속하게
된다. 이로써 1936년에 미쉬의 딜타이 해석을 적극 수용한 딜타이
연구서 (*W. Dilthey; Eine Einführung in seine Philosophie*, 제 1판, Leip-
zig, 1936 / 제 4판, Schaffhausen, 1980)가 출판되었다.

그러면서도 그는 하이데거의 《존재와 시간》(*Sein und Zeit*)으로 인해
많은 영향을 받았다. 심지어 그는 하이데거(M. Heidegger)를 만나기
위해 마르부르크 대학으로 갔는가 하면, 그 후에는 프라이부르크 대
학에까지 가서 그의 철학을 청강하였다. 1927년 《존재와 시간》이 출
판된 이후에는 친구와 함께 윤독회를 하여 하이데거의 혁신적 사유에
감탄하기도 하였다. 그러나 그의 존재론적 사유가 볼노오의 "삶의 이
해"와는 엄청난 차이가 있었기에, 그는 하이데거의 철학에 매몰될 수
만은 없었다. 참으로 그의 일상성의 개념이나 이중성의 개념, 그리고
공담, 불안, 근심, 죽음 등과 같은 개념들은 지금까지 어느 누구도
철학화하지 못하였던 인간 현존재의 심연에 대한 새로운 통찰이었음
이 분명했다. 그러나 희망이나 신뢰 그리고 감사와 같은 인간 삶의
존재에 대한 다른 면이 완전히 무시되고 있었기에 그는 1941년 《기
분의 본질》(*Das Wesen der Stimmungen*, 제 1판, 1941 / 제 6판, 1980)을 발
표하게 된다. 이러한 연관성 속에서 그에게 있어서 빼놓을 수가 없는
당대의 철학자는 야스퍼스(K. Jaspers)였다. 야스퍼스는 하이데거와
함께 《시대의 정신적 상황》(*Die geistige Situation der Zeit*, 1931)과 《철학 I,
II, III》(*Philosophie* I, II, III, 1932) 등을 발표하여 실존 철학을 "시대의 철

학"으로 부각시켰는가 하면 볼노오로 하여금 생철학과 실존 철학을 동시에 갖도록 하였다.

그러나 볼노오가 심리학과와 교육학과의 정교수로 발탁되어 기센 대학으로 온 후에는 차츰 실존 철학의 영향으로부터 벗어나서 괴팅겐 대학의 미쉬와 놀의 영향하에 있게 되었고, 느니어는 놀과 힘께 《짐믈룽》(Die Sammlung)이라는 잡지의 공동 편집인이 되었다. 이것이 프뢰벨(F. Fröbel)과 낭만주의 교육학⁴⁾에 전념할 계기가 되어 그의 평생 철학과 교육학을 함께 연구하게 된다. 다시 말하면 자신의 철학 이론을 실천학으로서의 교육학에다 응용하여 이론을 곧 실천으로 잇도록 하였다는 말이다. 그 후 기센 대학이 폐쇄됨에 따라 볼노오는 북부 독일의 킬 대학으로 옮겨 갔으나, 마인츠 대학이 전후에 새로 건립됨으로써 마인츠 대학으로 이적하여 새로운 정신적인 각오로 학문에 몰두한 것이 《프랑스 실존주의》(Französischer Existentialismus)라는 저서로 결실을 맺었다. 이는 그가 《짐믈룽》에다 발표한 사르트르(J.P. Sartre), 카뮈(A. Camus) 그리고 마르셀(G.-H. Marcel) 등에 관한 논문을 모은 것이다. 이러한 프랑스 실존주의에 대한 그의 관심은 결국 독일 실존주의에로 이어졌고, 그 결과로 그는 하르트만(N. Hartmann)이 편집한 《체계적 철학》(Systematische Philosophie)에다 실존 철학(Existenzphilosophie)⁵⁾이라는 표제로 글을 쓰게 되었으며 이 글은 제2판 이후 1978년에 제8판이 나올 때까지 독립된 저서로 출판되어 나왔다.

1953년 그는 슈프랑거(E. Spranger)의 후임으로 드디어 튀빙겐 대학의 철학과와 교육학과 교수로 초빙되어 자기 사상 형성의 신기원을 맞이하게 된다. 다시 말하면 튀빙겐 대학에 재직한 이후부터 그는 실존 철학의 극복을 구체적으로 시도한 것이다. 실존 철학은 그에 의하면 실존의 체험을 극도화시킴으로써 의미 있는 인간 삶을 불가능하게 하였다는 것이다. 그래서 그는 의미 있는 인간 삶의 가능성에 대한 조건을 제시하고자 하여 《새로운 안정성: 실존주의 극복 문제》(Neue Geborgenheit. Das Problem einer Überwindung des Existentialismus, 제1판, Stuttgart, 1955 / 제4판, 1979)⁶⁾를 발표하게 된다. 이는 그가 이미 1953년

튀빙겐 대학 취임 강연의 주제를 "덕성"에 설정한 것과 깊은 관계가
있는 것이다. 이러한 덕성 역시 윤리학의 한 범주로서가 아니고, 희
망과 연계되어 있는 《희망의 덕성》(*Die Tugend der Hoffnung*)이었던 것
이다. 이때의 희망 역시 무엇이 되어야 하고 어떻게 되어야 하는가에
관한 관념적인 표상이 아니고, 극복되어 나갈 수 있다는 삶에 대한
신뢰이고 감사인 것이다.

　여기에서는 물론 경외가 도외시될 수 없고, 조심함이 도외시될 수
없으며, 부끄러움과 반어 역시 도외시될 수 없다. 부끄러움 역시 경
외에서 오는 부끄러움이라면 삶(生)에 대한 경외일 것이고, 이는 다
시 "호소"(Appell)를 낳게 되는 것이다. 이러한 호소는 "만남"(Be-
gegnung)이라는 개념과 함께 교육학적 인간학7)의 기본틀을 구성하게
된다. 이 결과로 1958년에는 《덕성의 본질과 변천》(*Wesen und Wandel
der Tugenden*)이 출판되었다. 이러한 덕성은 시종일관 호소하는 성격을
띠게 됨으로써 인간의 윤리적인 삶을 언제나 쇄신하도록 하는 데 있
는 것이지, 결코 철학적 윤리학을 단순한 인륜성으로 환원하도록 하
는 데 있는 것이 아니다. 삶에 대한 신뢰야말로 그에게 있어서는 "희
망의 덕성"8)인 것이다.

　그럼에도 불구하고 이러한 연관성에서 가능한 인간성의 윤리가 어
떻게 철학적·교육학적 인간학에 관계하는가에 대해서는 볼노오는 실
존 철학적인 계기를 배제하지 않는다. 오히려 그는 야스퍼스나 하이
데거가 철학적 인간학을 거부하고 있다고 하더라도, 그들을 수용하여
생철학과 연관시킴으로써, 다시 말하면 생철학과 실존 철학을 연관시
킴으로써 새로운 인간의 삶을 제시하고자 한다. 아니 더욱 적극적으
로 그는 생철학9)과 실존 철학의 관계에서 철학적 인간학을 정립하고
자 시도한다. 물론 이때 그의 철학적 인간학의 구상은 인간 삶의 개
개 현상을 그 바탕으로 삼는다. 특히 생철학에서 이룩한 유기적 성장
의 문제와 문화 형성의 문제, 그리고 실존 철학에서 이룩한 불안이나
절망 혹은 시간성 등의 문제를 철학적 인간학의 구성 계기로 삼아 인
간을 밝히려고 한다. 그럼에도 불구하고 인간의 본질이 전체적으로

파악될 수 있는가 하는 물음에는 단호히 반대한다. 더 나아가서 인간 전체에 대한 물음이야말로 무의미한 물음이라고 단정하여 버린다. 그러므로 그에게는 인간상이라는 것이 가능할 수 없게 된다. 인간상이야말로 인간을 고착화하는 것이고 이데올로기화하는 것이며, 참된 인간의 본래적인 모습을 은폐할 뿐이라는 것이다. 이것은 그가 한편으로 실존 철학을 극복하고자 하면서도 다른 한편으로는 실존 철학의 근본 요소를 수용하고 있음을 보여준다.

이를 입증한 것이 《실존 철학과 교육학》(*Existenzphilosophie und Pädagogik: Versuch über unstetige Formen der Erziehung*, 제 1 판, Stuttgart, 1959 / 제 5 판, 1977)이었다. 여기에서 볼노오는 인간학적 고찰 방식에 따라 실존 철학의 결산을 교육학에 적용시켜 교육에 있어서 비연속적인 형태를 교육 철학적으로 범주화하였다. 그의 중요한 개념으로서는 만남, 각성, 경고 또는 위기 등이 있다. 이러한 실존 철학적 개념을 교육 철학화함과 더불어 생철학적인 관심을 일상적인 삶의 현실에다 연관시켜 사람이 "주거(住居)할 수 있다"(wohnen können)는 사실이 무엇을 의미하는가라고 묻게 된다. 주거란 공간을 의미하는 것이다. 이러한 공간 역시 인간을 전제로 하지 않는다면, 공간이란 무의미한 것이 된다. 그러므로 인간과 공간[10]은 언제나 하나의 관계 속에서만 가능한 것이다. 이와 한 연관성 속에서 인간과 시간[11] 역시 뗄래야 뗄 수 없는 함수 관계에 있다. 이것은 주거한다는 사실이 공간에서만이 가능한 것이 아니고 시간에서도 가능하기 때문이다. 그래서 볼노오는 하이데거에 있어서처럼 시간성의 형식을 "탈락적 양태"(defezite modi)로 보지 않고, 프루스트(M. Proust)의 《다시 찾은 시간》(*Le Temps retrouvé*)에서처럼 희망에 대한 관계로 보아 "시간 속에서 주거함"(Wohnen in der Zeit)을 시간성의 문제로 다루었다. 특히 여기에서는 삶 속에 있는 시간성의 형식들이 실존적인 결단성과 더불어 나타난다. 이로써 전자는 《인간과 공간》(*Mensch und Raum*)으로 발표되고, 후자는 《시간에 대한 관계》(*Das Verhältnis zur Zeit*)로 발표된다.

이에 못지않게 그에게 중요한 영역은 언어의 문제였다. 이러한 언어 역시 순수한 언어 철학적인 문제 제기가 중요한 것이 아니고, 언어와 현실의 관계 문제가 중요하였다. 그러므로 그는 자연적이고 일상적인 언어 이해로부터 출발한다. 언어 이해란 대화로부터 시작된다는 전제 아래 그는 대화의 형식, 언어 사용의 오용과 함께 언어를 통한 세계 파악을 문제로 삼으나 교육과의 관계 속에서 언어로 인한 인간의 자기 생성을 다룬다. 이러한 것은 일상적인 언어 사용의 분석으로부터 시작하는 립스(H. Lipps)의 언어 철학에 바탕을 두고 있다. 이 모두를 한마디로 요약하면, 첫째 인간과 공간의 관계 문제이고, 둘째 인간과 시간의 관계 문제이며, 그리고 마지막으로 셋째 인간과 언어의 관계 문제이나, 이 모든 관계는 인간학적 고찰 방식에 근거하고 있다는 사실이다. 이것은 그가 인간의 삶과 세계 전체를 해석학적으로 이해하고자 하는 "삶의 해석학"(Hermeneutik des Lebens)에서 비롯된 것이라고 할 수 있을 것이다.

그러므로 볼노오에게 있어서 딜타이 연구는 우연이 아니었다. 그의 딜타이 연구는 "저자 자신이 자기를 이해하는 것보다 저자를 더 잘 이해하는 방법"에 근거하는 해석학적 논리학에서 이루어진다. 이러한 해석학적 연구야말로 정신 과학의 객관성에 대한 물음을 이해의 이론으로서 전개하는 정신 과학의 방법론이다. [12] 이해란 체험 및 표현과의 밀접한 관계 속에서 정신의 삶을 재생산하기 위하여 저자 자신의 입장에서 수용하고 더욱 전개시킬 뿐만 아니라, 일정한 거리를 유지하는 비판인 것이다. 그래서 이해는 개개 인간과 그러한 인간이 창조한 작품에 관계하고, 삶 전체와 우리가 살고 있는 세계에 관계하게 되어 해석학의 바탕을 이룬다. 이러한 해석학이란 적어도 그에게 있어서는 정신적으로 이루어진 현상에 대한 해석에 한정되는 것이 아니고, 거기에서 전개된 방법으로 인간의 삶과 세계 전체를 이해하는 해석학적 인식 이론인 것이다. 이것은 딜타이의 입장에서 보면 정신 과학의 이론이고, 이러한 정신 과학적 이론의 중심점은 삶에 근거하는 이해의 방법이다. 이에 필연적으로 따르는 것이 자연 과학과 정신 과학의 구별이었는데, 그 구별의 척도를 자연 과학에서는 "설명"

(Erklären)에다 두었고, 정신 과학에서는 "이해"(Verstehen)에다 두었다. 그러나 볼노오는 이해란 어떠한 의미에 있어서도 "방법"이 아니라 일종의 "상태"이며, 설명이란 일종의 "방법"이고 일정한 "수단"임을 강조하여 설명을 통해서 이해하도록 한다는 것이다.

이러한 의미에서 볼노오는 정신 과학이라는 개념이 현재에 와서는 낡은 것이라 하여 인식의 철학 또는 인식의 해석학을 주장한다. 이를 위해 그는 1970년 《인식의 철학》(*Philosophie der Erkenntnis*, 제1판, Stuttgart, 1970 / 제2판, 1981)을 "선이해와 새로운 것의 경험"이라는 부제를 달아 발표하였고, 1975년에는 《진리의 양면성》(*Das Doppelgesicht der Wahrheit*)이라는 표제 아래 발표하였다. 여기에서 그는 본래의 자기 관심인 신뢰성과 희망에서 나타나는 담지적인 진리 문제를 현대 철학의 조명 아래 밝히려고 하였다. 이 두 권을 우리는 《인식의 해석학》과 《진리의 양면성》이라는 표제로 번역하였으므로 다음 항에서 좀더 자세히 다루도록 하고, 여기서는 볼노오와 괴팅겐의 논리학이라고 불렸던 바가 있는 미쉬와 립스의 해석학적 논리학과의 관계를 언급하고자 한다.

볼노오의 철학 형성은 현상학적 일상성에서 이루어짐으로써 훗설(E. Husserl)과 하이데거 그리고 가다머(H.-G. Gadamer)와 불가분의 관계를 맺게 될 수도 있었다. 그러나 이들의 현상학이 의식의 본질에 관한 학문으로서 의식의 본질 또는 순수 의식을 연구하는 학문이기에 현상학적인 대상인 순수 의식은 체험 또는 경험 의식과는 달리 비현실적인 의식일 따름이었고, 또 철학적 사유로서는 근원적·혁신적이었으나 존재론적인 극단성이 삶의 이해와는 거리가 너무나 멀기 때문에, 볼노오는 인간의 삶과 세계 이해를 구가하는 미쉬와 립스의 해석학적 논리학에 더욱 관심을 가지게 되었다. 이러한 해석학적 논리학은 전통적인 동일률의 형식 논리학과는 달리 그에게는 삶을 이해하고자 하는 참다운 철학적 논리학이었다. 미쉬가 하이데거를 논구 분석하면서도 해석학적 논리학을 강조한 것이나, 립스가 형식 논리학이 논리적인 형식을 가지고서 인간의 삶과 삶의 현상 속에서 실현되는

현실을 바르게 표현할 수 있는가라는 물음을 제기한 것도 이들에게는
모두 일맥상통하는 주장이었다. 그러므로 이들은, 특히 립스는 근원
을 문제 삼지 아니하고 현실을 문제 삼되, 현실의 중심 개념 중의 하
나인 판단을 한 진술의 명제 속에 들어 있는 두 개념의 연관성이라는
전통적인 주장에서 탈피하여 어떤 것에 대한 의미심장한 것 또는 함
축성이 들어 있는 것이라고 하였다. 이것은 논리적인 형식을 그 형식
들이 일정한 현실 속에서 실현하여야 할 과제로부터 이해하고자 한
철학적 노력에서 이루어졌다. 이러한 것이 볼노오에게는 《말의 힘》
(*Die Macht des Worts: Sprachphilosophische Überlegungen aus pädagogischer Perspekeive*,
제 1판,   Essen, 1964 / 제 3판,   1971)으로 나타났고,   《언어와 교육》
(*Sprache und Erziehung*, 제 1판,   Stuttgart, 1966 / 제 3판,   1979)으로도 나타
났다. 분명히 여기에서는 순수한 언어학적인 물음이 아니었고, 어떤
방식에서 현실이 특정한 현상 가운데서 표현된 언어를 통해 부각되는
가 하는 언어 철학적이고 교육 철학적인 물음이었으며, 그 전체는 그
의 철학적 인간학에 관계되는 물음이었다.

  그러나 이러한 립스와의 관계가 볼노오로 하여금 해석학의 논리적
인 측면에 눈을 뜨게 함으로써 아마도 그의 평생의 마지막 대작이 될
수 있는 《해석학 연구 I, II》(*Studien zur Hermeneutik*, I, II, 제 1권,   1982 /
제 2권,   1983)[13]가 나오게 되었는지도 모른다. 그 제 1권은 "정신 과
학의 철학"이라는 부제로, 제 2권은 "미쉬와 립스의 해석학적 논리
학"이라는 부제로 출판되었다.

  《해석학 연구 II》에서 그는 정신 과학의 객관성 문제를 객관성과 보
편 타당성 그리고 이에 바탕이 되는 이해의 문제로 설정하여 이해의
분석을 시도한다. 이러한 이해의 문제를 그는 저자가 자기 자신을 이
해하는 것보다 더욱 잘 저자를 이해한다는 사실이 무엇을 의미하는가
를 물어 저자와 저서의 관계를 논하는가 하면, 진술되지 않은 배경에
대한 이해와 표현에 대한 창조적인 이해를 논한다. 이는 곧 객관화에
대한 이해로 연결됨과 동시에 이해의 한계 문제도 낳는다. 그러므로
이해의 가능성은 양면적인 것으로 한편으로는 앞으로 전진해 가는 생

산적인 이해이고, 다른 한편으로는 그 자체로 인한 한계가 주어질 수밖에 없는 비판적인 이해이다. 어떠한 경우에 있어서도 이해란 그 대상을 자기 스스로 파악하게 되고, 더욱 발전시켜 전개해 나가는가 하면, 내용적으로도 점점더 증가하게 된다. 그러나 이 모든 이해라는 것이 방법 문제에 직결되어 나타난다면, 그러한 철학은 해석학직 철학일 수밖에 없는 것이다. 그래서 그는 이어서 정신 과학의 방법론을 논하는가 하면, 타영역인 사회 과학의 논리학에 있어서 현상학적·언어학적·해석학적 발단 명제를 제기하고 종교학에까지 해석학적 원리를 적용시킨다. 그러나 결국 그는 조형 예술에 있어서나 문학과 철학에 있어서도 완결 불가능성을 주장함으로써 삶(生)을 담지적인 근거로서 삼는 해석학의 영역을 벗어나지 않는다.

이와 한 연관성 속에서 그는 맥을 잇기 위해 《해석학 연구 II》에서 형식 논리학의 이면을 파악할 수 있는 철학적·해석학적 논리학을 마련하고자 하였다. 그러므로 그는 먼저 서론으로 생철학과 논리학의 관계를 설정한 후 한편으로 생철학의 바탕에 논리학을 구축하고 있는 미쉬의 논리학 강의 내용을 서술하는가 하면, 다른 한편으로는 립스의 철학적 인간학과 언어 철학 그리고 해석학적 논리학을 서술하고 있다. 먼저 서론 부분에서 그는 미쉬와 괴팅겐의 논리학을 한 연관성 속에 묶어 역사적 생철학(딜타이)의 발단 명제가 어떻게 논리학과 인식론의 기초로 되는가를 밝히면서 삶의 측정 불가능성과 무한정한 자기 스스로의 형성 문제를 다루었고, 미쉬의 논리학 강의에서는 형식 논리학의 한계를 극복하기 위해 기본적인 이해로부터 논증적 언어에 이르는 내용과 순환 구조에 관계하는 말의 논증적 형태 및 거기에 따르는 진술을 대상으로 하는 논증성의 문제를 다루었으며, 마지막으로 립스의 철학적 사색에 대한 연구로서 철학적 인간학의 문제를 다루었던 것이다.

여기에서 그는 인간이란 결코 한 체계 내에서나 이론으로서는 파악될 수 있는 것이 아니고, 오히려 그 반대로 모든 체계가 현실에 대한 인간의 직접적인 관계를 단절시킬 뿐이라는 것이다. 그러므로 인간은 그가 자기 본질에 동화되는 과정 가운데서만 자기 자신으로 되는 것이다. 이것은 곧 인간의 과제가 자기 생성임을 의미한다. 이와 함께 인간은 인간의 내적 능력으로서 말을 가지고 있고, 말의 힘은 그 실현에 있다. 그 첫째의 경우가 약속이고, 그 밖의 경우가 예를 들면 저주 같은 것이다. 특히 저주에서는 마법적인 세계상의 현상이 중요하다. 이때의 언어는 일종의 마력과 같은 힘을 갖는다. 이러한 것은 더 나아가서 격언과도 관계를 갖는다. 격언의 본질은 구상성에 있어서는 표어로 되기 일쑤이다. 또한 시인의 작품도 말에 힘을 제공할 수 있는 것이다. 여기에서는 비유도 빼놓을 수 없다.

이러한 결과로 말의 무규정성이란 결코 결핍이 아니고 생동적인 언어의 힘인 것이다. 여기에서도 논리가 있다면, 립스의 자기 특유의 논리학으로서 해석학적 논리학이다. 이를 그는 "철학적 논리학"(4장, 195면)이라고도 명명하였다. 이러한 논리학은 전통적 논리학이나 강단 논리학 또는 형식 논리학과는 다르다. 왜냐하면 해석학적 논리학은 명제 자체도 반성적으로 파악하기 때문이다. 이러한 파악은 생철학적인 발단 명제나 실존 철학적인 발단 명제로부터 동떨어져 있지 않다. 그러므로 여기서 해석학적이라고 하는 것은 즉석적이라기보다는 차후적인 반성의 한 형태이고, 내용적으로는 선이해 속에 이미 얽혀 있는 존재를 의미하기 때문에, 실존의 자기 실현과 직결되어 있기도 한다. 이로써 립스와 함께 볼노오는 그러한 해석학적 논리 구조를 인간 실존이 실현되는 형식으로서 파악하였던 것이다. 이러한 의미에서 그는 생철학의 바탕에서 새로운 논리학을 전개한 미쉬와 해석학적 논리학을 전개한 립스를 자신의 삶의 이해와 세계 이해의 철학에 수용하여 인식의 철학으로 전개하여 나갔던 것이다.

2. 볼노오의 해석학적 인식 이론

볼노오의 해석학적 인식 이론은 이미 앞에서 언급한 대로 주제를 제 1권에서는 "선이해와 새로운 것의 경험"으로, 제 2권에서는 "진리의 양면성"으로 하고 있다. 여기에서 선이해란 이해의 문제와 함께 해석학의 기본 개념이고, 경험이란 인식 이론의 기본 바탕이다. 그는 인식 이론의 기본 바탕으로서 경험을 인간 삶의 일상적인 현실에서 논구 분석하면서 인식의 비반석 기능의 모태로서 신이해와 이해[14]를 밝혀 해석학적 인식 이론을 정립하기 위하여 인간 삶의 연관성에서 진리의 기능이 무엇이냐고 묻는다. 지금까지의 진리 문제가 대체로 형이상학적인 관념 내에서만 논구되어 왔다면, 적어도 이론적 인식 이론에서만 탐구되어 왔다면, 이젠 인간에 관계되고 인간의 삶에 직결되는 진리가 무엇이냐고 묻는 것이 무엇보다도 중요하고 시급한 일이다. 그러나 그러한 진리란 하나의 명제나 이념으로서 우리에게 나타나는 것이 아니고 언제나 양면적으로 나타나지만, 결코 하나의 종합으로서는 불가능한 진리인 것이다. 왜냐하면 진리란 바로 인간의 진리이고, 그러한 인간이란 지양될 수 없는 양면성의 존재이기 때문이다.

이러한 사실을 밝혀내기 위하여 그는 먼저 논리학과 함께 직결되어 있던 전통적인 인식론의 붕괴를 생철학적인 발단 명제와 실용주의적인 발단 명제 그리고 이데올로기적인 발단 명제, 더 나아가서는 프로이트적·정신 분석학적인 발단 명제 등에 인한 것으로 간주하여 인식 이론에 있어서의 아르키메데스 기점을 거부한다. 지금까지의 인식 이론에 있어서의 기점은 합리론에 있어서 이성이었거나 경험론에 있어서 경험이었거나 양자 중의 하나였고, 그것을 극복한 것이 칸트 철학의 비판이었다. 그러나 그러한 비판 역시 이해를 전제로 하지 않을 때 불가능하게 된다면, 인식의 철학에 있어서 제 3의 길은 이해를 바탕으로 하는 해석학적 인식 이론이 되지 않을 수 없다는 것이 볼노오의 철학적인 주장이다.

그래서 그는 인식의 철학을 재정립하기 위하여 먼저 합리론의 한계를 명증성 자체에 설정한다. 여기서 물을 수 있는 것이 하나의 명증성이 존재할 수 있는가 하는 것이다. 존재할 수 있다면, 그러한 명증

성 내에서 철학의 정초 근거가 가능한가라는 등의 물음이다. 그러나
명증성이라고 하는 말 자체가 명명백백한 것, 혹은 직접적인 통찰이
고 논증을 필요로 하지 않는 명백한 판단인 것이다. 그래서 데카르트
이후 브렌타노(F. Brentano)도 명증성에 있어서는 모든 증명이 그 전제
의 진리에 의존하고 있기 때문에, "일반적으로 하나의 명명백백한 진
리가 있다면, 아무런 증명 없이 직접적으로 명명백백한 진리가 존재
하지 않으면 안 된다"[15]라고 하였다. 이러한 명증성은 궁극적으로 공
리를 깔고 있는 수학에서 이루어진다. 특히 유클리드는 공리로부터
나온 무모순의 구성을 기하학에다 응용함으로써 공리야말로 수학에
있어서 명증성으로 인해 입증된 것으로 간주하였다. 그러나 비유클리
드 기하학이 등장하여 평행선의 공리를 다른 공리로 대치하는가 하
면, 많은 공리들이 선택적 방식으로 병존할 수 있음을 밝힘으로써 공
리들은 그러한 논증 가능성을 명증성에서 상실하고 말았다. 그래서
현대 수학은 그러한 명증성을 포기하고 공리를 임의적인 조정으로서
파악하고 있다는 사실을 볼노오는 강조한다. 어떠한 의미에서도 명증
성이 진리의 궁극적인 척도일 수는 없다. 진리에 선행하는 척도란 존
재하지 않는다. 인식을 위한 아르키메데스의 기점을 명증성에서 구하
고자 한다면, 필연적으로 좌절하고 말 것이다.

　그러므로 제2의 가능성으로서 지각의 확실성에 기반을 두고 있는
경험론을 들 수 있지만, 경험론 역시 그 한계에 부딪치게 되는 것은
경험이 무엇이냐고 물을 때 당장 제기되고 만다. 특히 경험론이라는
것이 근원적인 경험을 감성적인 지각에서 구하고 있기 때문에, 어디
까지나 감각론으로 떨어지고 만다. 이러한 감각론의 기반은 세계 내
에 있는 어떤 사물에 대한 지각에 소여되어 있는 것이 아니고, 지각
이 구성되는 감각의 요소에 소여되어 있는 것이다. 그러나 현대의 형
태 심리학에 의하면 고립되어 있는 단순한 감각은 결코 존재하지 않
는다는 사실과, 적어도 그러한 감각은 지각 과정의 단초에는 존재하
지 않는다는 사실을 주장하는가 하면, 한걸음 더 나아가 단초에는 전
체의 지각이 존재한다는 사실을 주장하여, 전체란 그 전체를 구성하

250

고 있는 부분의 총체 그 이상이라고 주장한다. 그러므로 전체는 원자적인 구성 요소로부터 형성되는 것이 아니고, 그러한 부분적인 구성 요소 이전에 이미 존재한다는 것이다. 이에 지각의 길은 전체로부터 부분에로 향하는 것이다. 이와 한 연관성 속에서 인식론적 문제 제기의 회답은 예를 들면 불완전한 원이란 완전한 원을 파악한 후에 비로소 가능하다는 사실로서 완전한 것에 대한 지각에서 불완전한 것의 지각이 정위될 수 있다는 것이다. 특히 여기서는 인식론의 물음을 심리학적으로 풀어낸다는 사실이 중요하다. 여기에서부터 인간 인식의 소원한 관계를 인간의 삶의 의미 속에 있는 현실의 관계로 지각하도록 한다는 것이 언제나 이미 우리가 살고 있는 세계에 대한 이해로부터 가능한 것이고, 그러한 세계 내에서 접하게 되는 사물에 대한 이해로부터 가능한 것이다.

이로써 볼노오는 인식 이론에 있어서 절대적인 단초란 처음부터 불가능함을 주장하여 인식을 위한 절대적인 무(無)의 자리매김(Zero Point)이란 존재하지 않는다고 한다. 그러나 그에게 있어서도 인식의 제1원리가 존재해야 한다면, 이미 처음부터 선행하는 일상적인 현실의 이해인 것이다. 이러한 이해의 기본적인 내용은 "이미 언제나"(schon immer)이다. 그러므로 그는 "우리는 언제나 이미 우리들의 삶 속에서 우리 자신을 미리 발견하게 되어 우리들의 세계 속으로 투입되어 있다. 그래서 우리가 처음으로 되돌아가고자 해도 '이미 언제나'라고 하는 그러한 사실에서 벗어날 수 있는 가능성이란 전혀 없다"고 하는 것이다. [16] 이러한 그의 발상은 인식한다는 사실이 살아간다는 사실을 의미하는 데서 비롯된다. 이와같이 인식한다는 사실에서 그의 해석학적 인식 이론이 인식의 해석학으로서 가능하게 되고, 살아간다는 사실에서 그의 인간학이 삶의 해석학으로서 가능하게 된다. 이러한 인식과 삶이 인식 철학의 새로운 발단 명제로 등장함으로써 인식 철학의 과제가 제기된다.

이러한 인식 철학의 과제는 인식을 보장하는 데 있는 것도 아니고, 기술적인 학문의 원리를 찾는 데 있는 것도 아니다. 오히려 인식의 본질과 기능을 인간 삶의 전체 연관성에서 파악하자는 데 있는 것이고, 형성된 인식의 사실에서 인간 자신을 더욱 깊이 이해하자는 데 있는 것이다. 이는 더 나아가서 논리학을 사고하는 형식으로 보지 않고 사고 일반이 무엇인가를 파악하는 것으로 보아 해석학적 논리학을 구축하자는 데 있는 것이다. 이러한 해석학적 논리학은 논리적인 연관성의 내적 구조만을 논구해 왔던 형식 논리학과는 달리 어떻게 하여 개념, 판단, 추리 등이 전개되어 나왔는가 하는 상황에 대해 물음을 제기하고, 그러한 상황에서 실현하여야 하는 업적에 대해 물음을 제기한다. 더욱 구체적으로 말하면 그러한 논리학은 인간의 자기 생성이 어떻게 해서 이루어지고 인간의 삶이 어떻게 해서 인간의 사유보다 더욱 중요한가를 밝히는 이해의 논리학이다. 그러므로 여기서는 인식의 형식이거나 기술이 문제가 되는 것이 아니고, 인간 존재의 자기 해명이 문제가 되는 것이다. 인간이 인식에서 무엇을 행할 수 있고 획득할 수 있으며 그리고 궁극적으로 인간이 어떻게 인식에서 자기 자신으로 될 수 있는가가 중요하다. 이것은 인식이 인간의 자기 실현을 위해 어떤 역할을 할 수 있는가 하는 물음을 인간 삶의 전체 연관성에 관계시키는 철학이다.

이를 볼노오는 전통적인 의미의 인식론(Erkenntnislehre) 또는 인식 이론(Erkenntnistheorie)이라는 개념 대신에 "인식의 철학"(Philosophie der Erkenntnis) [17])이라고 명명한다. 다시 말해 인식의 해석학을 통해서만이 인간 삶의 존재에 이르는 길의 철학을 그는 "인식의 철학"이라고 하였다. 이러한 철학은 그에게 있어서는 철학적 인간학에 직결되어 있으므로 인간학적 인식의 철학이라고도 할 수 있는 것이다.

이러한 논거를 확정하기 위해서 볼노오는 존재가 무엇이고 세계의 본질이 무엇이냐고 묻지 않고, 이미 언급한 대로 오로지 이해된 세계로부터 출발한다. 이해란 언제나 이미 우리에게 주어져 있는 것이고, 우리들 삶의 사실과 더불어 필연적으로 언제나 함께 소여되어 있는 것이다. 인간의 삶이 세계 내에 존재하는 한, 그러한 삶은 이미 언제나 자신의 세계를 이해하고 있으며, 그와 동시에 그러한 자신의 세계 내에서 자기 자신을 이해하는 것이다. 그는 이해에 있어서 인식의 논거를 찾기 위한 두 과제로서, 첫째 "자연적인 세계 이해와 그러한 세계 이해 속에서 이해된 세계를 밝혀내는 일"과, 둘째 "그러한 바탕에서 아직 알려져 있지 않은 것에로의 전진과 의식적이고 비판적인 인식의 구성을 탐구하는 일"[18]을 들고 있다.

여기에서 등장하는 것이 딜타이에 있어서 세계 이해의 문제, 베르그송(H. Bergson)에 있어서 실천의 우위성 문제, 듀이(J. Dewey)에 있어서 의식의 근원 문제, 더 나아가서는 하이데거에 있어서 배려적 교제 문제 등이다. 이들의 세계 이해로부터 인식 철학의 발단은 지각에서 시작된다. 이러한 지각은 모든 인식의 바탕으로서 어떠한 의미와 설명 이전에 존재하는 자료인 것이다. 그러므로 지각은 경험론적 의미에 있어서 감각에로 환원될 수 있는 개념이나 그러한 전제에 꼭 매어 있는 개념은 아니다. 오히려 그는 지각의 개념을 인간학적인 고찰로서 삶의 단초 근거에로 소급하고자 하고 의식의 단계 이면으로 들어가 삶의 근원에로 환원시키고자 한다. 이러한 의미에서 지각은 이해된 세계를 초월하여 있는 것이 아니고, 삶의 세계 내에 있는 것이며, 이로써 이해의 연관성에 이미 내포되어 있는 것이다. 이러한 지각을 그가 "자기-응시"(das Sich-Ansehen)에다 직결시킨 것은 그의 독특한 방식일 것이다. 어떻든 그는 이 응시라는 개념을 아주 폭넓게 사용하여 명백한 자신의 활동성으로도 규정하고 있다.

이와 연관해서 지각의 개념은 직관에 관계한다. 직관이란 전통적인 의미에서는 자명한 것으로서 단초에 근거하는 것이고, 인간 인식의 최초의 능력인 것이다. 이러한 직관과 더불어 인간의 모든 인식이 시작되며, 개념은 물론이고 개념과 개념의 결합을 그러한 직관이 가능하도록 한다. 그러나 엄밀한 의미에서는 우리가 어떠한 방식으로든 이미 언제나 이해되어 있는 세계 속에서 활동하고 있다는 사실을 인식할 때, 그러한 발단 명제로서의 직관은 그 바탕을 상실하고 만다. 사실 우리는 전통적인 이론에 따라 단초에 존재해야 했던 그러한 순수 직관에로는 결코 되돌아갈 수가 없다. 우리야말로 어떠한 의미에 있어서든 우리의 직관을 뛰어넘어 나왔던 것이다. 그러므로 우리가 직관의 근원성이 그 자체로 단초에 존재한다는 사실을 순수하게 아는 것이 아니고, 인간 삶의 자연적인 전개에 대한 그 역의 추적에서만 비로소 알게 된다는 사실이 무엇보다도 중요한 것이다. 여기서 주시해야 할 점은 직관에 연유된 인식론적 문제가 궁극적인 의미에서 윤리적인 문제로 전향된다는 사실이다. 이러한 결과로 직관이란 우리가 언제나 근원적인 기반을 마련하고자 시도할 때 생기는 원천이기는 하지만 어떤 것을 구축할 수 있는 확고한 바탕을 제공해 주지는 못하는 것이다.

직관 역시 인간의 삶의 연관성에서 나타난다면, 인간은 자신의 삶과 자신의 독자성에 대한 의견을 가지고 살아간다. 이러한 의견으로부터 모든 지식이 발생하고, 그러한 지식은 역으로 의견에 기초한다. 그러나 의견의 전체는 파악될 수가 없다. 문제로 되는 의견의 단면만이 언제나 파악될 뿐이다. 인식도 무에서 창조되는 것이 아니고, 새로운 사실성이 현존하는 의견 속으로 이입되는 것이다. 이때 현존하는 의견은 언제나 이미 전제되어 있는 것이다. 이러한 의견이 인간 생활에 영향력을 행사할 때, 비로소 여론이 등장한다. 여론은 공담으로 전락할 가능성을 가지므로 위기와 비판은 동전의 양면으로 된다. 왜냐하면 비판은 위기의 필연적인 결과이기 때문이다. 위기를 극복해 가는 가운데 인간은 본래적이면서도 스스로를 책임질 줄 아는 참인간(실존)으로 성숙하게 된다. 그러나 중요한 것은 그러한 위기를 인간의 삶의 이해로 받아들여야 한다는 사실이다.

이것은 곧 인식의 비판적 기능으로 연결되고 선이해의 해석을 가능하도록 한다. 선이해란 인간에게 어떤 불변적인 것으로서 미리 주어져 있는 것이다. 만일 우리가 주어져 있는 이해의 테두리 안으로 들어가지 아니하고, 오히려 그러한 이해의 테두리 전체를 타파하여 버리고 근본적인 수정을 하도록 하는 어떤 것을 이해하게 된다면, 인간에게는 현실적으로 새로운 것이란 아무것도 존재하지 않을 것이다. 이러한 파악을 볼노오는 "폐쇄적 선이해"라고 하는 반면에, 인간에게 진정한 미래가 열려 있고, 새로운 삶을 제공하여 주는 가능성이 열려 있어 새로운 경험 역시 변화하면서도 선이해에 역작용한다는 사실을 파악하고 있는 것을 "개방적 선이해"라고 한다. [19] 이렇게 하여 미래로 개방되어 있는 인간의 역사성이 인간의 인식을 위해서도 실현될 수 있음을 강조한다.

그러나 우리가 직접적으로 부딪치게 되는 것은 사태의 문제이다. 사태란 우리가 이 현실 속에서 발견하게 되는 모든 것을 말한다. 그러므로 사태라는 말이나 현실이라는 말은 동일한 내용이다. 이러한 사태는 처음부터 존재하는 것이 아니고, 그 본질에 따라 이미 언제나 하나의 이루어진 사태로서 존재하는 것으로 완결된 것이며 확정된 것이다. 우리가 이러한 사태에 직면하게 되는 상황은 언제나 대화의 상황으로 등장하게 된다. 여기에서 인간의 삶의 경험이 발생하게 되고, 이러한 경험을 통해서 세계가 이해된다. 이러한 삶의 경험과 세계의 이해는 새로운 경험을 주도하는 선이해를 불변적인 것으로서 고찰하지 아니하고, 생동하는 발전 속에서 파악된 것으로서 고찰한다. 그러므로 경험은 궁극적으로 언제나 실천적인 행동에 관계하고 사태의 냉혹성에 직접 부딪치기도 한다.

이러한 경험은 결국 인간의 삶의 경험이다. 인간의 삶의 경험이란 엄밀한 의미에서 인간의 삶의 이해와는 일치하지 않는다. 인간의 삶의 경험이 인간 스스로가 경험을 했어야 한다는 사실에 기인한다면, 인간의 삶의 이해란 인간이 언어와 문화 그리고 역사를 통하여 자신의 환경으로부터 받아들인 것을 말한다. 그러나 우리가 인식하는 데 있어서 전체적이고 완전하며 훼손되지 않는 경험을 기초로 삼으려고 한다면, 그러한 경험은 분리할 수 있는 개별 작용의 능력에로 환원될 수가 없다. 어떠한 개개의 새로운 경험도 인간의 삶의 전체 연관성과 그러한 삶의 전체 연관성에 내포되어 있는 삶의 이해에 역으로 관계하는 것이다. 그러므로 이러한 것은 경험을 주도하는 선이해가 다시금 예견할 수 없는 새로운 경험에 의존하고 있는 하나의 지양 불가능한 순환 과정인 것이다. 그러므로 새로운 경험을 논구 분석하는 가운데 내용적으로 지식의 범위가 확장될 뿐만 아니라, 인간의 파악 양식이 확장되고, 인간이 그 후의 경험에 접근하는 선이해가 확장되며 그래서 세계 이해의 수정이 언제나 필수적인 것으로 되는 것이다. 이러한 의미에서 선이해와 새로운 것의 경험은 서로가 물고 물리는 순환 관계에 있는 것이다.

　이러한 인간의 삶과 연관하여 볼노오는 진리의 기능에 대한 물음을 실천 철학적인 관점에서 제기한다. 다시 말하면 진리에 대해 묻게 되는 상황들이 현실 생활에서는 도대체 어떤 것인가라고 묻는 것이다. 이미 우리가 선이해와 새로운 것의 경험에서 진리란 결코 이론 인식으로서는 밝혀질 수가 없다는 사실을 확인하였다. 그래서 그는 그러한 진리의 기능을 밝히기 위해 어떤 언어학적이거나 철학적인 이론을 먼저 제시하지 아니하고 일상적인 언어 사용으로부터 출발한다. 예를 들면 참된 기쁨 혹은 참된 친구에서 참이라고 하는 말은 진술에 관계되는 것이 아니고 진술의 대상에 관계되는 것이며, 해당 사실 자체에 관계되는 것이다. 이러한 것을 인식의 철학적 차원에서 말한다면 인간 존재의 진리라고 할 수 있을 것이다. 인간 존재의 진리란 보다 구체적으로는 일상적인 인간 현존재에 관계되는 진리인 것이다. 여기에서 중요한 것은 참이라는 것과 존재한다는 사실이고, 그러한 참으로서의 진리와 있음으로서의 존재는 하이데거의 의미에서는 동일 근원적인 것이다. 그러므로 진리란 자기 본질에 일치하는 그대로 존재하는 그것이다. 이러한 사실이 사실 자체로만 남는다면 맹목적인 이론에 빠지고 말 것이므로 여기에서의 실천성과의 관계는 무엇보다도 중요하고, 볼노오는 그러한 실천성을 윤리적인 문제 제기를 통해 해결의 실마리를 찾고자 했다면, 그는 분명히 존재론의 문제에 집착할 수가 없었고, 일상적인 현실에서 가능한 상황과 그러한 상황 속에서 이루어지는 인간의 행동을 관심의 대상으로 삼았던 것이다. 이것은 전통적인 철학의 진리를 진술에 관계하는 것으로 보아 진술과 사실이 일치할 때, 다시 말하면 인식과 인식의 대상이 일치할 때 참이라고 하는 것과는 동떨어진 일상적인 현실성의 주장이다.

그러므로 그에게는 일상적인 인간의 삶이 더욱 중요하게 되어 진리에 대한 물음과 더불어 진지함이란 무엇이고 옳음이란 무엇인가를 물어 진리의 현상적인 근원 문제가 대두된다. 진리의 현상적인 근원 문제를 그는 기만과 회의 그리고 해방에서 찾는다. 이러한 해방이란 기만의 속박에서 벗어나는 인간의 자기 해방이고, 진리에 대한 해방적 행위인 것이다. 이에 따른 진리 역시 순수 이론적으로 논증될 수 있는 태도가 아니고, 실천적인 동기에서 발생하는 윤리적인 인간의 진리인 것이다. 여기에서 필연적으로 제기될 수 있는 물음이 그렇다면 그러한 진리의 척도가 무엇이냐 하는 것이다. 그러한 진리의 척도란 하나로 존재할 수가 없다. 왜냐하면 하나의 근원을 제시해 줄 수 있는 아르키메데스의 기점이 없기 때문이다. 그래서 그는 우회의 길을 택하지 않을 수가 없었다. 이러한 우회의 길이 그에게는 새로운 이해의 가능성으로서 "삶의 해석학"으로 되었다. 다시 말하면 아름다운 꽃과 즐거운 노랫소리처럼 눈으로 볼 수 있고 귀로 들을 수 있는 감성적 확실성이 가장 구체적이고 직접적인 참인 것이다. 그러나 이러한 감성적인 확실성이 언제나 참은 아니다. 왜냐하면 감각이 우리를 기만할 수 있고 그러한 확실성을 보장하는 다른 사람이 우리를 속일 수 있기 때문이다. 그러므로 우리 스스로가 확인할 수 있어야 하고 또 행위의 결과에서 나온 정당성을 우리가 인식할 수 있어야 한다. 이러한 극단이 실용주의적인 진리의 척도이고 생철학(니체)과의 관계에서는 인간의 삶을 촉진시키는 것이 진리의 척도였다.

여기에서 중요한 것은 이러한 진리의 파악에서는 유용성보다 풍부성이다. 특히 "풍부할 수 있는 것만이 진리이다"[20]라고 한다면, 더욱 그러하다. 유용성이 이미 알려져 있는 영역 내의 합목적적인 태도에만 관계하는 것이라면, 풍부성이란 인간 자신이 성장하는 가운데 힘찬 욕구와 능력을 개발하여 새로운 가능성을 산출하는 생산에 관계하는 것이므로 새로운 명제로 될 수 있고, 이념으로도 될 수 있는 것이다. 그렇다고 하더라도 이 밖의 진리의 척도들도 존재한다면, 인간과 삶, 인간과 인간의 관계에 기인하는 진리를 빠뜨릴 수가 없을 것이고, 그러한 것이 객관화된 문화와 관계되어 있는 정신 세계의 영역에서 이루어질 때, 이해의 진리로서 해석학적 인식이 불가결하게 된다. 그러므로 볼노오는 그러한 진리의 내용을 첫째 냉혹하고 고통스러우며 쓰리다고 하는가 하면, 둘째 의식적인 기만이든 무의식적인 환상이든간에 은폐되어 있는 것이라고 한다. 여기에 하나의 척도가 있다면, "사실의 저항"(der Widerstand der Sache)이라고 할 수 있을 것이다. 사실의 저항이란 그에게 있어서는 우리가 인식하려는 노력으로 과오나 혹은 자의적인 구성에 사로잡혀 있지 않다는 확신을 우리에게 주는, 그러면서도 진리의 고통스러움에서 끌어낼 수 있는 척도를 말하는 것으로 물질적인 사물에도 해당하고 인간의 행위 사실에도 해당하는 것이다.

이러한 "사실의 저항"으로서 진리도 언제나 그대로 진리일 수는 없다. 오히려 타자를 통해서 입증될 때 참진리라고 할 수 있을 것이다. 그래서 볼노오는 "나만이 본 것에 대해 나는 의심한다. 다른 사람도 함께 본 것이 비로소 확실한 것이다"[21]라고 한 포이에르바하(L. Feuerbach)를 인용하는가 하면, "한 사람은 언제나 부당하다. 그래서 두 사람과 더불어 진리가 시작된다. 한 사람은 스스로를 증명할 수가 없다. 그러나 사람들이 이미 두 사람을 다 반박할 수는 없다"[22]라고 한 니체(F. Nietzsche)를 인용하여 진리의 공통성을 주장한다. 이러한 진리의 공통성은 대화에서 이루어지고, 대화의 전제는 말할 수 있는 능력과 들을 수 있는 능력이다. 진리란 한 개인의 고독한 사유에서 얻어질 수 있는 것이 아니고, 상호간의 대화 속에서 얻어질 수 있는 것이라면, 대화는 진리를 획득하는 데 필수 불가결한 것이다. 그러한 대화를 하기 위해서 우리는 먼저 우리 스스로에게서 나올 수 있는 특별한 용기를 가져야 한다. 자기 아집이나 안전을 포기할 줄 아는 그러한 용기를 갖지 않고서는 어떠한 진지한 대화도 불가능하고, 그러므로 어떠한 진리 획득도 불가능하다. 이와같이 불안에서나 수치에서 벗어나서 모험을 감행하는 개방적인 언어 구사 능력을 대화와 연관해서 일반적인 의미로 "말할 수 있는 능력"이라고 하는가 하면, 다른

258

사람의 말을 그 사람의 뜻에서 이해한다는 사실을 의미할 뿐만 아니라 다른 사람의 말에 동의할 준비도 되어 있다는 의미로 "들을 수 있는 능력"이라고 한다.

그러므로 말할 수 있는 능력과 들을 수 있는 능력의 대화에서 얻을 수 있는 진리는 소유될 수 있는 것이 아니고, 언제나 새로 생성될 수 있는 것이다. 대화 속에 살아 있는 진리의 생성은 대화에만 머무는 것이 아니고 행위와 직결되어 나타난다는 사실이 중요하다. 이러한 행위는 결국 진리의 윤리적인 성격을 낳는다. 여기에서는 윤리적인 교육도 일익을 할 것이나, 기분과 도취 그리고 청정심, 더 나아가서는 태연함 역시 인간의 삶에 있어서 중요한 역할을 한다. 특히 태연함이란 내적인 심신의 태도로서 인간이 자신의 의지에서 벗어나 신뢰하는 가운데 엄습하여 오는 사건에 스스로를 맡겨 버리는 상태를 말한다. 이러한 태연함은 무감각함도 아니고 냉정함도 아니며, 오히려 심연의 안정성에 있는 명랑한 사려의 감정인 것이다. 이것은 사람이 항상 쫓기는 일상 생활을 초월하여 자신의 참존재를 발견하는 것이고, 아무런 두려움도 없이 조용한 가운데서 참존재를 실현하는 상태이다.

그러나 진리가 언제나 태연함과 결부되어 나타나는 것은 아니다. 오히려 위협으로도 나타난다면, 진리는 인간의 삶의 연관성에서 어떤 기능을 실현시켜야 하는가 혹은 도대체 진리란 무엇을 의미하는가 하고 우리가 물을 수 있을 것이다. 현대가 불신의 시대라면 신뢰란 우리가 지금 당장 직면하고 있는 중요한 개념이다. 불신과는 달리 신뢰는 어떠한 보장도 하지 못하는 곳에서 사람을 믿는 것이다. 참으로 삶의 신뢰와 존재의 신뢰에서 우리는 우리 자신의 행동을 안정하게 느끼며, 거기에서 완전하고 의미 있는 인간 존재가 전개될 수 있을 것이다. 그러므로 여기에는 과감한 모험이 필요하다. 이러한 모험이 불신의 세계를 극복 가능하게 하는가 하면, 인간과 세계의 신뢰 관계를 구축할 수 있게 하는 것이다. 그러나 여기에도 언제나 양면성의 진리가 있다면, 그 하나가 냉혹한 진리이고, 다른 하나가 담지적인 진리이다. 진리란 결코 하나의 최종적인 확신으로서 주장될 수 있는 것이 아니라 일자의 진리를 타자의 진리에서 항구적으로 시험하고 상대화하는 무한한 운동에서만 획득할 수 있는 것이다. 오히려 인간을 생존의 태만에서 벗어나게 하여 인간으로 하여금 비판적이 되도록 하고, 외적인 가상에 대해 불신하도록 하며 기만의 가면을 벗도록 하는 것이므로 진리는 냉혹한 것으로 되고 만다. 이에 대하여 담지하는 진리는 수행하는 가운데서만 파악될 수 있는가 하면, 새로 등장하는 회의에 대해서는 보장될 수 없는 것이다. 이처럼 진리는 언제나 새로 회의하게 되는 것이고, 영원한 투쟁을 계속하는 것이다. 이 양자간의 진리 속에서 우리는 살아가고 있는 것이다. 전자는 모든 회의를 추구하여 가차없이 인간 정신의 모든 진술을 그 진지성에 따라 묻고자 하는 것이고, 후자는 현상의 풍부성에 몰두하여 그러한 현상을 이해하면서 의미 실현의 궁극적인 것을 획득하고자 하는 것이다. 이 양자가 모두 인간의 삶 속에 있기 때문에 어느 것도 버릴 수가 없으므로 진리의 양면성으로 존재한다.

이러한 모든 인식을 진술하는 수단으로서 볼노오는 "서술"을 말한다. 서술이란 관조된 것을 언어 매체로 재생하는 것으로서 대화에서 이루어지기도 하고 서식에서 이루어지기도 하지만 자신을 실현하는 수단이며 대상에로 침잠하는 수단인 것이다. 일반적으로 서술은 다른 사람이 실제로 나타나서 그가 현실에 일치하는 탐색의 상을 그리는 것을 말할 뿐만 아니라, 우리가 현실에서 보여줄 수 없는 어떤 것에 대한 정보를 알려 주는 데도 기여하는 것이다. 그러나 서술은 엄밀한 의미에서 방법화할 수 없다는 사실도 중요한 것이다. 이로써 물을 수 있는 것이 서술은 학습될 수 있는 학문적인 수행인가라는 것이다. 그렇다면 연습은 할 수 있으나 가르칠 수도 없고 배울 수도 없는 예술과는 무슨 관계가 있는가? 이러한 문제를 통틀어 그는 예술의 묘사라는 표제 아래 문학적 묘사까지 서술하고 있다.

어떻든 볼노오는 여기서 인식을 위한 아르키메데스의 기점이 불가능하므로 제3의 길로서 자신의 해석학적 인식 이론을 언제나 이미 존재하고 있는 세계의 이해와 삶의 이해에서 전개하였다. 그럼에도 불구하고 인간은 그러한 이해에 매몰되어 있는 것이 아니고, 언제나 새로운 것을 경험해 가는 존재이기에 한 자리에만 있을 수가 없다. 이러한 인간의 삶과 연관해서 참이 무엇이냐고 하는 물음이 철학적·인간학적인 관점에서, 특히 윤리적인 관점에서 제기되었다. 여기에서 참이란 이미 지적한 대로 철학적인 순수 이론과는 달리 인간 생존과 직결되어 나타남으로써 적대적인 힘으로서도 등장하고 신뢰로서도 등장한다. 이러한 진리야말로 의미 있는 인간의 삶을 위하여 하나일 수만은 없으며 절대적일 수도 없다. 오히려 이러한 진리야말로 굴곡의 삶을 담지하는 참으로서 인간을 언제나 새롭게 태어나게 하는 힘이다. 그러므로 인간은 지양될 수 없는 대립 명제의 긴장 속에서 살아가고 살아가면서 과거와 미래를, 절망과 희망을 동시에 갖는 양면성의 존재이고, 이에 따라 진리 역시 양면성이라는 것이 볼노오의 인식 철학적인 주장인 것이다.

3. 볼노오 철학 사상의 인식 철학적 한계

지금까지 볼노오 철학 사상의 형성과 인식의 철학 내용을 개괄적으로 고찰했다. 그의 철학 사상 형성은 부분적이기는 하지만 《삶의 철학》[23] 부록에서 이미 소개한 내용과 유사하다. 그러나 그 내용면에서 보면 여기서 서술한 것이 보다더 풍부하고 자세하다고 할 수 있을 것이다. 이에 반해 인식의 철학 내용은 아직도 우리 학계에 그렇게 많이 소개되어 있지 않기 때문에 여기에서 약간의 지면을 할애하여 전반적으로 소개했다. 보다 중요한 것은 이러한 내용 소개에 의존하기보다는 각자가 직접 《인식의 해석학》에 접하여 보는 일일 것이다.

특히 현금에 와서는 여러 가지 철학 사조 중에서도 해석학에 관한 철학 연구가 상당히 활발하다는 사실에 우리가 주의할 필요가 있다. 이러한 의미에서 해석학이 본래의 관심인 성서적·법률적·문헌학적

해석학에서 문법적이고 심리적인 해석을 주장하고 나온 슐라이어마허
(F.E.D. Schleiermacher)의 정신의 해석학과 이미 살아 온 삶의 해석을
주장하고 나온 딜타이의 정신 과학적 삶의 해석학, 그리고 시간의 지
평 속에서 현존재의 해석을 주장하고 나온 하이데거의 존재의 해석
학, 더 나아가서는 그러한 존재의 해석학을 그대로 수용하면서도 역
사 존재를 주장하고 나온 가다머의 영향사의 해석학 또는 이와는 완
전히 다른 방향에서 사회 과학적 해석을 주장하고 나온 하버마스 (J.
Habermas)에 있어서 비판적 해석학, 현재로서는 인식론적·분석적인
입장에 서 있으나 초기에는 유물론적 해석학을 주장하고 나왔던 잔트
퀼러 (H.J. Sandkühler)의 물질의 해석학 등으로 전개되어 나왔으나, 이
모든 해석학적 관심의 모태는 이미 언제나 존재하고 있는 일상적인
인간 삶의 이해와 세계의 이해가 되어야 한다는 것이 볼노오의 주장
이다. 특히 그가 전통적인 의미에 있어서 첫째 어떤 한 근원의 해석
학을 주장하지 않고 해석학을 철학이라는 이름으로 바꿈으로써 해석
학을 철학적으로 보편화시켰다는 사실과, 둘째 그러한 해석학으로서
의 철학을 형이상학과 함께 철학의 본질 영역이라고 할 수 있는 인식
이론으로 전개하였다는 사실, 그리고 셋째 그러한 인식 이론의 연장
으로서 진리에 대한 물음을 해석학적으로 논구하고 있다는 사실과,
이와 한 연관성 속에서도 인간학적인 고찰 방식을 떠나지 않음으로써
굴곡의 삶을 담지하고 있는 인간의 지양될 수 없는 양면성이 곧 진리
의 양면성으로 나타난다는 사실을 들어 진리라고 하는 것이 정신이나
존재 혹은 물질의 진리가 아니고 인간의 진리임을 강조하고 있다면,
그러한 것이 그의 강점이라고 하여도 좋을 것이다.
　그러나 이와 함께 그의 약점도 지적될 수 있는데 넓은 의미에서의
비판은 그가 정신이나 물질의 해석을 전적으로 배제하고 있기 때문에
한편에서는 그의 해석학 또는 철학이 후기 자본주의 사회에서 발단된
현대판 관념론적 정신 과학의 일종이라는 지적이다. 이에 대한 약간
의 구체적인 내용은 앞에서 언급한 《삶의 철학》 부록의 결론을 참조
하기 바라고, 좁은 의미에서의 비판은, 첫째 앞서의 지적과 연관하여

그가 삶의 해석과 세계의 해석을 주장하면서도 현상적인 해석에만 집착한 나머지 인간의 삶이 바탕으로 하고 있는 사회에 대한 해석을 전혀 무시하고 있다는 사실과, 둘째 세계의 해석에 대한 내용을 구체적으로 제시하고 있지 않다는 사실은 물론이고 이와 함께 그 자신이 자연 과학자였음에도 불구하고 자연 과학적 세계 해석을 철학적 해석학으로 승화시키지 못하였다는 사실, 그리고 셋째 진리의 장소로서 "대화"(Gespräch)만을 설정함으로써 사회적 공공성을 위한 "상호 소통" (Kommunikation)의 문제를 결과적으로 왜소화시켰다는 사실, 더 나아가서 넷째 정신 또는 삶을 막론하고 특히 그 자신이 인식의 해석학으로서 삶의 경험과 이해를 말하고 있으면서도 거기에 필연적으로 따르는 역사 이해의 문제를 어디에서도 다루고 있지 않다는 사실을 들어 그의 철학에 있어서의 하나의 한계라고 지적해도 큰 무리는 아닐 것이다.

그럼에도 불구하고 아르키메데스의 기점을 거부한 그가 인식의 철학을 새로 정립하기 위해서 하나의 단초로부터 시작하지 아니하고, 이미 주어져 있는 구체적인 현실에 대한 해석학적 가능성의 타진과 그러한 가능성을 인간학에 설정한 것은 철학의 맹목성이나 순수 이론성에서 벗어나서 철학의 실천성을 이룩하고자 한 것이고 인간의 윤리성을 이룩하고자 한 것이다. 이를 실현하기 위해 그는 먼저 해석학적 발단의 기점을 "이해된 세계"로 설정하여 지각의 문제와 직관의 문제, 거기에서 형성되는 의견과 사태의 문제 그리고 경험으로서 삶의 문제를 제기하여 무엇이 참인가를 물어 참의 윤리적인 성격을 논할 뿐만 아니라, 그 모태로서 인간을 양면성으로 해명하였다. 이로써 우리는 볼노오를 넓은 의미에서 "실재론자"(realist)라고 할 수 있을 것이지만, 보다 구체적으로는 "정신 과학적 삶의 현실주의자"라고 할 수 있을 것이다. 왜냐하면 그는 평생 동안 철학을 하면서도 근원이나 궁극의 목적을 자신의 철학 대상으로 삼지 아니하고, 현실의 인간 삶을 해석학적 철학의 대상으로 삼았기 때문이다.

□ 註 ~~~~~~~~~~~~~~~~~

1) O.F. Bollnow, "Zur Gittertheorie der Kristalle des Titanoxyds, Rutil und Anatas" (1925).

2) 청년 운동(Jugendbewegung) : 1896년 슈테글리츠(Steglitz)에 있는 호프만(H. Hoffmann)이 이룩했으나, 1901년 이후에는 피셔(K. Fischer)가 청년 도보 여행(Wandervogel)으로 장려하여 전유럽에 전파되었으며, 1933년 나치에 의해 금지되었다가 제2차 세계 대전 이후 청년단(Jugendverbände)으로 재생되었다. 이 청년 운동의 취지는 진정한 삶의 형태를 자기 자신의 힘에서 찾고자 하여 도보, 등산, 여행 등으로 얻은 자연적 체험을 축적하고 다져 가자는 공동체의 운동, 다시 말하면 교육적이고 정신적이며 문화적인 쇄신 운동으로 20세기에 들어와서는 문화 비판 운동(니체)으로 이어진 시민적 청년 운동이다.

3) O.F. Bollnow, *Die Ehrfurcht* (제1판, 1947 / 제2판, 1958).

4) O.F. Bollnow, *Die Pädagogik der deutschen Romantik. Von Arndt bis Fröbel* (제1판, Stuttgart, 1952 / 제3판, 1977).

5) O.F. 볼노오, 《실존 철학이란 무엇인가》, 최동희 옮김 (서울 : 양문 문고)

6) O.F. Bollnow, *Unruhe und Geborgenheit im Weltbild neuerer Dichter*. 8 Essays (제1판, Stuttgart, 1955 / 제3판, 1972) 참조.

7) H. Scheuerl, *Pädagogische Anthropologie* (Stuttgart, 1982) ; O.F. Bollnow, *Die anthropologische Betrachtungsweise in der Pädagogik* (제1판, Essen, 1965 / 제3판, 1975), 《교육학과 인간학》, 하영석, 허재윤 옮김 (대구 : 형설 출판사) 참조.

8) O.F. Bollnow, "Die Tugend der Hoffnung", in *Universitas* 10 (Tübingen Auftrittsvorlesung, 1955), 153~164면.

9) O.F. Bollnow, *Die Lebensphilosophie*(Heidelberg, 1958), 《삶의 철학》, 백승균 옮김 (경문사, 1979) 참조.

10) O.F. Bollnow, *Mensch und Raum* (제1판, Stuttgart, 1963 / 제4판, 1980).

11) O.F. Bollnow, *Das Verhältnis zur Zeit. Ein Beitrag zur Pädagogischen Anthropologie* (Heidelberg, 1972).

12) O.F. Bollnow, *Das Verstehen, Drei Aufsätze zur Theorie der Geisteswissenschaften* (Mainz, 1949) ; 같은 저자, *Studien zur Hermeneutik*, 제1권 : *Zur Philosophie der Geisteswissenschaften* (Freiburg/München, 1982) 참조.

13) Bollnow, *Studien zur Hermeneutik*, 제1권, 제2권 : *Zur hermeneutischen Logik*, hrsg. von G. Misch und Hans Lipps (Freiburg/München, 1983).

14) F. Kümmel, *Verständnis und Vorverständnis. Subjektive Voraussetzungen und objektiver Anspruch des Verstehens* (Essen, 1986).

15) F. Brentano, *Wahrheit und Evidenz*, hrsg. von O. Kraus(Leipzig, 1930), 140
면; O.F. Bollnow, *Philosophie der Erkenntnis:Das Vorverständnis und die Erfahrung
des Neuen*(*Stuttgart*, 1981), 15면, 참조.

16) Bollnow, 같은 책, 22면.

17) F. Scheidt, *Grundfragen der Erkenntnisphilosophie*(München/Basel, 1986) 참
조. 뮌헨 대학 철학과 강사인 샤이트(Scheidt)는 1984~1985년 겨울 학
기 동안 "인식 철학"(Erkenntnisphilosophie)이라는 표제 아래 강의함으
로써 "인식의 철학"을 뒷받침하고 있다.

18) Bollnow, *Philosophie der Erkenntnis*, 31면 이하.

19) 같은 책, 118면 이하.

20) J.W. Goethe, 제 1 권, 515면.

21) L. Feuerbach, *Sämtliche Werke*, hrsg. von W. Bolin, F. Jodl, 제 2 권, 304면.

22) F. Nietzsche, *Oktavausgabe*(Fröhliche Wissenschaft), V, 203면.

23) 《삶의 철학》, 부록 참조.

이름찾기

266